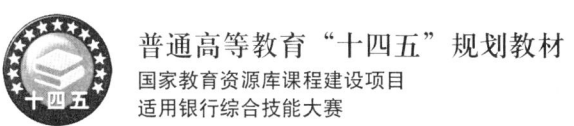

普通高等教育"十四五"规划教材
国家教育资源库课程建设项目
适用银行综合技能大赛

银行业务综合技能实务

主　编／缪　苗
副主编／周璐瑶　王岚　樊萱　曹秀芳

图书在版编目(CIP)数据

银行业务综合技能实务 / 缪苗主编. —上海：立信会计出版社，2023.3(2024.11重印)

ISBN 978-7-5429-7183-8

Ⅰ.①银… Ⅱ.①缪… Ⅲ.①银行业务－高等学校－教材 Ⅳ.①F830.4

中国国家版本馆 CIP 数据核字(2023)第 039255 号

策划编辑　王斯龙
责任编辑　王秀宇
美术编辑　吴博闻

银行业务综合技能实务
YINHANG YEWU ZONGHE JINENG SHIWU

出版发行	立信会计出版社		
地　　址	上海市中山西路 2230 号	邮政编码	200235
电　　话	(021)64411389	传　　真	(021)64411325
网　　址	www.lixinaph.com	电子邮箱	lixinaph2019@126.com
网上书店	http://lixin.jd.com		http://lxkjcbs.tmall.com
经　　销	各地新华书店		
印　　刷	常熟市人民印刷有限公司		
开　　本	787 毫米×1092 毫米　1/16		
印　　张	17		
字　　数	402 千字		
版　　次	2023 年 3 月第 1 版		
印　　次	2024 年 11 月第 2 次		
书　　号	ISBN 978-7-5429-7183-8/F		
定　　价	49.50 元		

如有印订差错，请与本社联系调换

近年来,随着商业银行大力推进数字化转型,行业快速稳步发展,相关法律法规及业务也不断更新和完善。与此同时,我国在课程教学改革、新形态教材建设、"岗课赛证"融通、课程思政建设等方面对教材提出了新的要求。鉴于上述情况,本教材根据财经商贸大类专业人员对商业银行通用必备知识技能的职业要求,对接银行大堂经理、综合柜员、客户经理、理财经理等相关银行核心岗位的工作内容,同时结合银行业务综合技能大赛的相关要求进行了内容设置。

本教材以商业银行典型核心业务工作任务训练为主线,以项目成果为导向,课程知识点设置重点突出,通过真实案例及时跟进商业银行业务的发展现状,最大限度地反映商业银行实际工作情况。本教材在项目的体例安排上,首先,明确"知识目标、能力目标、素质目标"的学习要求;其次,以思维导图构建知识体系,通过案例导入提出问题;再次,在理论基础知识学习中,通过"业务流程及处理"进行专业能力的系统培养,在"课堂案例"学中做,在"任务实训"做中学,并增加"行业观察"信息提升职业素养,穿插直通职场模块培养职业能力,在"思政园地"进行德育教育;最后,通过"任务实训""知识考核"帮助学生掌握应知应会内容,在"项目实训"中培养学生核心岗位技能。本教材的内容设计由浅入深、由点到面、由单项到综合,既符合行业发展需求实际,又突出职业教育特色及技能人才培养规律。

本教材主要特色如下。

1. 融入丰富课程思政内容

教材体现党的二十大精神,内容设计围绕"家国情怀、文化素养、法治意识、诚信服务、德法兼修"的高素质技术技能人才培养目标,将与专业知识相关的正确的财富观与价值观、金融服务理念、爱岗敬业、诚实守信、责任担当、遵纪守法、金融合规、风险防范等课程思政元素融入教材内容,弘扬社会主义核心价值观。

2. 体现"岗课赛证"融通

教材内容对接专业教学标准,对接银行相关岗位的工作内容,将与银行业务相关的职业技能竞赛内容融入教材内容,并与目前的银行从业资格考试要求接轨,设置相应基础知识点及训练案例题库,达到"教、学、考、做、赛"培训教材使用要求。

3. 教材形态立体化

教材配套资源包括微课、视频、动画、图文、课件、习题、实训、案例等类型丰富的颗粒化教学资源,实现新形态一体化教材与在线开放课程的互动,有助于推动线上线下混合式教学、自主学习、翻转课堂等教学改革和创新实践。有关教学资源已全部上传智慧职教平台。学生可先免费注册账号,再依次选择"财经商贸大类—国家级资源库—会计信息管理",在"课程中心"的"银行综合技能大赛(银行核心岗位技能)"课程页面中即可查看各类资源。

本教材由缪苗担任主编,周璐瑶、王岚、樊萱、曹秀芳担任副主编。具体编写分工如下:项目一、项目四由缪苗编写;项目二由周璐瑶编写;项目三由王岚编写;项目五由樊萱编写;项目六由曹秀芳编写。本教材的总体结构设计、内容优化以及最后统稿、定稿工作由缪苗完成。此外要特别感谢广发银行珠海分行、珠海横琴村镇银行、深圳典阅科技有限公司的行业专家为教材编写提出宝贵建议和提供大量丰富的教学实践案例素材。

由于教材编写人员有限、编写时间仓促,书中如有疏漏之处,敬请广大专家、学者、同仁及使用本教材的师生提出宝贵的批评改进意见。

教学中的银行业务一般指商业银行日常经营中涉及的有关业务,因此如无特殊说明,本教材中提到的"银行"均指代商业银行。

编者

2023 年 1 月

目录 Contents

项目 1 商业银行业务认知 ··· 1
任务 1.1 商业银行业务分类 ··· 2
任务 1.2 商业银行岗位认知 ··· 11
任务 1.3 银行从业人员职业素养培养 ··· 19
知识考核 ··· 29
项目实训 ··· 31

项目 2 储蓄存款业务处理 ··· 33
任务 2.1 银行业务凭证的分类及管理 ··· 36
任务 2.2 储蓄存款业务概述 ··· 55
任务 2.3 活期储蓄存款业务处理 ··· 64
任务 2.4 定期储蓄存款业务处理 ··· 76
任务 2.5 个人外币兑换业务 ··· 84
任务 2.6 储蓄特殊业务处理 ··· 91
知识考核 ··· 99
项目实训 ··· 101

项目 3 对公存款业务处理 ··· 103
任务 3.1 对公存款业务概述 ··· 105
任务 3.2 单位活期存款业务处理 ··· 110
任务 3.3 单位定期存款业务处理 ··· 129
知识考核 ··· 137

项目实训 ·· 139

项目 4　支付结算业务处理 ·· 141
　　任务 4.1　银行支付结算工具 ·· 143
　　任务 4.2　银行支票业务及企业网银业务处理 ······························· 151
　　任务 4.3　银行汇票业务处理 ·· 160
　　任务 4.4　银行承兑汇票业务处理 ··· 170
　　任务 4.5　银行资金清算体系概述 ··· 196
　　知识考核 ·· 205
　　项目实训 ·· 207

项目 5　对公贷款业务处理 ·· 209
　　任务 5.1　银行贷款业务的分类及特点 ·· 211
　　任务 5.2　对公贷款业务的分类及特点 ·· 216
　　任务 5.3　对公贷款业务处理 ·· 218
　　任务 5.4　银行保函业务 ··· 231
　　任务 5.5　银行信用证业务 ·· 234
　　知识考核 ·· 239
　　项目实训 ·· 241

项目 6　个人贷款业务处理 ·· 243
　　任务 6.1　个人贷款业务 ··· 244
　　任务 6.2　个人住房抵押贷款业务 ··· 249
　　任务 6.3　个人消费贷款业务 ·· 256
　　知识考核 ·· 261
　　项目实训 ·· 263

项目 1 商业银行业务认知

【知识目标】
- 熟悉商业银行业务基本分类及其特点
- 熟悉商业银行核心业务岗位设置与变化趋势
- 了解银行从业人员职业操守与基本准则
- 了解银行从业人员金融服务理念与营销思维

【能力目标】
- 能够区分、辨识商业银行业务分类
- 能够总结归纳银行核心业务岗位工作内容及职责要求
- 树立银行合规经营理念及风险防范意识
- 树立金融服务意识和理念,建立银行业全员营销思维

【素质目标】
- 遵守银行从业人员职业操守与基本准则
- 增强银行从业人员合规经营法治意识
- 培养专业信息搜集、分析、总结归纳的能力
- 培养团队合作精神、沟通能力和语言表达能力

【知识导图】

```
                          ┌─ 商业银行业务分类 ─┬─ 负债业务
                          │                   ├─ 资产业务
                          │                   └─ 中间业务
                          │
                          │                   ┌─ 商业银行组织架构
商业银行业务认知 ─────────┼─ 商业银行岗位认知 ─┼─ 商业银行核心业务岗位设置与管理
                          │                   └─ 商业银行岗位变化趋势
                          │
                          │                         ┌─ 银行业行规行纪和银行从业人员职业操守
                          └─ 银行从业人员职业素养培养 ┼─ 银行从业人员金融服务理念
                                                    └─ 银行从业人员合规经营
```

案例导入

商业银行的数字化转型

新一代信息技术加速发展,引发了全社会思维方式、经营管理模式、市场发展格局的深刻变革。国家持续加大 5G、云计算、超算中心等新型基础设施建设力度,数字经济迅猛发展,战略机遇百年难遇。在这个大变革、大发展、大融合的时代潮头,各商业银行纷纷推进数字化转型,意在赢得市场先机。数字化转型是商业银行调整生产关系适应生产力发展的内生选择。

案例思考: 当前商业银行数字化转型的最终表现形式是什么?应该怎么做?又该如何检验呢?

案例启示: 商业银行的数字化转型的本质是通过对传统业务、流程等解构,再采用新理念、新技术、新方法对其进行重塑。在这个过程中,传统业务、流程等的要素没有减少,发生变化的只是结构、方式和方法。在数字化转型背景下,商业银行加速了业务流程、规则、活动等内容的数字化表达,业务逻辑得以系统化解构与重塑,统一数字化处理成为可能。

商业银行在深刻理解和认识数字化转型的基础上,要科学研判内涵外延、思维模式、经营模式、销售模式、运营模式、风控模式等方面的新特征和新趋势,顺势谋变,精准把握数字化发展新机遇。在"数字中国""网络强国"建设的大背景下,商业银行必须主动调整生产关系去适应生产力的发展,充分认识数字化转型这场革命的系统性、深刻性,在战略上布好局,在关键处"落好子",切实做到数字化转型"为民服务""提质增效"。

任务 1.1 商业银行业务分类

商业银行业务按**复杂程度与对网点依赖程度**可分为两类:一是主要靠大量分行网络、业务量来支持的**传统业务**,包括一般贷款、简单外汇买卖、贸易融资等;二是较少过分依赖分行网络的**复杂业务**,如衍生产品、结构性融资、租赁、引进战略投资者、收购兼并上市等,一般属于高技术含量、高利润的业务领域。

商业银行业务按其**资产负债表的构成**主要分为三类,分别是负债业务、资产业务与中间业务,这也是商业银行业务最通用的分类。我们将按照这种分类方式详细介绍。

1.1.1 负债业务

负债业务是商业银行形成资金来源的业务,是商业银行中间业务和资产业务的重要基础。商业银行负债业务主要由存款业务、借款业务、同业业务等构成。

1) 商业银行负债的概念与构成

商业银行负债有广义和狭义之分。广义的负债包括商业银行的资本性债务和非资本性债务。商业银行的资本性债务是指商业银行筹集的,用作二级资本的债务资金,如商业银行的长期债务资本、资本期票等。商业银行的非资本性债务是指商业银行的存款、借款等一切不能作为资本的债务资金。狭义的负债就是指商业银行的非资本性债务。负债是商业银行由于授信而承担的、将以资产或资本偿付的能以货币计量的债务。

存款、派生存款是商业银行的主要负债组成,约占资金来源的80%以上,联行存款、同业存款、借入或拆入款项、发行债券等也构成商业银行的负债。

思政园地

银行从业人员刑事犯罪风险

银行从业人员刑事犯罪,主要包括两种类型:一是作为银行机构内部员工实施的,与金融业务直接相关的,侵害我国金融管理秩序的金融犯罪,该类犯罪一般与行为人具有银行员工的身份相关;二是作为普通人员在银行从业期间实施的,与金融业务不直接相关的,侵害金融管理秩序以外的其他国家管理制度、正常社会秩序的犯罪行为,该类犯罪行为不受其是否具有银行员工身份的限制。《刑法》中涉及存款类业务的罪名主要有:吸收客户资金不入账罪、挪用资金罪、非法吸收公众存款罪、集资诈骗罪。

2) 商业银行负债的特点

(1) 商业银行负债必须是现实的、优先存在的经济义务,过去发生的、已经了结的经济义务或将来可能发生的经济义务都不属于商业银行负债。

(2) 商业银行负债的数量必须能够用货币来计量,一切不能用货币计量的经济义务都不能称之为负债。

(3) 负债在偿付以后才能消失,以债抵债只是原有负债的延期,不能构成新的负债。

3) 商业银行负债业务的意义

(1) 负债业务是银行经营的先决条件,是开展资产业务和中间业务的基础。银行要开展资产业务,就必须要有资金,而银行是依靠负债经营的,银行的自有资本很少,也就是说,银行的资金大部分依靠负债获得。因此,负债的期限和结构直接制约资产的规模和结构。同时,在开展负债业务和资产业务的基础上,银行和社会各界建立了广泛的联系,这为银行开展中间业务提供了客户基础。

(2) 负债业务是银行生存发展的基础。保持资金流动性是商业银行经营管理中必须坚持的原则,而获取银行负债是解决流动性问题的重要手段。负债业务能够帮助银行保持对到期债务的清偿能力,也为满足其合理的贷款需求提供了大量的资金来源。

商业银行通过吸收存款再贷放给工商企业,从后者的利润中分得部分利益,这种情况下银行要想获利达到社会平均利润,就必须尽量扩大负债规模,使资产数倍于自有资本。可见,负债业务是商业银行生存发展的基础,对商业银行经营活动至关重要。

(3) 负债业务是银行维持资产增长的主要途径。 在金融自由化、全球化的竞争环境下,银行出于生存和获利的动机,不断地扩张资产规模,将资产的增长率维持在一定的水平。而银行要保持资产的增长,就必须保持负债规模的增长。只有负债保持一定的增长速度,才能给资产的增长提供后续资金。因此,负债业务对于银行来说至关重要。

(4) 负债业务直接影响银行资产价格的确定。 银行一般根据负债的资金成本确定资产的价格。如果筹集资金的成本过高,造成银行资产定价过高,就将使银行在竞争中处于不利地位。因此,负债资金成本的测算和管理是银行负债管理的一个重要方面。

4) 商业银行负债业务经营管理的目标

商业银行负债业务的经营管理水平,直接关系到整个商业银行的经营管理水平。因此,明确商业银行负债业务经营管理的目标具有重要意义。目标主要包括以下几个方面。

(1) 负债的期限结构及利率结构目标。 负债的期限长短及利率高低直接影响着银行的成本,所以银行对负债的期限与利率具有双重目标。

一是负债与资产相匹配目标。负债与资产相匹配目标即负债的期限结构要与资产的期限结构相匹配,负债的利率结构要与资产的利率结构相匹配,以保证资金流动性,减少风险,增加盈利。

二是降低银行成本目标。一般来说,负债的期限越长,利率就会越高,相应地,负债成本会更高;反之,期限短,利率低,银行的负债成本相对较低。此外,负债成本包括利息成本和营业成本。活期存款的利息成本低于定期存款,而经营成本却高于定期存款,所以活期存款的总成本不一定比定期存款低。因此,银行要在经营中控制成本。

(2) 存款负债的规模目标与结构目标。 存款是商业银行最主要的负债,存款数量的多少、结构是否合理已成为衡量一家银行经营成功与否的重要指标,即规模目标与结构目标。规模目标是指负债数额不仅能满足存款客户随时提存的需要,而且能满足必要贷款的合理需求。结构目标是指银行要着眼于资产业务的资金需要,根据存款负债和借入负债的不同以及成本高低和期限长短进行选择组合,使银行的负债结构不但能和资产的需要相匹配,而且既能保持银行负债的流动性,又有利于盈利性目标的实现。

按照我国及国际银行业的有关规定,商业银行必须遵从以下四个指标:

第一,**存贷款比率指标**,即各项贷款与各项存款的比率不得超过75%。

第二,**流动性比率指标**,即流动性资产与各项流动性负债的比率不得低于25%。

第三,**拆借资金比率指标**,即拆入资金余额与各项存款余额的比率不得超过4%,拆出资金余额与各项存款余额的比率不得超过8%。

第四,**规模对称目标**,即资产规模与负债规模相对称,统一平衡。其中,对称是指建立在合理经济增长基础上的动态平衡。

(3) 负债定价目标。 负债定价是商业银行负债业务经营管理的任务。负债定价是影响银行利润和销量目标的主要因素,市场力量、成本结构及推广均影响最优价格水平,负债定价的目标就是弥补成本支出,吸引客户,取得预定利润和销量目标。当然,各项目标应与商业银行经营管理总目标相一致,即实现安全性、流动性、效益性的统一。

1.1.2 资产业务

商业银行资产业务是指其资金运用业务,即银行通过运用其自有资金及负债形成或银行信用转变而成的业务。商业银行的资产业务代表了银行对其营运资金的运用,也是银行取得收入的重要业务,主要包括贷款业务、投资业务、现金资产业务等。

1) 商业银行资产功能

对商业银行而言,资产功能主要有以下几点:

(1) 银行资产是商业银行获得收入的主要来源。

(2) 资产规模是衡量一家商业银行实力和地位的重要标志,商业银行信用高低直接与其资产规模大小有关。

(3) 资产质量是银行前景的重要预测指标。一家银行的资产分布情况、贷款对象和期限都影响着银行资产质量,对资产质量进行分析可以使人们对商业银行经营前景作出科学预测,从而促使银行进一步提高经营管理水平,为银行股东增加利润。

(4) 资产管理不善是导致银行倒闭、破产的重要原因之一。银行资产管理不善可能导致银行出现流动性危机,无法及时、足额地支付存款人需要和达到融资人融资要求的资金。

2) 商业银行资产的分类

商业银行资产按其存在形态可分为固定资产和流动资产;按资产运用方式可分为贷款资产、贴现资产和证券资产;按资产价值表现形式可分为本币资产、外币资产等;按资产能否带来利益可分为生利资产和非生利资产;按资产负债表的结构可分为现金资产、固定资产、证券投资和无形资产四大类,以下主要按资产负债表结构分类角度进行介绍。

(1) 现金资产,也称货币资金、头寸或银根,是唯一能够随时转化成其他任何类型资产的资产。商业银行的现金资产包括库存本外币现金、运送中现金、法定存款准备金和备付金、存放中央银行款项、存放同业款项、存放联行款项,以及其他形式的现金资产如银行汇票、商业汇票等。

现金资产的运用和管理是否合理,对商业银行的资金周转和经营成败影响很大,且极易出现盗窃、挪用、诈骗、假冒或发生其他舞弊行为。因此,加强对现金资产的管理与核算十分重要。

(2) 固定资产,也称经营用资产,属于长期资产的范畴,是指使用年限在1年以上、单位价值在规定标准以上,并在使用过程中保持原来物质形态的资产,主要包括房屋及建筑物、机器设备、交通运输设备和其他与经营有关的器具及设备等。

固定资产的特点主要表现在以下几个方面:第一,除了土地,固定资产使用寿命是有限的、可估计的,在使用寿命期限内,其服务潜力随着资产的使用而逐渐衰竭或消逝;

第二,固定资产是供经营使用的,而不是为了销售或作为原材料消耗的;第三,固定资产的大部分价值以折旧形式转化为费用。

固定资产的计价标准主要有三类:一是原始价值,也称原价,是指商业银行购建某项固定资产达到可使用状态前所发生的合理而有必要的支出。各种固定资产的收入、调出、报废清理的核算,均应按照固定资产的原始成本计价入账。二是重置完全价值,是指在当时的生产技术条件下,重新购建同样的固定资产所需要的全部支出。这种定价一般只在固定资产盘盈时使用。三是净值,是指固定资产原始价值或重置完全价值减去已提折旧后的账面净额。这种计价主要用于计算盘盈、盘亏、毁损固定资产的溢余或损失。

(3) 证券投资,是指商业银行购买有价证券的业务,如购入国债、央行债券等。商业银行购入的各种能够变现、持有时间不超过1年的有价证券,为短期投资。商业银行不准备在1年内变现的有价证券和其他投资,为长期投资。

(4) 无形资产,是相对于有形资产(固定资产)而言的,是指商业银行长期使用而没有实物形态的,却能够在商业银行的经营过程中长期发挥作用的权利、技术等特殊性的无形资产。它属于商业银行的长期资产,可用期间超过1年,又不具流动性和定型性,包括专利权、商标权、著作权、土地使用权、非专利技术、商誉等"看不见"的经济资源。

商业银行的无形资产可通过购入、自创、其他单位投资转入和接受捐赠四个途径取得,因此,《金融保险企业财务制度》规定,无形资产应按照取得时的实际成本计价。但除了企业合并,商誉不得作价入账。

3) 商业银行贷款业务

贷款业务也称信贷资产业务,是商业银行最主要的资产业务,即商业银行按一定的贷款利率、贷款期限、贷款额度和贷款条件,将吸收的资金向需要资金融通的借款人提供资金的业务。发放贷款和赚取利差收入而形成的债权及其活动,属于高风险的盈利性资产业务,是银行收入的最主要来源。

(1) 贷款的分类。贷款按照不同标准的分类如下:

其一,按贷款期限可分为短期贷款、中期贷款、长期贷款。

其二,按贷款的性质和经营责任,即根据贷款资金来源和贷款行是否承担风险,可分为自营贷款、委托贷款、特定贷款。**自营贷款**是指贷款人以合法的方式筹集资金并自主发放的贷款,其风险由贷款人承担,并由贷款人收回本金和利息。**委托贷款**是指由政府部门、企事业单位及个人等委托人提供资金,由贷款人即受托人根据委托人确定的贷款对象、用途、金额、期限、利率等代为发放、监督使用并协助收回的贷款。贷款人只收取手续费,不承担任何贷款风险。**特定贷款**是指经国务院批准,并对贷款可能造成的损失采取相应补救措施后,由国务院或中国人民银行责成国有独资商业银行发放的贷款。

其三,按贷款有无抵押品可分为抵押贷款和非抵押贷款。**抵押贷款**是指借款人以抵押品作担保的贷款;**非抵押贷款**也称信用贷款,是指既无抵押品又无担保人,而完全依据借款人的信誉而发放的贷款。

其四,按贷款质量或贷款风险程度可分为正常、关注、次级、可疑和损失五类,其中后三类合称为不良贷款。根据《贷款风险分类指导原则》的规定,**正常类贷款**是指借款人能够履行合同,有充分把握按时足额偿还贷款本息的贷款;**关注类贷款**是指尽管借款人目前有能力偿还贷款本息,但存在一些可能对偿还产生不利影响的因素的贷款;**次级类贷款**是指借款人的还款能力出现明显问题,依靠其正常经营收入已无法保证足额偿还本息的贷款;**可疑类贷款**是指借款人无法足额偿还本息,即使执行抵押或担保,也可能造成一部分损失的贷款;**损失类贷款**是指在采取所有可能的措施和一切必要的法律程序之后,银行仍然无法收回本息,或只能收回极少部分的贷款。

其五,按贷款定价方法可分为固定利率贷款和浮动利率贷款。

其六,按贷款还款方式可分为一次性偿还贷款和分期偿还贷款。

其七,按参与贷款的银行数量可分为单一银行贷款、联合贷款、银团贷款。**单一银行贷款**是指一家银行对一个借款人发放的贷款;**联合贷款**是指一家银行同意对某一借款人贷款后,邀请另一家银行参与,共同向借款人发放的贷款;**银团贷款**是指由牵头行邀请若干家银行组成银团,共同向某一借款人提供的贷款。

其八,按贷款用途可分为工商业贷款、个人消费贷款、农业贷款等。

(2) 贷款业务的基本原则。与证券投资等其他资产业务相比,贷款业务为银行赚取较大利润并吸收大量存款,但贷款安排往往需要花费较长时间,且贷款的风险和不确定性伴随贷款业务的始终。所以贷款业务必须遵守商业银行经营的一般原则,即安全性、流动性和盈利性。

安全性是指商业银行按期收回贷款或投资本息及偿付债务的可靠程度。

流动性是指银行的资产和负债可立即无损地迅速运转或变现的能力,即银行承担各种责任的充分的资金可用能力。贷款能否按时收回本息对银行资金的流动性具有重要影响。

盈利性是指商业银行在正常经营状态下的获利能力。银行要以最少的资金投入或最小的资金耗费获得最大的收益和效用。追求盈利是商业银行经营总目标的体现。

商业银行信贷的"三性"原则彼此间既相互联系,又相互矛盾、相互依存,缺一不可。

(3) 商业银行贷款业务的定价。贷款业务作为商业银行最主要的资产业务之一,银行在确定其利率水平时,一般主要考虑以下方面:①在承担相应风险的前提下,贷款利息收入能够弥补商业银行的经营本金;②利率应在借款人能够承受的能力范围内,即借款人有足够的能力偿还贷款;③其他信用工具的利率水平,商业银行在发放贷款的同时,还面临着其他商业银行和其他金融工具的竞争。

4) 商业银行票据贴现业务

商业银行票据贴现业务是指商业汇票的收款人或持票人在需要资金通融时,将未到期的商业汇票经过背书后,向商业银行贴付一定的利息,由商业银行买进票据,从持票人手中把商业汇票的债权转让给贴现银行的一种票据转让行为。票据贴现表面上是一种票据转让行为,实质上是一种贷款方式,是一种买卖性质的借贷关系,属于商业银行的一项信用业务。同时,它又是一种商业信用和银行信用相结合的融资手段。

思政园地

《刑法》中有关信贷类业务的罪名

信贷类业务又称信贷资产或贷款业务,是商业银行最重要的资产业务。在商业银行信贷过程中,由于银行从业人员自身价值观念错位、法制观念淡薄或者内部业务合规管理机制失效,贷前、贷中、贷后审批把关不严等,可能出现一系列违法犯罪行为,具体涉及《刑法》中的以下几个罪名:高利转贷罪,骗取贷款、票据承兑、金融票证罪,违法发放贷款罪和贷款诈骗罪四类。

行业观察

如何看待银行业务电子化①

现在银行网点不仅业务电子化,而且实行业务集约化,把网点柜台变成一个业务受理终端,真正处理业务的是后台作业中心。银行业务的电子化主要体现在以下方面:

(1) 渠道多样化。柜台不再是单一服务渠道,而是把多数繁琐、低效、占用资源的业务挪至线上手机银行、网银和智能柜员机上。

(2) 柜面无纸化。逐步取消纸质凭证和实体印章,通过电子签名、电子印章、电子回单等实现柜面业务的无纸化。

这样的发展趋势一方面是为适应客户消费行为习惯改变而做出的变化,另一方面是为了实现银行网点减员增效做出的转型改革。今后银行网点柜台将逐渐减少,通过修筑智能现金柜台,实现网点去高柜,逐步使低柜柜员与零售理财大堂融合,实现厅堂一体化。到最后,一个网点可能只需要3~4个职员。

1.1.3 中间业务

商业银行中间业务是指不构成商业银行表内资产、表内负债形成银行非利息收入的业务。中间业务与资产业务、负债业务共同构成商业银行的三大业务类型,也是商业银行新的利润增长点。

1) 商业银行中间业务的概念与特点

商业银行中间业务一般是指银行不需要动用自己的资金,依托业务、技术、机构、信誉、人才等优势,以中间人的身份代替客户办理收付和其他代理事项等各种金融服务,以及直接参与合规的市场交易等经营活动,从而增加银行收益的业务,是介于资产业务

---

① 未来智库.数字化浪潮下的银行网点转型专题研究报告[R/OL].(2021-11-05)[2023-02-14].https://xueqiu.com/9508834377/202283962.

和负债业务中间的那部分业务。

2) 商业银行中间业务分类

商业银行中间业务主要包括支付结算业务、银行卡业务、代理业务、担保及承诺业务、交易类业务、投资银行业务、基金托管业务、咨询业务及其他业务。

(1) 支付结算业务, 是指由商业银行为客户办理因债权债务关系引起的与货币支付、资金划拨有关的收费业务。

(2) 银行卡业务, 按照清偿方式可分为贷记卡业务、准贷记卡业务和借记卡业务。其中,借记卡可进一步分为转账卡、专用卡和储值卡。

(3) 代理业务, 是指商业银行接受客户委托、代为办理客户指定的经济事务、提供金融服务并收取一定费用的业务,包括代理政策性银行业务、代理中国人民银行业务、代理商业银行业务、代收代付业务、代理证券业务、代理保险业务、代理其他银行银行卡收单业务等。

(4) 担保及承诺业务, 担保业务是指商业银行为客户债务清偿能力提供担保、承担客户违约风险的业务,主要包括银行承兑汇票、备用信用证、各类保函等业务。

承诺业务是指商业银行在未来某一日期按照事前约定的条件向客户提供约定信用的业务,主要指贷款承诺,包括可撤销承诺业务和不可撤销承诺业务两种。

(5) 交易类业务, 是指商业银行为满足客户保值或自身风险管理等方面的需要,利用各种金融工具进行的资金交易活动,主要包括金融衍生业务。

(6) 投资银行业务, 主要包括证券发行、承销、交易、企业重组、兼并与收购、投资分析、风险投资、项目融资等业务。

(7) 基金托管业务, 是指有托管资格的商业银行接受基金管理公司委托,安全保管所托管的基金的全部资产,为所托管的基金办理基金资金清算款项划拨、会计核算、基金估值、监督管理人投资运作等的业务。

(8) 咨询业务, 是指商业银行依靠自身在信息、人才、信誉等方面的优势,收集和整理有关信息,并通过对这些信息以及银行和客户资金运动的记录和分析,形成系统的资料和方案提供给客户,以满足其业务经营管理或发展的需要的服务业务。

行业观察

2021年上市银行中间业务收入的竞争格局[①]

以2021年上半年数据进行分析,上市银行中间业务收入的竞争格局呈现出以下特点:

---

① 21世纪经济报道. 银行中收"战事"2022:出现三大变化[EB/OL]. (2022-12-03)[2023-02-14]. https://mp.weixin.qq.com/s?__biz=MjI3NjcwNTk4MQ==&mid=2650256107&idx=3&sn=cc773e4df79838eb58209987921df775&chksm=b788877980ff0e6f07c0ef4f6be924454f7f28087d647da291631adb0128e1a8318521c1760b&scene=27.

> 中收规模和商业银行资产规模大体一致,呈现出国有大行高于股份行、股份行高于城商行、城商行高于农商行的趋势。但部分股份行、城商行大力开拓布局,在中间业务方面探索较多,在行业内形成颇具特色的"轻型银行"。
>
> 由于信用卡利息收入不再计入手续费及佣金收入,上市银行中收占比相比去年同期下降3.5个百分点至16%。从单家银行看,招商银行的中收占比为31%,远超同业。
>
> 受减费让利影响,银行卡手续费小幅下降,但财富管理业务驱动中收保持景气增长,弥补了前者下降带来的影响。

3) 中间业务与表外业务的关系

表外业务是指商业银行从事的,按照通行的会计准则不列入资产负债表内,不影响其资产负债总额,但影响银行当期损益,改变银行资产报酬率的经营活动。狭义的表外业务是指那些虽未列入资产负债表,但同表内的资产业务或负债业务关系密切,在一定条件下会转为表内资产、负债业务的业务(或有资产和或有负债)。广义的表外业务除了包括上述狭义的表外业务,还包括结算、代理、咨询等业务。狭义中间业务与狭义表外业务的比较具体如表1-1所示。

表1-1 狭义中间业务与狭义表外业务比较

项目		狭义中间业务	狭义表外业务
联系		都不在资产负债表上反映	
		具有基本相同的收入形态	
		在外延上具有交叉性	
区别	性质不同	是商业银行为客户办理支付和其他委托事项而收取手续费的业务的总称	是商业银行从事的不列入资产负债表,但能影响银行当期损益的经营活动
	范围不同	业务范围广	业务范围较窄,但有扩展的潜力
	风险程度不同	风险较小(不动用自己的资金)	风险较大
	监管程度不同	适用备案制	适用审批制

4) 商业银行中间业务存在的意义

(1) 实现银行新的利润增长点。 随着我国利率市场化进程的不断推进,中间业务越来越成为商业银行保持收入增长的重要利润增长点。

由于我国商业银行的收入结构中存贷利差收入占到70%左右,伴随着利率市场化,银行存贷利差波动加大,甚至收窄,银行的利差收入很可能出现停滞、下降。2004年,证监会同意在深交所设立中小企业板,企业对银行传统的间接融资需求将呈现下降趋势;同时商业银行还要按照8%的资本充足率来控制资产规模。因此,为了适应国内外一系列的经营环境和形势的变化,银行只有大力发展中间业务,培育新的收入和利润增长点,才能保持经营的持续稳定。

(2) 实现银行的财务结构优化。 长期以来,我国商业银行收入来源单一,利息收入占总收入的90%左右,导致商业银行经营风险集中且风险较大,发展中间业务,可以拓宽银行的融资渠道，如利用委托代理、银行卡等中间业务吸引资金，这部分低息、稳定的资金来源增加了银行的资金实力，对提高银行的经济效益、降低经营成本、改善财务结构起到了重要作用。此外，中间业务对资本金和营运资金的要求很少，有的根本不要求资本金或营运资金，因此银行开展中间业务既避开了资本充足率的限制，又增加了业务收入。

(3) 促进存贷款传统业务发展。随着市场经济的发展，客户对银行服务的需求发生了显著的变化，简单的存贷和结算服务已不能满足客户的需求，如果一家银行不能满足其需求、提供多样化的服务，客户就会重新选择能提供全面服务的金融机构；反之，一家银行提供的金融产品和服务越全面，对客户的吸引力就越大，越有利于与客户建立长期稳定的关系。因此，我国商业银行大力开拓中间业务，有助于其提供全方位、多样化服务，起到服务客户、联系客户、稳定客户的作用，稳定和促进传统业务的发展。

任务实训

商业银行业务分类

一、实训目的
1. 了解商业银行业务发展现状与发展趋势。
2. 培养信息搜集和总结归纳能力。
3. 培养团队合作精神、沟通能力和语言表达能力。

二、实训要求
分组进行：每3～5人一组，选出1名组长，进行资料收集分析讨论，各小组讲解。

三、实训内容
以小组为单位，浏览2～3家商业银行官网信息，了解商业银行发展现状及业务分类情况，区分辨识商业银行负债业务、资产业务和中间业务；举例说明金融科技对银行业务转型发展影响的具体体现。

四、总结分析
完成实训报告，汇报小组实训成果，小组互评，教师点评。

任务1.2　商业银行岗位认知

现代商业银行一般都是按照公司治理形式组建的股份制企业，由决策、监督、执行三大体系构成。其中，执行体系部门设置按业务又可划分为以下几项分类：零售、公司、运营、合规、信贷、资金同业、财务、科技、行政管理等。本任务将从银行业务运作部门角度介绍银行核心业务岗位的相关内容。

1.2.1　商业银行组织架构

商业银行组织架构是指商业银行运行和管理实施的组织方式，其主要内容包括总部部门设置及其功能权限、分支机构功能权限和部门设置,以及全行业务运作的组织架构模式、总行对分支机构实施管理的模式等。

1) 商业银行基本组织架构

商业银行基本组织架构通常由决策、监督和执行三个组织层次构成,是商业银行内部控制环境的重要组成部分。其中,决策层由股东大会、董事会以及董事会下设的有关委员会组成,监督层由监事会、总稽核以及董事会下设的各种检查委员会组成,执行层由总经理(或行长)及其领导的有关职能部门及各级分支行组成。商业银行基本组织架构如图 1-1 所示。

商业银行组织架构管理基本原则有以下几项:管理幅度与管理层次相匹配原则;合理分工与互相协调原则;统一指挥原则;权责一致原则和效率原则。

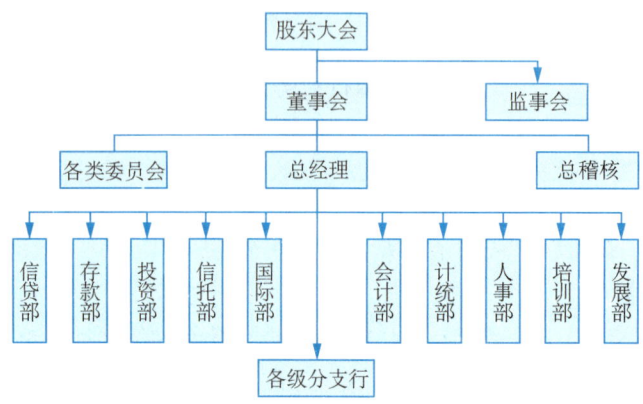

图 1-1 商业银行基本组织架构

2) 商业银行部门设置

(1) 业务部门体系。 现代商业银行业务部门体系基本分为两部分,一部分是负责个人业务的零售业务部门体系,另一部分是负责对公业务的公司业务体系。业务部门体系通过业务发展服务客户、吸引客户,对各类目标客户开展市场营销,推介金融服务。有效设置与管理业务部门体系是商业银行的第一要务,是其生存和发展的基石。

(2) 管理部门体系。 管理部门体系主要包括财务管理、信贷管理、风险管理、审计、法律合规等部门。管理部门的主要职责包括:①制定规章制度;②制定业务服务标准和规范;③制定工作指引;④对各业务部门的执行和落实情况进行检查和督导。管理部门体系是商业银行业务部门的制动系统,管理部门不直接从事业务操作,与业务部门岗位分离,负责对业务部门进行管理和控制,用专业的眼光来判断、建议甚至决定业务规划,评价业务经营成果。

(3) 支持保障部门体系。 支持保障部门体系是业务部门的"加油系统",包括信息技术、人力资源、研究与发展等后台部门。信息技术部门负责电子设备和技术保障与更新;人力资源部门负责招聘、配置、考核和管理员工,为员工提供保障计划和实施方案;研究与发展部门研究银行业务的前景、行业发展状况与趋势、地区市场特征等问题。

行业观察

2020年国有大型银行董事会委员会与高管层委员会设置横向对比

从2020年年报披露的董事会专门委员会设置来看:中国工商银行、中国建设银行、中国农业银行、中国银行、交通银行、中国邮政储蓄银行6家国有大型银行均设置了战略委员会、提名与薪酬委员会、审计委员会、关联交易控制委员会、风险管理委员会、消费者权益保护委员会。其中,在消费者权益保护委员会设置方面有以下几类情况。

(1) 3家银行设置了社会责任与消费者权益保护委员会。
(2) 1家银行设置了关联交易、社会责任与消费者权益保护委员会。
(3) 1家银行设置了企业文化与消费者权益保护委员会。
(4) 1家银行设置了风险管理/消费者权益保护委员会。

从2020年年报披露的高管层委员会设置来看:6家国有大型银行均设置了资产负债管理委员会、风险管理委员会,其他组织机构设置的具体情况如下。

(1) 普惠金融方面:4家银行在高管层下设置了普惠金融管理委员会。
(2) 消费者权益保护方面:4家银行在高管层下设置了消费者权益保护委员会。
(3) 财务与采购管理方面:3家银行在高管层下设置了财务审查委员会、3家银行在高管层下设置了采购委员会。
(4) 金融科技与创新方面:国有大型银行的高管层委员会设置及命名各有特色,既有科技与产品创新管理合并设置委员会的,也有信息科技管理与产品创新管理分设委员会的情况。
(5) 业务管理方面:国有大型银行的高管层委员会设置及命名各有特色,既有按照公司、个人、同业的业务板块分设委员会的,也有按照贷款审查、投资审议等决策职能设置委员会的情况。

1.2.2 商业银行核心业务岗位设置与管理

商业银行的核心业务岗位主要包括:大堂经理、综合柜员、客户经理、理财经理等。

1) 大堂经理

银行大堂经理的重要作用主要表现在建立和维护客户关系上,如接待引导客户、解答客户咨询、了解客户特殊需求、注意目标客户、留意客户交易习惯、满足重点客户特殊需求、处理客户不满、为客户办理离柜业务等。

(1) 大堂经理的岗位职责。

大堂经理主要负责维持网点的秩序,组织和管理营业现场,其主要岗位职责有以下几项:①识别引导客户,包括对客户进行问候、识别,并根据业务种类,及时引导、分流客户;②提供优质服务,包括指导客户填写相关凭证,介绍银行金融产品及业务,提示和指导客户使用自助机具等;③维护营业现场,保持良好环境;④宣传营销产品,在服务现场,主动营销宣传银行金融产品;⑤真实记录网点柜员服务质量和违法文明优质服务规范情况,记录客户需求及情况反映。

(2) 大堂经理的工作规范。

大堂经理的工作规范主要包括以下内容:①做好营业前准备工作,主要检查自助设备、叫号机等服务设施是否正常运行;检查各种标识、营业大厅宣传资料、告示栏、客户意见簿、各种凭证资料等是否整齐、齐备;准备好产品介绍等资料。②大堂经理应按要求着装,修饰适当,仪表端庄,举止文明礼貌,符合礼节。③保持营业大厅环境整洁,服务设施出现故障时要及时通知有关部门并做好相关记录。④客户进入营业现场时,给予客户热情问候。⑤规范服务用语,做到语气平和,亲和力强,能拉近与客户的距离。提倡使用普通话,掌握特殊地区、特殊人群和特殊场合下的服务用语。⑥在尊重客户意愿的基础下,引导或指导大众客户办理小额业务时使用自助设备;引导高端客户到达理财中心或 VIP 客户室。⑦指导客户填写相关业务凭条;为客户提供相关咨询服务;掌握银行各类产品的特点和操作规程,了解同业特点,及时应对、解答客户可能提出的问题。⑧主动向客户进行产品推介,积极挖掘客户业务需求,向客户经理推荐重点客户;收集有益的客户建议,为改进服务和优化产品提供参考。

2) 综合柜员

随着金融电子化的发展和科技在银行业务领域的广泛运用,商业银行柜台已从传统的双人临柜复核制发展到目前的综合柜员制。

综合柜员制是指金融机构营业网点的柜员在其业务范围和操作权限内,由单个柜员或多个柜员组合,为客户提供金融服务,独立或共同承担相应职责,可以办理多币种、多种类的各项临柜业务的机制。该机制配备的一部分柜员被称为综合柜员。

(1) 综合柜员制的特点。

拓宽柜台服务功能,提高工作效率,提高服务质量,综合柜员制能够有效地解决银行提供服务与客户服务需求之间的矛盾。通过简化票据传递的过程和时间,减少客户办理业务的等候时间,能切实提高服务效率和质量。同时,综合柜员制的具体设置灵活,岗位责任明确。

(2) 银行营业厅柜台工作人员的主要类别。

银行营业厅柜台工作人员的主要类别有两类:①**综合柜员**:负责经办各类柜台业务,包括各类对公、对私业务,个人消费贷款,个人住房贷款,个人理财等非现金业务等。②**复核岗位**:负责对普通柜员当日的各类账务进行核对、监督、审查。

营业厅柜台
岗位制约管理

(3) 柜员管理的基本原则。

为加强内部控制、防范风险,银行必须按照"事权划分、事中控制"的原则对从业人员进行科学有效的管理,明确责任,相互制约。

事权划分是指针对银行各业务设置不同的业务岗位,每个岗位又有不同的操作经办权限。商业银行柜面业务的岗位所辖交易设有执行权、查询权、授权权等权限,并具有相应的操作金额限制。

事中控制是指办理临柜大金额业务及特殊业务须双人操作,相互监督。

(4) 授权管理。

授权是按照会计岗位责任分离、相互制约的原则,根据各种业务种类的重要性和风险程度及金额大小设定相应授权级别,并由主管对柜员办理该类交易进行实时审核确认的一种内部风险控制方式。

银行实行综合柜员制,必须建立严格的授权制度:普通柜员具有记账、对外办理业务的权限,不得复核其他柜员账务;主办级柜员具有授权、复核的权限,不得直接临柜受理客户业务;主管级柜员只具有授权、监督权限。银行柜员处理核算业务操作权限具体如表1-2所示。

表1-2　　　　　　　　　　银行柜员处理核算业务操作权限

业务种类	具体分类	普通柜员	主管兼柜员	主　管
存现业务	小型网点	5万元以下	业务经办额度以上授权	自行确定
	中型网点	8万元以下		
	大型网点	10万元以下		
取现业务	大中小型网点	5万元以下	5万元(含)至50万元的授权	超过50万元的授权
转账业务	小型网点	10万元以下	10万元(含)至100万元的授权	100万元(含)至200万元以及200万元(含)以上的授权(根据网点不同)
	中型网点	20万元以下	20万元(含)至150万元的授权	
	大型网点	30万元以下	30万元(含)至200万元的授权	

注:以上金额仅为人工控制,目的是区分网点和控制风险。各银行具体规定会有差异。

3) 客户经理

商业银行客户经理需要以客户为中心,处理客户存贷款及其他中间业务,并负责维护客户关系。银行客户经理应具备较强的公关能力、系统的营销策略与强烈的服务意识,能够积极调动商业银行的各项资源为客户提供全方位、一体化的服务。

(1) 客户经理的分类。

商业银行客户经理根据客户主体不同,主要分为零售客户经理和对公客户经理。

零售客户经理, 是指在银行从事个人客户开发、客户管理和维护、产品销售、市场拓展等工作的人员。零售客户经理隶属二级支行或代理网点管理。

对公客户经理 也称信贷客户经理,是指具备相应任职资格和能力,从事银行对公客户开发、客户管理和维护、产品销售、市场拓展等工作的人员,一般负责授信客户营销、授信额度申请、客户调查与授信分析、担保调查与分析、授信额度使用及贷款等业务的操作,包括合同谈判与签订、抵押办理、担保核实、贷款资金使用监控、客户经营情况持续跟踪、问题贷款处理等,以及为行政企事业单位、同业等客户提供存款、支付结算、代收代付等金融服务的推广。

(2) 客户经理的主要工作职责。

客户经理不仅是银行与客户关系的代表,而且是银行对外业务的代表。其职责主要是通过直接与客户交流来全面了解客户的需求,并向其推广银行的产品、争揽业务,同时客户经理还需协调和组织全行各有关部门及机构来为客户提供全面的金融服务,并在主动防范金融风险的前提下与客户建立和保持长期密切的联系。客户经理的工作职责具体可从以下几方面进行理解：

一是**金融产品营销**。客户经理应根据银行营销策略和分支机构营销目标，充分利用银行各种金融产品，向客户进行相关产品的营销，努力拓展储蓄存款和中间业务等个人金融业务产品，不断开发优质客户，确保完成各项营销目标。

二是**客户服务**。客户经理应主动热情服务，为客户答疑解惑，并根据客户需求，为客户提供财务分析、理财计划、投资计划等一揽子个人金融服务。

三是**客户关系管理**。客户经理应建立客户档案，做好客户分级管理工作，与优质客户建立长期、稳定的关系，提高客户的满意度与忠诚度。

四是**营销宣传推广**。客户经理应协助分支机构落实营销策划，实施各种小型营销活动，宣传推介银行个人金融业务产品，提高银行个人金融业务的市场知名度和美誉度。

五是**收集客户信息**。客户经理应收集整理优质客户信息，了解和把握客户金融服务需求，建立客户档案，为客户提供更加专业的针对性服务，促进业务的进一步拓展。

六是**市场调研**。客户经理应深入了解个人金融业务市场，积极关注市场动态分析市场现状和市场需求，及时反馈有关市场、产品、客户需求等信息，提出业务创新建议，促进银行产品、服务创新和客户服务水平的提升。

直通职场

银行客户经理岗位技能要求[①]

客户经理所需专业技能：首先，需要了解银行业务相关知识，对于自己负责的主要业务内容更要熟练掌握，才能在挖掘客户、维护客户时从容应对；其次，需要具备企业财务分析能力，可以对客户企业的财务情况进行基本分析，以便在工作中作出正确的判断；最后，需要掌握一些营销的技能和方法，这在开发客户资源或推销新产品时非常重要。

客户经理常用技能包括：①沟通能力：无论面对同事、上司还是面对客户都需要较强的沟通交流能力；②文字编辑能力：能对行业情况进行分析并形成报告；③自我学习能力：个人业务和所负责客户与产品、政策和社会的快速发展密切相关，需要对新的变化进行学习；④掌握一般办公软件Word、Excel的基本技能。

就业趋势：应届毕业生往往不能直接从事客户经理的工作，基本都需要从柜员岗位开始，积累几年柜员经验后，才有机会转为客户经理。

4）理财经理

(1) 理财经理的岗位职责。

根据个人客户分层服务要求，商业银行理财经理主要负责中高端客户的联系与维护、拓展与营销，为客户提供理财咨询、编制理财规划、配置理财服务，发掘潜在客户需

---

① 未来FM.银行客户经理到底是什么岗位，工作内容是什么？[EB/OL].(2020-07-21)[2023-02-14]. https://www.zhihu.com/question/332922807/answer/737991169.

求、提供金融与非金融服务、实施精准营销,实现网点服务及营销目标,持续提升客户满意度、忠诚度、贡献度。

理财经理的服务职责主要有: ①对购买理财产品的客户进行风险承受能力测试和理财产品合适度检测,充分履行风险揭示与告知义务;②专业解答客户疑问,提供个人客户经理服务和综合理财服务,提升客户价值;③密切跟踪研究国内外金融市场动态、政策动态、同业产品动态,及时为网点其他工作人员提供营销建议和指导;④做好贵宾区、理财区域内的现场管理工作,保持贵宾区环境的整洁、温馨和有序。

理财经理的营销职责主要有: ①为前来理财咨询的贵宾客户或潜在贵宾客户提供全面的理财咨询服务,在客户关系维护的过程中,通过了解客户需求,有针对性地向客户营销本行的个人金融产品和服务。②按照网点转型工作要求进行客户维护工作。③收集同业竞争对手营销策略、产品研发、业务流程信息,为银行制定针对性营销方案提供依据。④经常与所管理客户进行沟通和联络,不定期约见或拜访客户,实行客户关怀,了解所管理客户的需求,关注客户交易动态和需求动态,及时与客户沟通,提供建议和解决方案,维护和提升客户关系,推动客户升级。每位理财经理维护的客户数不得超过500人。⑤做好相关产品销售后的电话回访和客户资料录入、建档和维护工作建立客户关系,努力将其发展成为银行的个人优质客户。⑥积极主动开展社区金融服务,邀请、组织客户参加银行相关活动,为中高端客户提供金融与非金融增值服务。⑦帮助客户制订理财计划,根据客户的家庭和资产情况,为客户制订个性化的理财计划,建立长期稳定的伙伴关系。⑧完成相关产品的交易操作,提供产品售后服务。

(2) 银行理财产品风险。

一位优秀的银行理财经理,除了应掌握必要的岗位技能,还应当了解各类银行理财产品的特点,其中把握理财产品的风险也是必不可少的一环。银行理财产品存在的风险主要有以下几个方面。

一是**政策风险**。资产管理产品在各个时期都是按照现行有关法律、法规和规定设计的,如果国家宏观政策和市场相关法律、法规发生变化,可能会影响资产管理产品在各个时期的发行、投资、兑换等工作的正常进行。

二是**资产管理收益风险**。资产管理产品保本但不保证收益。公司债券、信托项目、货币市场基金等产品投资组合,客户可能面临企业债发行企业不能按时偿付、信托项目借款人违约等风险。

三是**市场风险**。在产品存续期间,如果在银行存款和其他投资市场上资产投资收益发生变化,客户将面临资产管理资金配置存款和其他投资市场的机会成本风险,进而影响决策。

四是**流动风险**。若产品采用到期兑付的期限结构设计,理财客户财务管理无权提前终止。在产品存续期间,客户如有流动性需求,可能面临流动性风险,即财务管理产品不能随时实现,持有期与资金需求日不匹配。

1.2.3　商业银行岗位变化趋势

伴随金融科技的发展,银行业发展趋势可分为互联网、移动互联、人工智能三大阶段,传统商业银行的岗位构成发生了不同变化,商业银行某些岗位雇员数量不断减少,同时也产生了新的岗位需求。

1) 网上银行服务的出现,标志着商业银行进入互联网阶段

在此阶段,银行业的工作岗位不会明显减少,客户依然需要到银行柜台办理业务。由于柜台服务和互联网服务的平行存在,银行总体雇佣人数起初甚至有所增加,但随着智能手机的普及,办理柜台业务的客户群平均年龄逐渐增大,依赖传统银行网点的客户群逐渐缩小,商业银行将从网上服务与线下服务并存的互联网阶段过渡到移动互联阶段。①

知识拓展——商业银行数字化转型的现状挑战和机遇

2) 手机银行 App 的出现,标志着商业银行开始进入移动互联阶段

移动支付改变了传统的现金刷卡消费模式。通过将银行卡与支付宝、微信、Apple Pay、Paypal 等移动支付应用进行绑定,用户出门消费无需携带现金、银行卡,可通过手机移动端完成消费,通过商业银行微信公众号进行信用卡还款,通过手机银行 App 购买国债、外汇。传统商业银行的相当一部分职能将逐渐被其他科技金融公司取代。在此阶段,银行的工作岗位以及业务重心将发生转变。工作岗位需求方面,传统的营业部柜员岗位将逐渐饱和,商业银行需要招聘越来越多的科技员工,IT 部门将产生新的岗位。业务重心方面,银行的盈利模式由原先的依靠存贷差盈利转而依靠投资盈利,业务重心也将逐渐由网点运营转移到信贷投资,信贷审查人员在依赖以往经验审查常规资料的同时也将越来越依赖大数据风控等海量数据做出决策。在移动互联阶段,柜员岗位将持续减少,储蓄柜员可能会转型到私人银行理财顾问等其他岗位。

同时,移动金融的普及也为区块链技术的应用提供了前提,传统商业银行开始着重于提升效率、减少开支,区块链技术的普及进一步减少了传统商业银行的中间业务,加速了纸钞业务的消失。在此过程中,消费者的移动金融体验会有进一步改善提升,贷款服务会更加便捷,同时银行后台岗位随之调整,传统信贷审查以及反洗钱岗位的工作方式将发生改变。

3) 人工智能系统的普及,将标志着商业银行进入人工智能阶段

大型商业银行的投资银行部门引入智能分析系统是大势所趋,而这意味着商业银行投资部门的行业研究工作将被人工智能逐渐取代。人工智能在商业银行中的应用,需要一个适应过渡阶段,传统岗位会逐渐减少,不会瞬间被取代。即使人工智能在效率以及节约成本方面具有极大的优越性,也不能完全取代商业银行中所有的人类。人工智能应用初期,很多岗位还需要人类辅助,小额贷款可以由人工智能基于海量用户数据进行分析评估做出决策,但是大额贷款,为了防范风险,依然需要信贷人员现场调查。

此外,人工智能初期,如果用人工智能完全取代人类,节约大量成本的同时也可能会面临巨大的风险损失。例如,假设大额贷款完全依靠安装人工智能的系统进行评估,

---

① Matt Egan:30% of bank jobs are under threat. CNN. April,2016. 美国柜员岗位数量于 2007 年达到顶峰,此后逐年下降,至 2016 年 4 月,已减少 15%。约三分之二的柜员从事的工作将被自动化取代。

一旦系统受到黑客攻击,或者人工智能系统自作主张批准了黑客利用系统漏洞伪造的贷款申请,造成的损失甚至可能远高于节约的成本。如果没有工作人员在现实中核实贷款的抵押担保,在人工智能应用初期,有漏洞的系统甚至可能在贷款人或抵押物并非真实存在的情况下发放贷款。但是到了人工智能普及的高级阶段,AI 不仅会取代重复性劳动岗位和信息分析类岗位,最终还可能会取代需要实际考察和沟通来完成的岗位,如人工智能甚至可以直接派出无人机去进行实地投资考察,再通过图像分析,做出投资决策。

任务实训

商业银行核心业务岗位认知

一、实训目的
1. 了解商业银行核心业务岗位工作内容与工作职责。
2. 培养信息搜集和总结归纳能力。

二、实训要求
分组进行:每 3~5 人一组,选出 1 名组长,进行资料收集分析讨论,各小组讲解。

三、实训内容
以小组为单位,浏览 2~3 家商业银行官网信息,并结合个人办理银行业务经历,区分和辨识银行核心业务岗位工作内容;举例说明金融科技对银行核心业务岗位转型发展影响的具体体现。

四、总结分析
完成实训报告,汇报小组实训成果,小组互评,教师点评。

任务 1.3 银行从业人员职业素养培养

职业素养是从业者在职业活动中表现出来的综合品质。行业从业人员应当遵守行业岗位管理规范,严格执行业务规定和操作规程,防范利益冲突和道德风险,尽责、尽心、尽力做好本职工作。

1.3.1 银行业行规行纪和银行从业人员职业操守

规范金融机构从业人员职业操守和行为准则,塑造共同价值观,加强行业自律和从业人员行为管理,是推动清廉金融文化建设的根本要求。

商业银行法节选

1)银行业行规行纪

银行业行规行纪是以国家金融政策、法令为根据,结合银行业的自身具体任务而制定的,要求银行业职工在执行各项业务活动时必须共同遵守的行为规范。

银行业行规行纪主要分为两类:一是业务操作程序类的规章制度,如与贷款、信用证、保函、票据、存款、兑换、信用卡、结算、储蓄、出纳等业务操作有关的规章制度;二是管理类型的规章制度,如员工守则、文明礼仪守则、考勤管理办法、财务费用管理、绩效管理办法等。

银行业的行规行纪是制约、指导、调整银行业职工行为的准则,其特点如下:

(1) 强制性。银行行员必须遵守行规行纪,不得违反;若有违章违纪的行为,视其情节、性质和程度给予批评教育、或党纪行政处分、或经济处罚。

(2) 广泛性。银行的每个岗位、每项业务都有相应的规章制度;各项规章制度贯穿在业务活动的始终。

(3) 实用性。银行业行规行纪内容具体、要求明确、一目了然、便于执行;既是指导银行行员进行工作的行为规范,又是评价其工作好坏的标准。

2) 银行从业人员职业操守

职业操守是人们在职业活动中所遵守的行为规范的总和。它既是对从业人员在职业活动中的行为要求,又代表了从业人员对社会所承担的道德、责任和义务。

中国银行业协会发布的《银行业从业人员职业操守和行为准则》(以下简称《操守和准则》)为银行业从业人员提炼了七项职业操守、三类行为规范、两个服务核心和一项名单惩戒机制。

商业银行内部控制指引节选

(1) **七项职业操守**,即通过爱国爱行、服务为本、严守秘密三项职业操守要求银行从业人员"忠";通过依法合规、专业胜任两项职业操守要求银行从业人员"专";通过诚实守信、勤勉履职两项职业操守要求银行业从业人员"实";以此刻画银行从业人员"忠、专、实"的独有职业性格特征和共同价值观。

(2) **三类行为规范**,包括行为守法、业务合规和履职遵纪三类行为规范。

(3) **两个服务核心**,包括保护客户合法权益和维护国家金融安全两个服务核心。

(4) **一项名单惩戒机制**,是指黑名单、灰名单及相关制度的名单惩戒机制。

此外,《操守和准则》针对银行业金融机构和高管提出了"特别准则"。例如,针对一些因机构风气不正、高管意识不足导致的行业乱象,《操守和准则》对银行业金融机构提出"不得向特定关系人等提供高薪、职位职称",破除"圈子文化",要"关爱员工,严禁体罚、辱骂、殴打员工""采取合理的预防、受理投诉、调查处置等措施,防止和制止利用职权、从属关系等实施性骚扰"等要求;对高管提出"带头遵守、模范践行职业操守和行为准则""在战略制定和绩效管理等工作中融入职业操守和行为准则考量""全面推动所在机构营造良好从业氛围和工作环境"等要求。

行业观察

遵守银行业行规行纪的"四十八字诀"

防范金融犯罪,保护资金安全;
防止重大差错,维护银行信誉;
规范业务标准,提高服务水平;
抵制错误指令,实施自我保护。

1.3.2 银行从业人员金融服务理念

作为服务行业,商业银行除了出售有形产品,还要出售无形产品——金融服务,银行的各项经营目标需要通过提供优质的服务来实现。给客户提供满意的优质服务可以促进商业银行进入良性发展循环(图1-2),劣质服务则可能使商业银行陷入恶性循环(图1-3)。

做好银行服务工作、保护金融消费者利益,不仅是银行业金融机构的法定义务,也是培育客户忠诚度、提升银行声誉、增强综合竞争实力的需要,更是银行履行社会责任、促进和谐社会建设的本质要求。

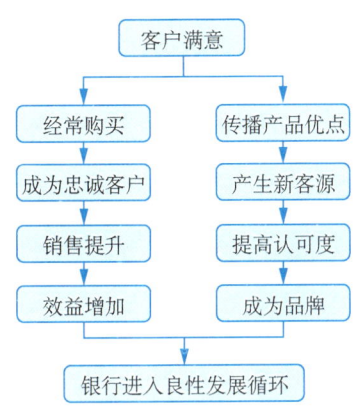

图1-2 优质服务对银行的影响

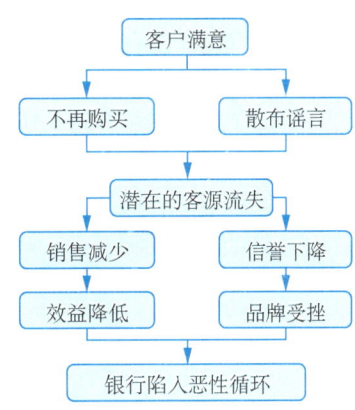

图1-3 劣质服务对银行的影响

1) 服务的概念与本质

服务是个人或社会组织为消费者直接或凭借某种工具、设备、设施、媒体等所做的工作或进行的一种经济活动,是向消费者个人或企业提供的,旨在满足对方某种特定需求的一种活动和好处。服务的生产可能与物质产品有关,也可能无关,是对其他经济单位的个人、商品或服务增加价值,并且主要是以活动形式表现的使用价值或效用。服务即为他人做事,并使他人从中受益的过程,可分为功能性服务与心理服务。**功能性服务**是指为顾客提供方便,为顾客解决各种各样实际问题的服务。**心理服务**是指让顾客经历愉快的人际交往,让顾客得到心理上满足的服务。

服务的核心是服务意识。服务意识是指企业全体员工在与一切企业利益相关的人或企业的交往中所体现的为其提供热情、周到、主动的服务的欲望和意识,即自觉主动做好服务工作的一种观念和愿望,它发自服务人员的内心。

服务的本质是为客户提供有价值的内涵并获取合理的回报,形成组织与客户之间良好的交互关系。服务的目的是获取双向价值增值,组织通过服务获取利润,客户通过服务获取收益。

2) 银行金融服务的内涵

金融服务是银行永恒的探索主题,是银行生存发展的命脉,让客户满意是银行从业人员永远的追求。服务是一种理念和文化,但其根本落脚点和体现在于人。因此,银行金融服务的内涵是心中时刻有客户,其核心是从客户需求出发,站在客户需求角度提供专业的金融服务,主要包括银行常规服务、高净值客户服务、特殊客户服务和社会责任服务。

银行金融服务体现的是银行管理水平的高低,其中也包含着银行本身的文化内涵和员工的精神风貌,而展现在公众面前的是一种品牌形象。坚持银行金融服务要"深入人心",切实为不同客户提供最有效、最优质、最需要、最适合的服务是让客户动心的关键。

3) 银行客户需求分析

对商业银行来说,其客户可以分为居民个人客户和公司客户两类,两者产生需求的动机不同,因此两类客户的金融需求也不同,即存在零售业务需求和公司业务需求。客户的需求既有感性需求,也有理性需求,其特点分析如图 1-4 所示。

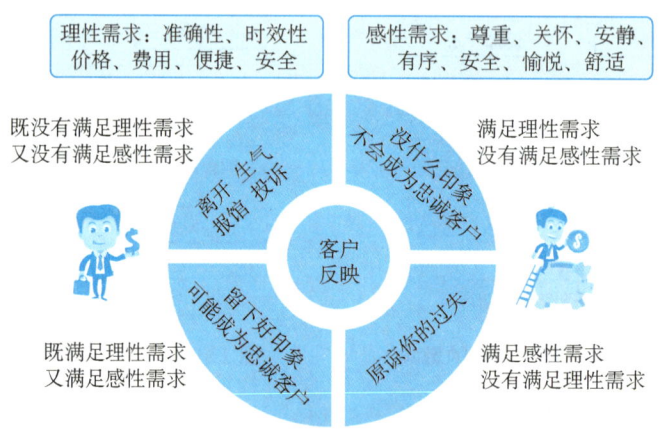

图 1-4 客户需求特点分析

(1) 零售业务需求。

居民个人客户相关业务统称零售业务。其业务需求主要体现在要实现个人或家庭财富的保值、增值与有效传承,而委托商业银行帮助其进行的资产和负债分析、现金流量预算与管理、个人风险管理与保险规划、投资规划、退休规划、个人税务筹划、个人遗产规划等内容,体现的是一种综合性的金融需求。居民个人客户的零售业务需求的特点有:①客户对产品运用要求便捷化、自助化;②客户对资产管理要求保值化、增值化;③金融产品的消费取向呈现出多元化、个性化;④客户对金融服务要求亲和化、人性化;⑤客户对产品的功能要求时尚化、品牌化。

(2) 公司业务需求。

公司类客户相关业务统称公司业务或批发业务。业务需求主要是满足企业商业竞争中降低成本、提高效益等方面的需要,对金融服务的需求涉及企业资金流动的各方面,不仅是信贷资金上的需求,还包括在资金、技术、信息、管理等方面全方位、配套式的服务需求。公司客户的公司业务需求的特点有:①个性化。千篇一律的金融服务,已远远不能满足当前公司客户的需求,客户要求银行的产品和服务能够符合其自身独特的经营环境。②多样化。企业经营环境和经营方式的不同,对银行的金融服务多样化的需求不同。③便利化。现代企业出于降低成本和提高效率的需要,越来越希望借助银行现代科技实现资金的高效利用以及成本的无限降低。

行业观察

对客户需求的精准把握

市场细分策略是商业银行重要的经营策略。银行对客户属性进行细分,需要根据客户的年龄、性别、地域、住址、家庭成员情况、偏好、爱好、职业、受教育程度、收入、负债、消费、资产(总量、持有资产种类及比例、投资偏好、风险偏好)等多个维度标签进行。

在此基础上,银行可进一步实施有效的市场定位,针对不同层次的客户指定精准营销计划和方案,提供适合他们需求的金融产品和服务,使银行服务由统一化、大众化向层次化、个性化转变。银行应注重进行客户分层和产品市场定位,以差别服务为特色,以完善的数据体系和先进的客户画像系统为依托,由银行专家型人才根据客户需求,对各种个人金融产品进行有针对性的业务组合和创新,来满足中高层个人客户资产增值、保值及安全、方便投资的需求。

4) 银行忠诚客户的培养

(1) 忠诚客户的特点。

忠诚客户群是银行的宝贵资源、胜利之本。满意不等于忠诚,使客户满意是很容易做到的,如客户觉得产品的品质好或者服务人员态度好,就会感到满意,这是一种短暂的、易变的感觉。银行一定要通过优质的服务积极发展并保持忠诚客户群。

忠诚客户一般具有以下特点:①是品牌的义务倡导者,会主动传播和宣传银行的品牌和满意服务,主动向他人推荐产品;②会不断重复购买银行的系列产品;③会帮助销售人员开展业务,肯原谅银行方的过错或过失;④对竞争对手的促销手段具有免疫性。

(2) 满足忠诚客户需求。

服务是银行得以成长、发展和延续的基本途径,是保持银行竞争力的根本所在。因此,银行提高客户忠诚度的关键在于提供优质的服务,具体可体现在三个方面,即服务意识、服务质量和服务效率。银行要为客户创造价值,满足客户需求,从而赢得客户的心。

银行从业人员可以从五个方面着手满足忠诚客户需求:①让客户有成就感。创造客户成就感,使其有一种炫耀的满足。②让客户有"内疚感"。你对客户做得足够多,客户就会有"内疚感"。③让客户有参与感。参与感经常和事件营销连在一起,就是你做这件事时,要邀请别人一起参与。④让客户有安全感。任何产品的销售,都要让客户觉得风险可控。一些新的社交电商平台,就特别强调用户的信息安全。⑤让客户有成长感。让客户与银行一起成长,有助于提高客户的忠诚度。

5) 银行服务的层次递进

服务的第一个层次是规范服务。从行服、发式、鞋子的整齐搭配开始,有礼有节的举止、发自内心的微笑、有板有眼的五步法,应注重给每一位客户的第一印象。

服务的第二层次是学会倾听。柜员、大堂经理、理财经理、客户经理触及的客户形形色色,学会倾听,能够更好地理解客户,继而运用自己所学的金融知识,将实践工作经验用通俗易懂的言语解释给客户听。学会倾听的过程,也是学习知识、提高学问、培养思考能力的过程,这是一种成长的捷径。

服务的第三个层次是善解人意。银行从业人员需具备扎实的金融基础知识,多谋善断,以及站在客户的角度做出决策的综合能力。首先银行从业人员需要具备长远的眼光,且要敢于对自己的决定、建议负责,即便是面对十分细小的事情也要尽职尽责,善解人意。一方面是为客户减少不必要的麻烦和理财误区;另一方面则是尊重客户的知情权、选择权,从早提醒、早告知、事后维护、事后回访入手。提前为客户想到一些有可能影响其情绪、利益、投资的事项,使客户逐渐变成朋友。

服务的第四个层次是多向思维和创新的智慧。即客户反馈的某些意见,实际上并不是单一的吐露,更多蕴含的是更高、更优质的服务需求,尤其是抱怨和投诉。如果能够圆满解决并由此进行后续的改进、创新、建议是十分有利的,从业人员可以对这些宝贵的意见加以分析。

每一个服务层次都不是一蹴而就的,服务的层次递进首先就是每个银行人保持着一颗上进的心,心中时刻为客户着想,不断提升自己的服务层次,形成服务的层次递进,如图1-5所示。细节决定成败,在高度竞争的时代里,银行之间的竞争往往就在于细节的差异,能够做到别出心裁而又迎合客户的需要就是我们的目的所在,银行从业人员要用心去服务,要善于观察客户、理解客户,对客户的言行要多揣摩,用真心作为连接客户的桥梁。

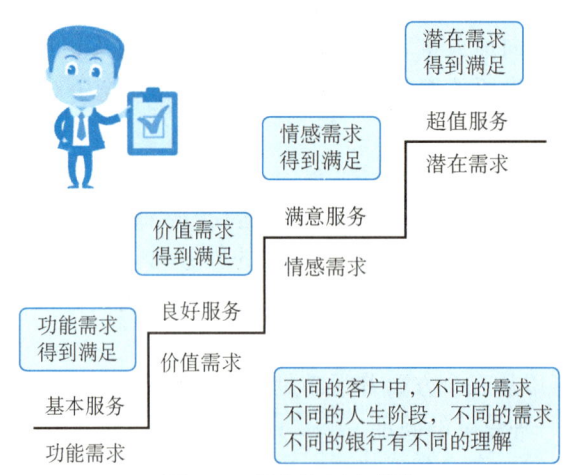

图1-5 服务的层次递进

行业观察

有关客户需求的一些数据

在不满意的客户当中约有90%的客户不会投诉,但也不会再购买你的产品。

约有50%的不满意客户都会将不满告诉另外的10~20人;被告知者中约有15%又会将这个坏消息传播给另外的10~20人;做错一次,需要至少12次正确去弥补。

开发一个新客户的成本是留住一个老客户的10倍左右。

做到客户满意的公司平均每年的营业额增长为8%~12%。

当客户不满意时,若能及时弥补与客户的关系,约有80%的客户还会回来继续和你做买卖。

6)银行服务的理念与精神

"以人为本、用心服务"的服务精神是服务永恒不变的主题。正确的服务理念包括:

(1) 过去的客户服务远远不够,客户服务要从100%满意开始。

(2) 客户的看法就是客观事实,尽管可能带有偏见。

(3) 认识过错是销售和服务人员改进的机会,解决问题可以开创企业有利的新局面。

(4) 一定要让客户觉得自己很重要。

(5) 善于提问是服务高手,也是营销高手的标志之一。

(6) 要做到聆听、再聆听,三思而后行。

将银行服务理念转化为行动,需要做到:以人为本,发自内心对人的尊重、理解与关怀;童叟无欺,平等善待每一位客户,诚信为本,坚守诚信的底线;朋友伙伴,成为客户的朋友与合作伙伴,互惠、双赢、长期共存;换位思考,具有同理心,站在客户的角度理解与帮助客户;解决问题,真正帮助客户排除困难,为客户创造价值;细雨无声,关注客户细节,无声胜有声(图1-6)。

图1-6 银行服务理念

优质的客户服务至少需要做到以下几点：对客户表示热情、尊重和关注；帮助客户解决问题；迅速回应、满足客户的需求；始终以客户为中心；始终如一的高品质服务；设身处地为客户着想；提供个性化的服务。

银保监会①发布指导意见规范银行服务市场调节价管理

为规范银行服务市场调节价管理，提升服务实体经济质效，改善人民群众金融消费体验，我国银保监会于2018年发布《关于规范银行服务市场调节价管理的指导意见》（以下简称《指导意见》）。《指导意见》作为银行服务价格监管制度的一部分，立足于对银行等金融机构服务价格管理和行为提供原则性指导，明确了五方面要求：一是压实机构主体责任；二是规范定价要求与校准机制；三是强化对服务外包机构与合作方的管理；四是鼓励主动惠企利民；五是划出五条监管红线。

随着我国市场化改革深入，各行业的政府指导价、政府定价项目逐步减少。银行业也是如此，仅有个别银行服务项目实行政府指导价、政府定价，市场调节价项目已成为大部分银行服务项目中最主要的类型。《指导意见》是为适应这一发展趋势出台的，目的是在充分发挥市场机制调节作用的同时，通过督促银行等金融机构提高服务价格管理水平、强化多方监督和行业自律，推动有效市场和有为政府更好结合，解决市场机制失灵和经营管理粗放问题，纠正不当逐利和不规范服务行为，为经济社会高质量发展提供优质、可持续、价格合理的金融服务。

《指导意见》于2022年5月1日起施行，便于银行等金融机构开展服务价格评估、调整制度及管理流程、完善系统功能等落实工作。《指导意见》的正式实施，将促进银行业在新发展阶段更好地服务实体经济和人民群众，形成价格公平竞争、管理规范有效、服务优质透明、权益保障充分的市场环境。

1.3.3 银行从业人员合规经营

合规经营是商业银行做好日常经营风险管理的根本前提，是银行安全稳健经营的关键所在，是核心风险管理活动，也是实施有效内部控制的基础性工作。

1）合规与合规风险

合规，是指使商业银行的经营活动与法律、规则和准则相一致。其中法律、规则和准则是指适用于银行业经营活动的法律、行政法规、部门规章及其他规范性文件、经营规则、自律性组织的行业准则、行为守则和职业操守等。

合规风险，是指商业银行因没有遵循法律、规则和准则可能遭受法律制裁、监管处罚、重大财务损失和声誉损失的风险。②

---

① 书中提到的"银保监会"是指"中国银行保险监督管理委员会"，2023年3月7日后该机构已取消，由国家金融监督管理总局取代其原有职能，后同。

② 引自《商业银行合规风险管理指引》，于2006年10月由当时的中国银监会制定。

2) 银行合规理念

合规经营是银行经营的第一要务。合规是各项业务持续稳健发展的首要前提,银行合规经营应始终力求遵循法律、规则和准则、市场惯例、行业规则及银行内部行为准则,在各项银行业务活动中坚持合规。依法合规开展一切经营管理活动,追求滤掉风险的效益,控制风险是银行的最高原则,具体体现在以下方面:过程合规、全面合规、持续合规、主动合规、全员参与、合规创造价值。

合规风险管理体系模式的内容包括:合规政策;合规管理部门的组织结构和资源;合规风险管理计划;合规风险识别和管理流程;合规培训与教育制度。

3) 银行合规文化

合规要从银行管理层做起。管理层应在银行推行诚信、正直的价值观念,充分承担并履行合规责任,创造鼓励合规的氛围,自上而下地贯彻落实合规风险管理政策。

银行业从业人员职业操守和行为准则

银行的合规文化主要体现在以下方面:

(1) 主动合规。银行员工应主动遵循合规原则,主动发现和暴露合规风险隐患和问题,主动改进相应的业务政策、行为手册和操作程序,主动纠正已发生的违规事件,主动对责任人采取必要的惩戒措施。

(2) 合规人人有责。合规不仅仅是合规部门或合规员的责任,更是银行全体员工应履行的责任,只有各级各岗位员工共同遵循和贯彻落实有关法律和准则,人人恪守高标准的职业道德规范,合规风险管理才能有效,因此合规人人有责。

知识拓展——数字化转型下的银行风险管理

(3) 合规创造价值。合规风险管理虽然不能直接创造银行利润,但能够通过系列合规管理活动控制成本、降低损失,提高资本回报。提醒合规创造价值理念,警示违规增加风险和损失。

任务实训

银行从业人员职业素养培养

一、实训目的

1. 了解银行从业人员职业操守与基本准则。
2. 逐步建立金融服务意识和理念。
3. 树立合规经营理念。
4. 培养团队合作精神、沟通能力和语言表达能力。

二、实训要求

分组进行:每3~5人一组,选出1名组长,进行资料分析讨论,各小组讲解。

三、实训内容

案例1:细心了解客户

一位30多岁的瘦高男青年走到柜台。柜员说:"先生,请问您办理什么业务?"客户说:"开户。"他说话的声音很低,柜员几乎没有听见,便不假思索地说:"请你大声点。"客户很生气,并向行长投诉。谈话中,柜员才知道,客户刚做完手术,恢复不久。

案例2：耐心接待老年人

一天，一位70多岁的老人来到营业网点，谨小慎微地询问柜员能否咨询一下业务，他已去过好多网点，虽然经过多次讲解，但他还是搞不明白怎么存钱，怎么样才能把钱存好。当时网点柜员正忙，于是大堂经理把他扶到座位上，倒了一杯温开水，为他详细说明、示范业务办理过程。经过一个多小时，这位老人才弄明白，事后让儿女把存款都放在了这个网点。

案例3：凭证填写规范

某企业出纳办理支票取现，柜员审核时发现日期"贰零零陆"写成"贰零零六"，柜员在对企业出纳说明情况后，要求其重填一张现金支票。企业出纳回到企业填制了一张新的现金支票后拿回，柜员再一次审核时发现，大写金额仍有误，并再一次要求企业出纳重填支票。企业出纳非常生气，认为柜员有意刁难，柜员说："我是按制度办事，不能给你取款。"现场僵持了好长时间，客户进行了投诉。

请以小组为单位，针对以上案例分析讨论：银行员工该如何处理？应该提供怎么样的专业服务才能算优质呢？

四、总结分析

完成实训任务，汇报小组实训成果，小组互评，教师点评。

知 识 考 核

(注:每个项目知识考核设置为撕页式,可用于检验学生对知识点的掌握情况,也可作为课堂点名记录或课堂测试记入平时成绩)

班级_____ 姓名_____ 学号_____ 日期_____ 得分_____

一、单选题(每题 5 分,共 25 分)

1. 商业银行资产业务中,最主要的是( )。
   A. 发放贷款　　　B. 吸收存款　　　C. 买卖外汇　　　D. 办理票据贴现

2. 公司客户的基础金融服务由( )负责。
   A. 零售业务　　　B. 财富管理业务　C. 商业银行业务　D. 金融市场业务

3. 下列关于中间业务特点的说法中,错误的是( )。
   A. 不运用或不直接运用银行的自有资金
   B. 承担市场风险
   C. 以接受客户委托为前提,为客户办理业务
   D. 以收取服务费、赚取价差的方式获得收益

4. 银行营销策略中的( ),是指针对每一个客户的个体需求而设计不同的产品和服务,有条件地满足单个客户的需要。
   A. 产品差异策略　B. 单一营销策略　C. 低成本策略　　D. 专业化策略

5. "银行业从业人员应当具备现代金融岗位所需的专业知识、执业资格与专业技能"体现了职业操守的( )。
   A. 依法合规　　　B. 诚实守信　　　C. 严守秘密　　　D. 专业胜任

二、多选题(每题 5 分,共 25 分)

1. 我国《商业银行法》规定,商业银行的经营原则有( )。
   A. 安全性　　　　B. 盈利性　　　　C. 流动性　　　　D. 效益性
   E. 独立性

2. 商业银行可以经营的业务有( )。
   A. 吸收公众存款　　　　　　　　　B. 短期、中期和长期贷款
   C. 办理国内外结算　　　　　　　　D. 办理票据承兑与贴现
   E. 发行人民币,管理人民币流通

3. 下列关于我国商业银行存款业务的说法中,正确的有( )。
   A. 我国商业银行的存款包括人民币存款和外币存款
   B. 人民币存款包括个人存款、单位存款和同业存款
   C. 存款是银行的资产

D. 存款业务是商业银行的传统业务

E. 个人存款又称储蓄存款

4. 银行的中间业务包括(   )。

　　A. 代理业务　　　B. 咨询顾问业务　　C. 支付结算业务　　D. 托管业务

　　E. 贷款业务

5. 理财业务可分为(   )三个层次,银行为不同客户提供不同层次的理财服务。

　　A. 理财业务　　　B. 重点客户业务　　C. 私人银行业务　　D. 潜在客户业务

　　E. 财富管理业务

三、判断题(每题 5 分,共 25 分)

1. 负债业务是商业银行通过一定的形式组织资金来源的业务,主要包括吸收公众存款、发行金融债券、从事拆借等,其中吸收公众存款是最主要的负债业务。　　(   )

2. 信用风险只存在于传统的信贷业务中,不存在于理财业务中。　　(   )

3. 中间业务是指不构成银行表内资产、表内负债,但形成银行非利息收入的业务。

　　　　　　　　　　　　　　　　　　　　　　　　　　　　　　　　(   )

4. 向中央银行借款是商业银行的存款业务。　　(   )

5. 银行业从业人员应当根据监管规定和所在机构风险控制的要求,严格执行贷前调查、贷时审查和贷后检查等"三查"工作。　　(   )

四、案例分析(每题 25 分,共 25 分)

银行业务岗位及风险案例分析。

案例引入:随着金融反腐力度持续加码,近年来金融行业干部、高管"落马"数量骤然增加,仅 2021 年就有多名金融官员被宣布开除党籍。2021 年 2 月 1 日,中国司法大数据研究院、21 世纪经济报道、北京市京师律师事务所金融犯罪研究中心联合发布的《中国金融机构从业人员犯罪问题研究白皮书(2018—2020)》(以下简称《白皮书》)显示,2018—2020 年,在全国各级人民法院审结金融机构从业人员犯罪案件中,从罪名分布来看,诈骗罪占比最高,共 428 件,占比为 27.21%;排名第二的是违法发放贷款罪,共 124 件,占比 7.88%。从业务领域来看,贷款占比高达 48.41%,排名第一。

值得注意的是,《白皮书》还指出,金融机构从业人员犯罪案件中,银行是涉案最多的金融机构类型,涉案工作人员多为基层员工。中国银行业协会首席法律顾问卜祥瑞表示,仅个人估算的银行业从业人员在 400 万名左右,如果把保险中介机构都算上,可能近千万名。这里的从业人员是很广泛的,既包括监管机构,也包括持牌金融企业,还包括类金融企业,这种状态下,出现违法犯罪的行为也是正常现象。

要求:以小组为单位,收集 1~2 个银行金融风险案例事件,结合所学知识试分析:这些事件涉及哪些银行业务? 涉及哪些银行业务岗位? 如何防范银行业从业人员违法犯罪行为?

项目实训

商业银行业务及核心业务岗位分析

一、实训目的

1. 了解商业银行业务及核心业务岗位工作内容、职责。
2. 培养信息搜集、分析、总结归纳的能力。
3. 培养团队合作精神、沟通能力和语言表达能力。

二、实训要求

分组进行：每3~5人一组，选出1名组长，进行资料分析讨论，各小组讲解。

三、实训内容

以小组为单位，归纳梳理传统银行金融业务的职责内容、对应的工作能力分析，分别收集大堂经理岗、综合柜员岗、客户经理岗、理财经理岗的有关案例，用关键词对商业银行核心岗位业务进行总结归纳，完成以下表格。

商业银行核心业务岗位说明书

岗位	项目	内容
大堂经理	职责描述：	
	核心工作能力分析：	
综合柜员	职责描述：	
	核心工作能力分析：	
客户经理	职责描述：	
	核心工作能力分析：	
理财经理	职责描述：	
	核心工作能力分析：	

四、总结分析

完成实训任务，汇报小组实训成果，小组互评，教师点评。

项目 2 储蓄存款业务处理

【知识目标】
- 熟悉银行业务凭证及管理要求
- 掌握银行日初、日终业务处理内容
- 掌握活期储蓄存款业务的内容、规定、处理流程和业务风险点
- 掌握定期储蓄存款业务的内容、规定、处理流程和业务风险点
- 熟悉个人外币兑换业务处理
- 熟悉存款业务的特殊业务处理

【能力目标】
- 能够根据不同业务需要对银行业务凭证的选择、填制、审核、签章等环节进行处理
- 能够掌握银行日初、日终业务处理常规流程
- 能够掌握活期储蓄存款开户、续存、支取、销户等典型业务处理流程、凭证识别审核和业务风险防范
- 能够掌握定期储蓄存款开户、提前支取、到期支取、逾期支取等典型业务处理流程、凭证识别审核和业务风险防范
- 了解个人外币兑换业务处理流程
- 能够掌握银行存款业务相关特殊业务处理流程

【素质目标】
- 遵守银行储蓄存款业务行业管理规范
- 坚持诚实守信,增强银行从业人员合规经营法治意识
- 培养专业信息搜集、分析、总结归纳能力
- 培育金融从业人员严谨求实,精益求精的工作态度

【知识导图】

储蓄存款业务处理
- 银行业务凭证的分类及管理
  - 银行业务凭证的分类
  - 银行业务凭证管理
  - 柜员日初、日终业务处理
- 储蓄存款业务概述
  - 储蓄存款业务的分类及有关原则
  - 个人银行结算账户的设立与管理
- 活期储蓄存款业务处理
  - 活期储蓄存款概述
  - 活期储蓄存款开户
  - 活期储蓄存款续存
  - 活期储蓄存款支取
  - 活期储蓄存款销户
- 定期储蓄存款业务处理
  - 整存整取定期储蓄存款概述
  - 整存整取定期储蓄存款开户
  - 整存整取定期储蓄存款部分提前支取
  - 整存整取定期储蓄存款销户
- 个人外币兑换业务
  - 个人外币兑换业务概述
  - 个人结汇业务
  - 个人购汇业务
  - 外币兑换业务
- 储蓄特殊业务处理
  - 挂失业务处理
  - 协助查询、冻结、扣划业务处理
  - 假币收缴
  - 残缺币兑换

案例导入

闲钱存银行赚收益，怎么存比较合算

手中有钱第一时间存到银行赚利息，是我国老百姓的习惯。

不同的存款产品最终获得相应的利息收入差距也较大。银行存款类产品通常包括活期储蓄、定期存款、大额存单等，还有部分银行发行的智能存款。根据相关数据显示，目前银行存款利率最低的是活期储蓄，年利率为 0.25% 左右，想要获得高收益，显然通过活期存款是不可能实现的。

一般情况下，股份制银行和地方性银行的存款利率要略高于国有银行。以 3 年期定期存款为例，国有银行的存款利率为 2.75% 左右，股份制银行存款利率为 3.1%，部分地方性银行的利率则达到了 3.5%。如果将 30 万元存到不同银行的 3 年期定期存款项目，到期利息分别为：国有银行 24 750 元，股份制银行 27 900 元，地方性银行 31 500 元。国有银行与地方性银行的利息相差 6 750 元。

定期存款、大额存单都属于固定期限获息的存款类产品。同比 3 年期定期存款利率，定期存款利率为 2.6% 左右，而大额存单最高利率可达 4%。再者，智能存款是中小银行为了揽储所发行的存款类产品，其存款利率不低于大额存单。通常情况下，智能存款 5 年期的利率能达到 5% 左右，如村镇银行 5 年期存款利率可达 5.1%。

案例思考： 老百姓想实现银行存款收益最大化，需要综合考虑哪些因素？该如何选择存款产品？

案例启示： 选择不同的银行和不同的存款产品，都会对存款利息收入产生一定的影响。对于保守型投资者来说，想追求收益却不想承担任何风险，将闲钱存入银行是不错的选择，但保守型投资者存款时要根据需要对比选择存款产品和银行，才能让收益实现最大化。

存款者也应当考虑大环境对银行存款利率的影响。图 2-1 所示为 1999—2021 年的 1 年期银行存款利率走势图。

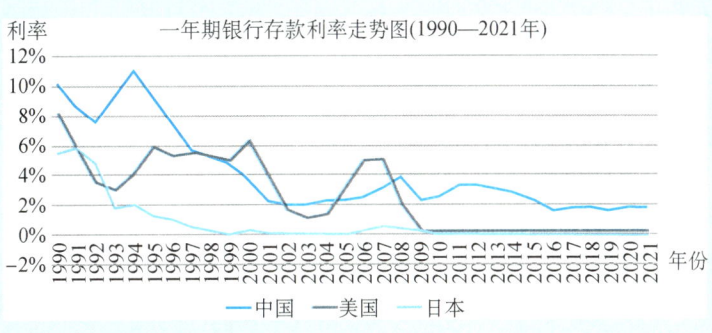

图 2-1　1 年期银行存款利率走势图（1999—2021 年）

任务 2.1　银行业务凭证的分类及管理

银行业务凭证是用于记录银行金融活动的一种单据,是记录各项经济业务活动和财务活动的原始凭证,是明确经济责任的书面证明,是办理收款、付款和记账的依据,也是对经济业务和会计核算内容进行监督、稽核、检查以及核对账务的重要会计资料和凭据。

银行业务凭证要在银行内部有关部门传递,因此银行业务凭证在习惯上又称"传票"。银行每项经济业务从发生到完成,其业务处理手续都必须以会计凭证为依据,没有合法、完整的凭证就不能处理业务、记载账务和向计算机输入数据。

2.1.1　银行业务凭证的分类

银行业务凭证作为银行金融活动的记录单据,有不同的分类方式。

1) 凭证按重要程度,可分为重要凭证和普通凭证

重要凭证主要指金融活动中使用的票据(如汇票、本票、支票等)、卡片(如借记卡、信用卡)等,包括重要空白凭证和有价单证。

(1) 重要空白凭证,是指无面额的、经银行或客户填写金额并签章后,即具有支付票款效力的空白凭证,或者经计算机处理后凭以支取款项的业务卡片或其他介质。重要空白凭证主要包括各类存折、存单、存证实书、支票、不定额银行本票、银行汇票、商业汇票、信用证、空白保函、凭证式国债收款凭证、存款证明、银行卡等。

(2) 有价单证,是指经批准发行的印有固定面额的特殊凭证,主要包括银行发行或银行代理发行的实物债券、旅行支票、定额存单,以及印有固定面额的其他单证。

普通凭证主要指金融活动充当过程记录的单据,如通用记账凭证、财务凭证等。

2) 凭证按介质不同,可分为纸质凭证和电子凭证

目前,银行业务无纸化操作已经是一种趋势,很多纸质业务凭证都在被电子凭证替代。金融电子化主要体现在凭证的审核方式和录入方式的改变,但凭证的规范使用要求并无本质改变。

(1) 凭证审核方式的改变体现在:传统的纸质原始凭证通常为特制的票据,有水纹、密押、签字、盖章等防伪特征,但这些防伪特征有时候容易被模仿,而电子原始凭证的真实性由电子签章等技术保障,并由计算机系统完成审核,具有第三方独立性,使电子凭证的审核更加可靠快捷。

(2) 凭证录入方式的改变体现在:将凭证内容录入会计信息系统时,会计信息系统会自动接收电子原始凭证中的内容,再根据凭证内容自动加入便于深加工的标志,形成原始凭证库。只有自动接收和存储,才能发挥出电子原始凭证的易复制和易传递的优势,提高工作效率。

3) 凭证按照填制程序和用途的不同,可分为原始凭证、记账凭证和非账务类凭证

(1) 原始凭证是以记录和证明经济业务已经发生或完成、可以作为记账依据或记账凭证原始依据的会计凭证。原始凭证按来源不同分为 外来原始凭证 和 自制原始凭证；按格式和用途不同，分为 基本凭证 和 特定凭证。其中：

基本凭证，是指银行会计人员根据原始凭证或业务事项有关信息填制或生成的凭证。基本凭证可以分为八种：现金收入传票、现金付出传票、转账借方传票、转账贷方传票、特种转账借方传票、特种转账贷方传票、表外科目收入传票、表外科目付出传票，具体如图2-2所示。其中，转账传票主要用于银行内部资金收付的账务处理；特种转账传票主要用于涉及外单位的资金收入而且又是银行主动代为收款或扣款时的账务处理，使用特种转账传票应经会计主管审核。采用计算机记账后，大多数商业银行不再使用以上固定大小、格式、颜色的八种凭证，而采用现金和转账两种机制凭证。

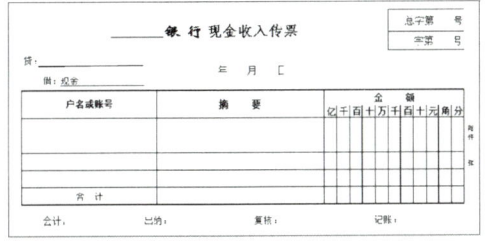
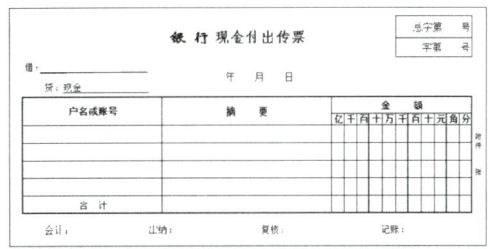
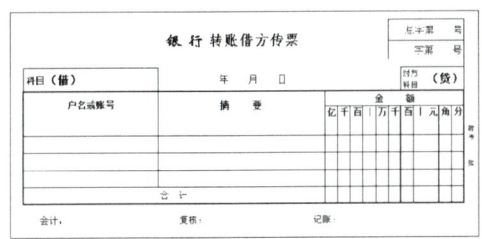
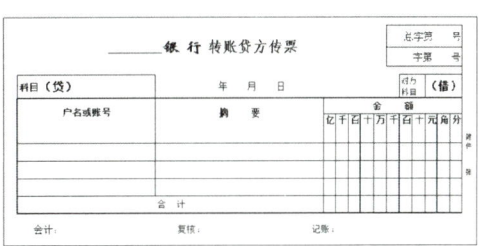
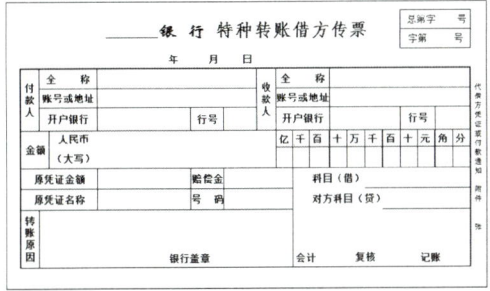

图2-2　银行基本凭证（基本不再使用）

特定凭证,是指银行根据某项业务的特殊需要而制定的专用凭证。特定凭证一般由银行印制、单位领用和填写,并交银行凭以办理业务,银行则直接用以代替传票并凭以记账,如支票、进账单等。也有由银行自行填制并凭以办理业务及记账的,如银行汇票、联行报单等。特定凭证一般一式数联套写,其格式和使用方法将在后面具体业务处理中介绍。

(2) 记账凭证是根据审核后的原始凭证编制并作为记账依据的会计凭证,按其形式可分为**单式凭证**和**复式凭证**。

单式凭证,是指一笔业务的借方和贷方科目,分别填列在两张或两张以上的凭证上,即一张凭证只填列一个科目,作为该科目的记账依据。该种凭证便于分工记账和凭证传递,但不能反映经济业务的全貌,不利于事后查考和检查业务的对应关系。

复式凭证,是指一笔业务的借方和贷方科目都填列在一张凭证上,同时作为借贷双方科目的记账依据。这种凭证便于事后查考某项业务的全貌和易于保持账务记载平衡,但不便于传递、分工记账和科目汇总。

(3) **非账务类凭证**是记载非账务事项的会计凭证,如开销户申请书、查询查复书、挂失申请书等。

【课堂案例 2-1】

讨论:重要空白凭证按使用对象分,可分为银行用重要空白凭证和客户用重要空白凭证,请思考两者有什么区别。

【案例解析】

银行用重要空白凭证包括各种存单存折、定期存款开户证实书、银行汇票、银行承兑汇票、不定额银行本票、信用证、空白保函、存款证明等。银行用重要空白凭证,除了银行承兑汇票,不得交存款人开立。

客户用重要空白凭证包括支票、结算业务申请书、贷记凭证、商业承兑汇票和其他规定的重要空白凭证。客户对申领的重要空白凭证应当负全部责任。

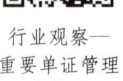

行业观察——
重要单证管理
和使用

行业观察

银行重要单证的管理和使用[①]

(1) 各种重要单证必须由专人负责保管,建立严密的进出库和领用制度,坚持章证分管的原则。

(2) 各种重要单证应纳入表外核算,有价单证以面额入户,重要空白凭证以一份1元的假定价格入账。各柜员严格按规定领取和使用有价单证与重要空白凭证。

---

① 腾讯网.商业银行个人柜面业务|重要单证业务处理[EB/OL].(2023-02-14). https://new.qq.com/rain/a/20210726A0EBX600.

(3) 重要单证保管人员变动时,应按会计人员变动的有关规定办理交接手续,经监交人员、接交人员核对,达到账簿、账表、账证(实)均相符后,方可办理交接手续离岗。

(4) 每开启一箱(包)重要单证时,必须逐捆(本)清点;每开启一捆(本)重要单证时,必须逐本(份)进行清点,不能只点大数,防止印刷重号、跳号、漏号。

(5) 每班使用重要单证时,必须顺号使用,不得跳号使用。

(6) 重要单证在未使用前,不得事先加盖业务公章和个人名章。

(7) 任何部门和个人不得以任何名义将重要单证挪作他用。

(8) 如果发现重要空白凭证遗失或发现印刷重号、跳号、漏号时,应当及时向负责人报告,支行应当及时向分行作出书面报告,不得拖延及隐瞒;如果重号、跳号、漏号是属于印刷差错的,应当整捆(本)退回分行。

(9) 每班交接时,必须在"交接登记簿"上登记凭证名称、数量和起止号码。核对数量、号码时,要按照印刷号码逐本(份)进行点数,不得只核对前后号码或只数数量。

(10) 每日营业终了,各柜员及重要单证保管人员必须核点各类重要单证的库存数量、号码,并与重要单证登记簿及报表表外科目核对。重要单证登记簿数字必须与实物、报表数字核对一致,做到账实、账表相符。

(11) 对遗失重要单证的当事人,应视情节轻重进行处罚;若遗失的重要单证给银行造成经济损失,应追究当事人的经济责任。

行业观察

银行存款凭证样式的新变化

现在我国存款凭证样式出现了很多新转变,如新型纸质存单。这种新型纸质存单只是一张薄薄的纸,相较于存折而言,更加轻便。这种纸由新型的防水材料制成,更像是一种塑料材质,因此这种纸质存单更容易保存,不仅耐用也不会因为时间的流逝而导致存单损坏,给存户带来了很大便利。

除了纸质存单,还有一种电子存单,储存在手机中的电子存单是不会丢失的。即便是手机丢了,电子存单也会保存在电子银行中,极大地增加了安全性。常见的微信支付码、收款码都是电子凭证的一种新形式。

思政园地

在没有借条的情况下,凭借银行转账记录可以要回借款吗

银行转账记录在符合一定条件的情况下,可以证明存在借贷关系。民间借贷大

多发生在亲朋好友之间,往往没有借条和签订借款协议,也没约定还款期限及其利息,仅有银行转账凭证、微信转账记录或手机银行转账记录等。

为正确处理此类民间借贷纠纷,我国最高人民法院颁布的《关于审理民间借贷案件适用法律若干问题的规定》第17条规定,原告仅依据金融机构的转账凭证提起民间借贷诉讼,被告抗辩转账系偿还双方之前借款或其他债务,被告应当对其主张提供证据证明。被告提供相应证据证明其主张后,原告仍应就借贷关系的成立承担举证证明责任。

此外,在没有借条的情况下,债权人还可以通过搜集和根据双方关于商讨借款、还款事宜的聊天记录、电话录音,或者证人证言以及已经偿还的利息支付凭证等相关证据材料,到法院打官司,要求对方还款。需要指出的是,债权人如果仅凭借上述某一项证据材料讨要欠款,往往其证明责任较重、风险较大,如果有两个以上的证据材料一道形成完整的证据链,则胜诉的把握就很大。

2.1.2 银行业务凭证管理

银行业务凭证的管理主要包括凭证的使用规则、规范填制、审核、签章、传递、装订保管等内容。在银行业务凭证的日常管理中,银行人员不仅要遵守各项章程、各业务流程规范,还需了解与业务凭证有关的各项基本知识。此处将对以上内容的要点进行介绍。

1) 凭证记账使用规则

目前,银行一般采用单式凭证(除了现金业务)。而使用计算机记账的银行,有的也采用复式凭证。

(1) 原始凭证可直接作为记账凭证使用。原始凭证直接在账簿上记载的,或者电子信息输出后打印或根据原始凭证信息填制生成具备记账凭证要素的原始凭证,均可以作为记账凭证使用。

(2) 根据原始凭证编制记账凭证的,原始凭证做附件。

2) 银行会计凭证要素

会计凭证是记载经济业务的原始记录和记载账务的依据,因此每张凭证都必须填记一定的事项,这些事项称为要素。银行会计凭证种类繁多,具体的格式和内容也不一样,但都必须具备以下基本要素:①凭证的名称及编制的日期(以特定凭证作为记账凭证时,还需注明记账日期);②收付款人的户名、账号和开户银行;③货币名称、符号、大小写和金额;④款项来源、用途摘要;⑤所附附件张数;⑥凭证编号;⑦客户签章;⑧银行办理业务的印章及有关人员签章。

各种凭证无论是银行编制的记账凭证,还是由单位提交的专用凭证,都应按照规定的内容填写齐全,字迹要清楚、数字要正确,不得有任何涂改和污损。

直通职场

探访银行凭证管理员①

　　凭证管理员是银行为数不多的不接触现金的业务岗位,主要负责一般凭证和空白重要凭证的入库、请领、调拨、使用、上缴、收回等工作。从0到9,简单的十个阿拉伯数字,无尽的排列组合。千百年来,总有人在幕后演绎着属于他们的"数字人生",银行凭证管理员便是其中一员。看似只与纸张和数字打交道,但纸张上的每一位数字,都需他们"精雕细琢"。在银行内部,重要空白凭证虽然不是现金,却视同现金管理,特殊时候,其风险管理等级甚至比现金还高。

　　随着信息科技的迅猛发展,现代信息系统自动生成会计凭证、各类账簿、各类分析报表、财务报表等已成为普遍现象。依托科技发展,凭证管理员的工作量虽递增,但工作压力在递减,既保证了有效、及时、准确记录凭证,也保证银行高效服务效率。

3) 会计凭证填制的基本规范

　　编制会计凭证是进行会计核算的起点。凭证编制正确与否,直接影响会计核算的质量。编制会计凭证的总体要求是:必须做到有根有据、要素齐全,符合规定、内容完整,反映事实、数字正确,字迹清楚、书写规范、不得涂改。具体要点如下:

　　(1) 填制单联式凭证用蓝黑墨水钢笔书写,多联式凭证用蓝黑圆珠笔、双面复写纸套写;签发支票应使用碳素墨水或墨汁填写。

　　(2) 套写凭证不准分张单写;应写透、写清,保持上下一致。

　　(3) 阿拉伯数字的书写不能连笔,凡阿拉伯数字前冠有"￥"符号的,数字后面不再写"元"字,所有以元为单位的阿拉伯数字,一律写到角分;无角分的,应以"0"补足。大写数字到"元"位为止的,在元之后应写"整"("正")字,在"角"之后可以不写"整"("正")字。大写金额数字有"分"的,"分"后面不写"整"("正")字。中文大写金额前未印有货币名称的,应加填货币名称。大写数字应紧接货币名称填写,不得留空白。

　　(4) 凡有特定格式凭证的经济业务,应使用专用的特定凭证,联数缺一不可,不能随便以其他格式的凭证代用。

　　(5) 凡是规定由客户填写的凭证,银行工作人员一律不准代填。

　　(6) 票据的收款人、出票日期和金额不得更改,填写错误应作废重填;其他凭证的大小写金额填写错误应作废重填;文字填写错误可以画线注销,将正确的内容填在错误内容的上方。

　　(7) 在银行会计业务处理的过程中,根据不同业务的实际需要进行不同凭证的编制。其中每笔现金收入业务,只填制一张现金收入凭证,即只填制一张与现金科目所对应账户的凭证;同样,现金付出业务,只需填制一张现金付出凭证。而每笔转账业务,则必须同时填制两张或两张以上的凭证,且借贷凭证双方的金额应该相等。

---

① 中国新闻网.探访银行凭证管理员:每天平均接触上千位数字[EB/OL].(2019-03-11)[2023-02-14]. https://baijiahao.baidu.com/s?id=1627688029223045945&wfr=spider&for=pc.

4) 会计凭证的审核

会计凭证的审核就是根据业务事实以及核算的需要,对每笔业务有关凭证,从形式、内容和数字上,审查其真实性、正确性、合法性和完整性,只有经过审核合格的凭证才能作为记账凭证处理账务。会计凭证审核的要点如下:

(1) 是否属于本行受理的凭证。

(2) 凭证种类是否正确,凭证内容、联数与附件是否完整齐全,是否超过有效期限。

(3) 账号与户名是否相符,该账户是否为冻结户(这是票据办理结算的必要条件)。

(4) 票据出票日期应当使用中文大写(构成票据的必要条件)。

为防止变造票据的出票日期,在填写月、日时,月为壹、贰和壹拾的,日为壹至玖和壹拾、贰拾、叁拾的,应在其前加"零";日为拾壹至拾玖的,应在其前加"壹"。举例:1月18日应写为"零壹月壹拾捌日";10月20日应写为"零壹拾月零贰拾日"。

出票日期使用小写填写的,银行不予受理;大写不规范的,银行可予受理,但由此造成损失的、由出票人自行承担。

(5) 货币名称、符号、大小写金额是否一致,字迹有无涂改。

(6) 凭证编号(是票据的防伪要件)。

(7) 密押、印鉴是否真实、齐全(是票据办理结算的必要条件)。

(8) 款项来源、用途是否填写清楚,是否符合有关规定要求,可以更改的部分若更改是否按规定盖章,不能更改的部分是否被更改。

(9) 是否超过存款余额或授权限额。

(10) 银行印章及有关人员的签章(受理、办理业务的痕迹,也是票据在账簿记载后转换为银行档案的依据)。

(11) 内部科目、账户使用是否正确。

(12) 计息、收费、赔偿金、牌价、罚金等的计算是否正确。

根据会计凭证传递的有关规则,银行对经过审核符合要求的凭证才能予以账务处理或进行传递;而对于不符合要求的凭证,应拒绝受理。如属内容不全或填写有误的凭证,要求更正、补充或重填并配合有关部门严肃查处。

思政园地

变造票据,这样能遮掩过去吗①

某建筑公司与某物料公司结算用料款时,发现结算用料数量异常,以涉嫌诈骗向公安机关报案。警方调取了物料公司留存的相关凭证,其中一张日期为"2022年6月6日"的领料单存在较大争议。此领料单上登记的钢环材料数量为5 500个,单

---

① 案例参考:福建历思鉴定.「案例分析」变造票据,这样能遮掩过去吗?[EB/OL].(2020-01-19)[2023-02-07]. https://baijiahao.baidu.com/s?id=1656125831569062213&wfr=spider&for=pc.

价为10元,总价为55 000元,钢扣材料数量为2 500个,单价为10元,总价为25 000元,并且还有该建筑公司领料人丁某的签名以及该物料公司发料人王某的签名。该建筑公司领料人丁某称,2022年6月确实有领过钢环和钢扣,虽此领料单的复写联已丢失,但自己清楚记得所领取的钢环材料数量为550个,钢扣材料数量为250个。丁某表明领料单上的签名确实是本人所签,但所填写的材料数量和总值并不对,怀疑领料单上的数据造假。而物料公司发料人王某却称,领料单上所填写的材料数量是根据实际发料的情况如实填写的,并未造假。警方为查清案件事实,委托福建某司法鉴定所对该领料单的数据进行文件司法鉴定,有关资料如图2-3所示。

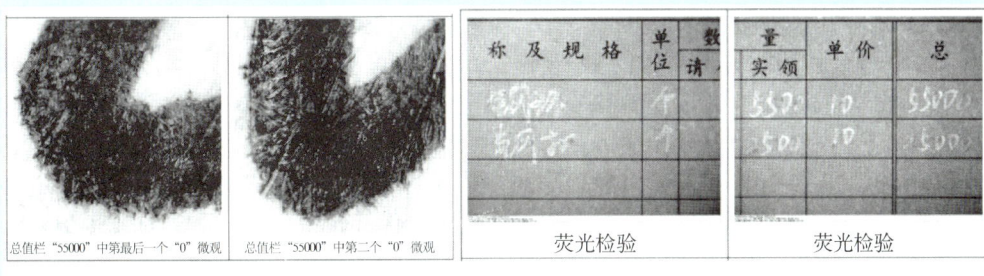

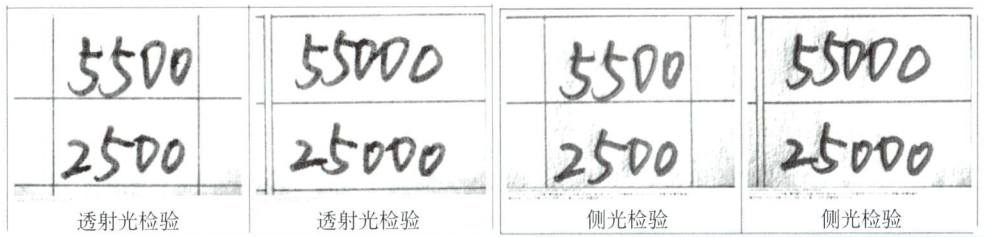

图2-3　司法鉴定有关资料

该司法鉴定所接受委托后,对此张领料单进行了检验鉴定,发现领料单上钢环数量的"5 500"中最后一个"0"字、总价的"55 000"中最后一个"0"字、钢扣数量的"2 500"中最后一个"0"字、总价的"25 000"中最后一个"0"字与其他表格内手写内容不是同一支笔一次性书写形成的。警方根据司法鉴定所的鉴定结果,对该物料公司发料人王某进行再次询问,王某最终交代自己为谋取私利,私自篡改了领料单上的数据,承认了自己票据变造的行为。王某表示自己特意找了难以被发现篡改的单据,以为能遮掩过去,没想到还是难逃司法鉴定的法眼。

"票据变造"的常见方法主要有:①加零法,如以上案例,在票据上所记载的金额、数量后直接加零,达到篡改数据的目的;②改写法,在票据原字迹的基础上,通过添加笔画的方式,将原有文字、数字等进行改写,如将3万改成8万,1万改成7万;③消退法,利用化学试剂或光、热等物理手段,使票据的文字色料发生化学或物理作用以去除部分文字内容;④擦刮法,用橡皮、小刀等工具擦除票据上某些内容,并在被刮擦的地方填写自己所需的内容。因此,堵截票据风险除了需要经办人员具备丰富的经验和技术,更需绷紧制度之弦,通过科学、系统的内控机制牢筑防火墙。

【课堂案例 2-2】
讨论：凭证上的要素能更改吗？哪些能更改？哪些不能更改？请阐明理由。
【案例解析】
各种凭证不得随意涂改、挖补。内部凭证填写错误时，应由原经办人员重开。客户提交银行的各种票据和结算凭证的大小写金额、出票或签发日期、收款人名称不得更改，更改的结算凭证无效。其他记载事项，原记载人可以更改，更改时应当由原记载人在更改处签章证明。

凭证上由银行填写和由客户填写的内容应有明显区分，由客户填写的，未经客户授权，银行工作人员不得代办。

5）银行会计印章的种类和使用范围

会计凭证的签章是确认凭证有效、表示业务手续完成程度和明确经济责任的重要措施。凡是经过处理的会计凭证，均应由客户和银行会计部门加盖有关印章。其中客户应当按银行会计以及有关部门的相关业务规定处理加盖印章；银行会计部门则在会计凭证的处理过程中，根据规定加盖有关人员名章和规定的公章。印章种类及其使用范围如下。

（1）业务公章：凡对外签发的重要单证和协议等，如存单、存折，应加盖带行名的业务公章。

（2）现金收讫、付讫章：适用于已收款（付款）的现金收款凭证（现金付款凭证）及回单。

（3）业务清讫章：一切转账凭证和转账回单及收付款通知，应加盖业务清讫章。

（4）结算专用章：适用于发出结算凭证盖章，如对外签发结算凭证、资金汇划凭证。

（5）汇票专用章：适用于银行汇票的签发、银行承兑汇票的承兑。

（6）票据（业务）受理章：适用于受理客户提交而尚未进行账务处理的各种凭证回执。

（7）票据交换专用章：适用于提出同城票据交换的各类凭证。

（8）储蓄专用章：适用于对外签发的储蓄存单（折）和代理业务委托等特定业务申请书。现在一般用"业务公章"代替。

（9）个人名章：会计人员经办和记载的凭证账簿、报表应加盖个人名章。

（10）其他：会计凭证的附件要加盖"附件"戳记；空白重要凭证作废不得销毁，应加盖"作废"戳记。

以上印章除了个人名章，均应冠以行名，并带有日期。

会计印章应有专人妥善保管使用，建立登记簿。会计印章在领用和收回时，使用人员必须在登记簿上签署个人名章；人员调换时要办理交接手续。个人名章由本人保管，不得随意交由他人使用；因特殊原因确需由他人使用的，必须经过授权确认。

6）电子签章

随着电子计算机技术的发展，为了适应业务的需要，会计签章除了书面印章还有电子签章。电子签章就是通过密码技术对电子文档的电子形式的签章，并非是书面签章的数字图像化。目前,使用数字证书是可靠电子签章的唯一实现方式。

7) 银行预留印鉴的使用和保管

银行的预留印鉴应放入专用的印鉴簿内,由专人负责保管,不得散失,在保管人员离开或营业终了时,要入箱保管。预留印鉴换人使用时,应做好交接登记。正副本印鉴卡应定期核对,并做好记录,发现问题要及时整改。

知识拓展—
银行会计
内控制度

采用手工验印的,验印人员采用折角或折叠验印方法验印后必须签章表示核对无误,如果是大额支付,必须实行复验印。

采用电脑验印的,应专人专机录入,严格操作人员的密码管理,非操作人员不得进入验印系统,操作人员离开验印机具时,应及时退出验印系统。

行业观察

在银行贷款、招投标等业务领域扩大电子签章应用[①]

2021年11月25日,国务院印发了《关于开展营商环境创新试点工作的意见》,在"重点任务"中明确提出:优化经常性涉企服务。推进电子证照、电子签章在银行开户、贷款、货物报关、项目申报、招投标等领域全面应用和互通互认。进一步扩大电子证照、电子签章等应用范围。在货物报关、银行贷款、项目申报、招投标、政府采购等业务领域推广在线身份认证、电子证照、电子签章应用,逐步实现在政务服务中互通互认,满足企业、个人在网上办事时对于身份认证、电子证照、加盖电子签章文档的业务需求。鼓励认证机构在认证证书等领域推广使用电子签章。

电子签章能有效解决异地签章不便、效率低、管理难等问题,无需快递和人工跑腿,借助手机和电脑,就可以随时签章;同时签章轨迹可记录可查验,更加高效便捷、安全可靠。电子签章作为企业开办服务数字化的重要工具,进一步扩大电子签章应用范围,不仅可以有效地帮助企业简化开办过程,实现"简环节、减时间、降成本",还有助于打造更高效、更便利的营商环境。

8) 银行会计凭证的传递

凭证传递是指从会计部门受理或编制凭证开始,直到业务处理完毕、凭证装订保管为止的整个过程。银行会计凭证传递的过程也是业务处理和会计核算的过程。科学组织会计凭证的传递,不仅是正确、迅速处理业务和账务的关键,而且对加速社会资金周转具有重要意义。

银行业务量大,凭证种类繁多,各种业务凭证性质和内容不同,因而凭证传递的程序也不尽相同。银行必须根据各项业务的特点,分别制定不同业务凭证的传递程序。

---

① 国务院.关于开展营商环境创新试点工作的意见[EB/OL].(2021-10-31)[2023-02-14].http://www.gov.cn/zhengce/content/2021-11/25/content_5653257.htm.

一般来说,外来凭证要先经接柜员审核,然后交记账员确定会计分录,记入明细账,再交复核员复核;自制凭证经有关人员签章并记账后,也交复核员复核。

会计凭证的传递,必须做到准确及时、手续严密、先外后内、先急后缓,并遵守以下规定:

(1) 现金收入业务必须先收款、后记账,以防止漏收或错收款项,保证账款一致。
(2) 现金付出业务必须先记账、后付款,以防止透支、冒领事故的发生。
(3) 转账业务必须先记付款人账户、后记收款人账户,以贯彻银行不垫款原则。
(4) 代收他行票据必须坚持收妥抵用,以防止票据退票而造成银行垫款。
(5) 银行内部凭证应由专门人员负责传递,不得通过客户传递。

9) 会计凭证的装订保管

会计凭证是会计档案的重要组成部分,为了保证其完整无缺和便于事后查考,核算完毕的会计凭证应每日按方便查阅的原则整理装订,妥善保管。

会计凭证装订顺序:①部门各柜员汇总日结单(最小号柜员在前)。②柜员日结单(实体柜员)。③原始凭证(原始凭证按流水号从小到大顺序排列,涉及一笔业务多张原始凭证,应将打印会计流水号的原始凭证摆放在该笔业务凭证的第一张;除去打印有会计流水号的原始凭证,其余应按分录序号排序)。④附件。⑤非会计流水业务凭证。

10) 银行表外会计科目与银行重要空白凭证管理

银行表外会计科目是不纳入资产负债表内的,一般用于核算业务已发生但不涉及银行资金实际增减变化,反映或有资产负债、有价单证、重要空白凭证等需要备忘、备查或控制的重要业务事项及数字资料的会计科目。但其仅限于在金融部门使用。

知识补充——
常见手工登记簿

表外科目反映的内容主要包括或有事项、代理业务、备查登记业务等业务已发生但不涉及资金实际收付的重要事项。表外科目记录的目的是方便备查以及统计,其记录事项主要包括重要空白凭证,未发行有价证券、有价单证、抵押有价物品,银行承兑汇票等。商业银行常用会计科目表(表外科目类)如表2-1所示。

银行对这些事项均要采取单式记账法记账,每笔业务发生时只用一个会计科目进行单方面登记。业务发生增加时记入借方,减少时记入贷方,余额在借方,表示期末结存数额。

表外科目应设立登记簿记载。其特点包括:采用单式记账法,不完全用货币度量,也不要求平衡。

表外科目虽然不涉及银行资金增减变动,但对银行来说它是非常重要的核算内容。各商业银行根据各自的业务特点和核算及管理的需要来设置表外科目并规定其适用规则。

表 2-1　　　　　商业银行常用会计科目表(表外科目类)

科目名称	说　　明
重要空白凭证	银行专业术语,指银行印制的无面额、经银行或单位填写金额并签章后,即具有支取款项效力的空白凭证

续表

科目名称	说　　　明
未发行有价证券	指代理发行、尚未发行的有价证券,如国库券、金融债券等
有价单证	指印有固定面额的特定凭证,包括国库券、金融债券、企业债券、定额存单、定额汇票及印有固定面值金额的其他有价单证等
抵押有价物品	指银行代客户或有关业务部门保管的各类有价值品,包括办理业务过程中所发生的各类具有法律效力的债权、债务凭证及贵重物品
银行承兑汇票	核算由收款人或承兑申请人签发,并由承兑申请人向商业银行申请,经商业银行审查同意后承兑的票据涉及的款项

行业观察

银行会计科目体系及其管理

会计科目体系由一级科目、二级科目和三级科目组成。为了适应会计电算化的需要和操作的方便,一般每一会计科目都会按统一的规则编制一个特定的代号。目前商业银行的实际业务中,一般一级科目代号由3~4位数组成,二级科目代号由5~6位数组成,三级科目编码则可以从不同角度对二级科目核算的信息进一步分类统计,以满足各项业务的发展与管理需要以及某些特殊的管理需求,编码位数由各商业银行视不同情况设置。科目编号一般采取先按业务大类归并,再按流动性划分的原则编排。

就目前来看,各商业银行会计科目(包括一级科目、二级科目)的设立、编号、使用说明以及停用、撤销均由总行会计主管部门统一负责。各分行、直属支行均不得自行设立会计科目,确实需要增设会计科目的,应报总行会计主管部门批准,由总行统一增设。各行都应严格按照总行会计科目使用规范,要求正确使用会计科目,监控辖属科目使用情况。如遇会计科目变更,应在年度中间通过会计分录结转,年度终了通过新旧科目结转表方式结转。

在会计核算的过程中,根据会计科目设置账户。科目是进行综合核算的基础,账户是进行明细核算的基础。商业银行每个账户都有自己的账号及对应的科目号、顺序号、计算机校验位号。随着会计核算电算化程度的日益提高,会计科目的综合核算作用已经开始淡化,实际上逐渐成为一个统计项目。另外,为了避免因银行内部科目调整而影响客户账号的使用,目前商业银行在设定对外的存贷款账号时,账号的编码中一般不含对应的会计科目代码。

2.1.3　柜员日初、日终业务处理

银行网点对外营业之前必须做好各项营业前准备工作,柜员需要领用凭证、现金到柜员个人钱箱后,才能进行柜员的日常业务操作。

1) 柜员日初业务处理

(1) 开工前日初准备工作规范。

柜员开工前日初准备工作规范包括：①网点营业前必须由柜台主管进行主机开机；②柜员签到在柜员终端进行，柜台主管进行操作权限认定；③操作柜员密码必须定期更换；④严格遵守现金出库和重要空白凭证领用管理规定。

(2) 日初业务处理工作内容。

柜员日初业务处理工作内容主要包括签到、现金出库、重要空白凭证出库等。具体工作准备业务流程如图2-4所示。

图2-4　日初工作准备业务流程

签到： 网点主管开启主机后、柜员打开终端、在系统界面上录入事先设定的柜员号和密码进行注册并进入相关操作系统。具体操作处理如图2-5至图2-7所示。

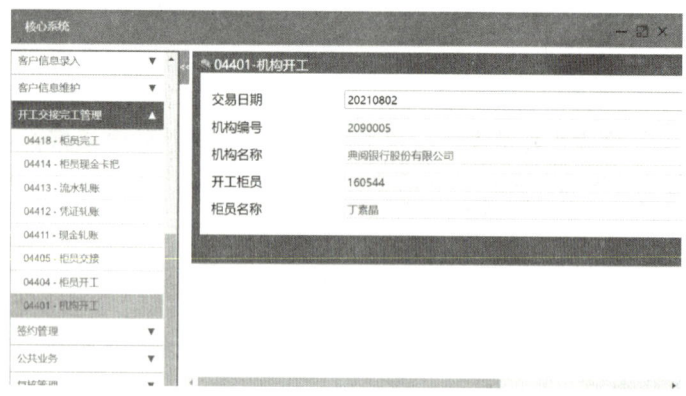

图2-5　日初机构开工操作交易界面

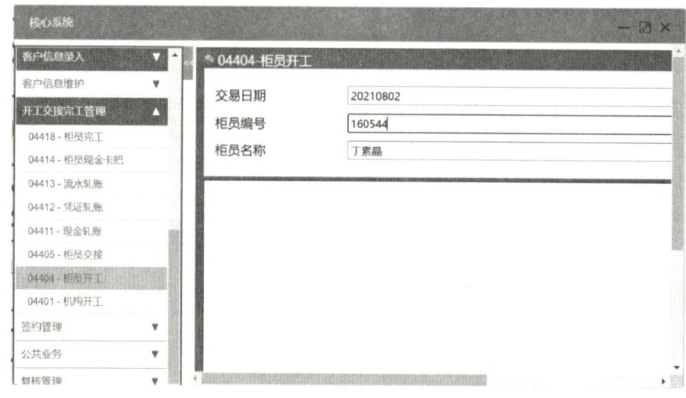

图2-6　日初柜员开工操作交易界面

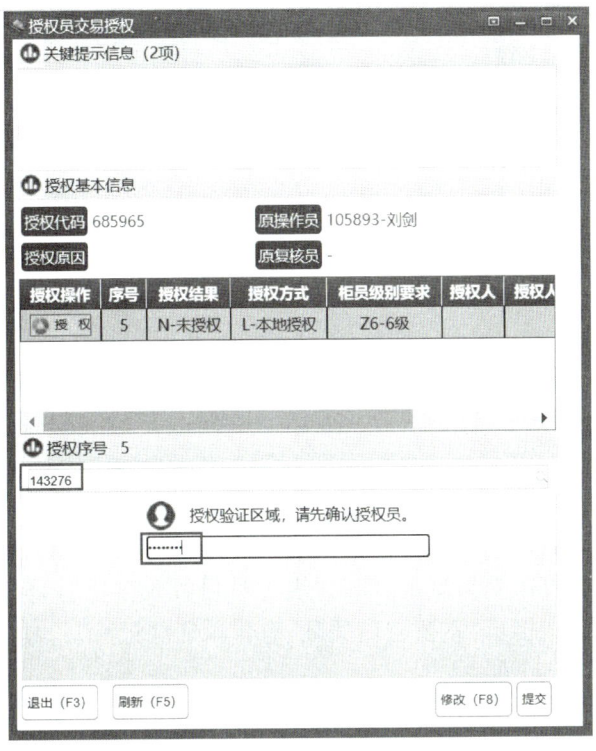

图 2-7　日初柜员主管权限认定交易界面

现金出库：临柜柜员在办理日常业务前，首先要根据前日匡算所需现金数，填写"现金出库单"后，从库管处领取备用金。在领取的过程中应该注意柜员钱箱的出库手续必须由两名柜员一起办理，并且应在录像监控之下进行。出库时柜员应检查钱箱封口是否完好，钱箱与登记簿记录是否一致；从库管处领取的现金要当面点清大数，并与出库单逐项核对无误后进行"柜员领用现金"交易，确认后将款项归类放入钱箱保管。具体业务流程及交易处理如图 2-8、图 2-9 所示。

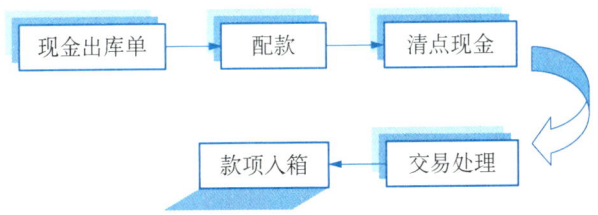

图 2-8　日初工作现金出库业务流程

重要空白凭证出库：柜员要向库管员发出领用重要空白凭证、有价单证申请，并在"重要单证出/入库单"中填写所要领用的凭证名称、数量，加盖本人私章并经主管签章同意后，确定领用种类、数量。库管员根据申请登记账簿，将单证交付给柜员，柜员接受并会同库管员在监控设备下清点无误后进行"柜员领用凭证、有价单证"交易

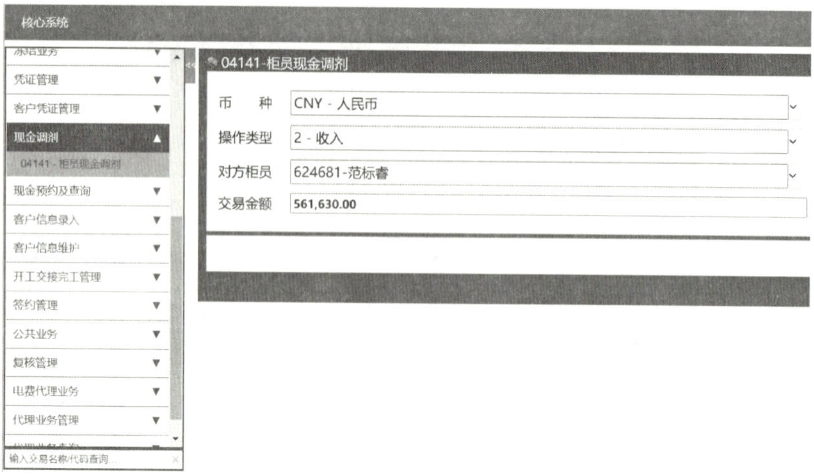

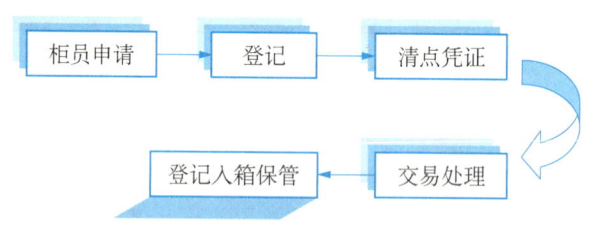

图 2-9　日初现金入库交易界面

确认。柜员根据领用重要凭证、有价单证的品种、数量登记账簿、入箱入库妥善保管。记账完毕后，柜员应打印交易流水，填制"表外科目收入传票"，将出入库单作表外收入凭证的附件，并登记柜员"重要空白凭证、有价单证登记簿"。具体业务流程及交易处理如图 2-10、图 2-11 所示。

图 2-10　日初工作重要空白凭证出库业务流程

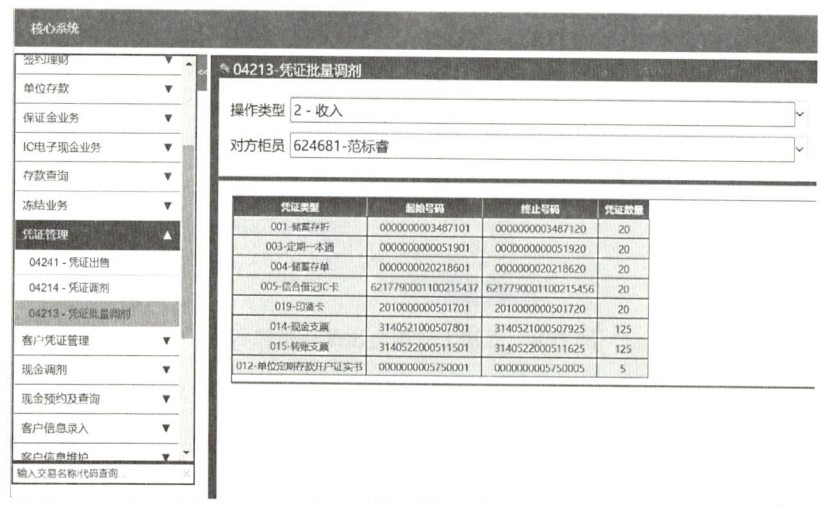

图 2-11　日初重要空白凭证领用交易界面

【课堂案例 2-3】

2022年4月12日,模拟银行①科技支行柜员李丽向凭证管理员王虹领用20本储蓄存折和30本支票。

【案例解析】

业务内容:重要空白凭证领用。

关键环节:

(1) 领用柜员向库管员发出领用申请,填写"重要单证出/入库单"(图2-12)。

图 2-12 填写"重要单证出/入库单"

(2) 柜员进行"柜员领用凭证、有价单证"交易确认。

(3) 柜员做表外科目记账,填制"表外科目收入传票"(图2-13)。

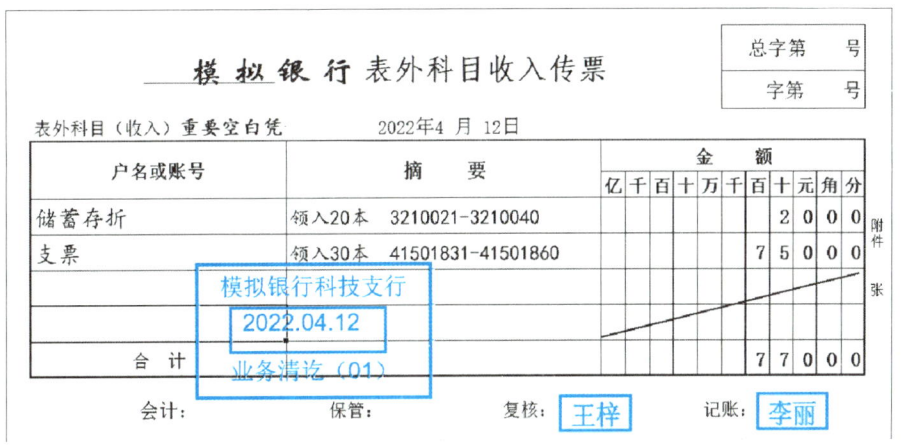

图 2-13 填制"表外科目收入传票"

---

① 书中的模拟银行支行名称及账号均为虚拟,仅用于教学。

(4) 柜员登记"重要空白凭证、有价单证登记簿"(图 2-14)。

模拟 银行
重要空白凭证、有价单证登记簿

种类：储蓄存折　表外账号　　　2022年　　　第　　页

日期		摘要	单位名称或账号	号码区间		数量或金额		结存	经办	复核	签收
月	日			起	止	收	付				
4	11	签发		3200815	3200816		2	4	李丽		
4	12	领入		3210021	3210040	20		24	李丽		

图 2-14　登记"重要空白凭证、有价单证登记簿"

2) 柜员日终业务处理

银行在每日营业终了结账后，需要对账务和现金进行核对，有关的业务处理被称为日终业务处理。

日终业务处理的目的是坚持账务每日核对和定期核对，做到账务日清日结，保证会计核算真实、准确。其中，日终业务处理中最为重要的就是账务核对。

账务核对是由银行各级会计人员通过一定方法对各类账务进行核查，防止内外账务发生差错，是确保账务准确、真实的重要措施，是保证"账账、账据、账实、账款、账表、内外账"相符的重要手段。账务核对主要包括以下内容。

(1) 账务平衡核对。

账务平衡核对是指营业终了，银行将当日发生业务分类轧平。

银行内部计算机系统通过预设的会计核算规则、资金清算规则和财务参数，建立了平账、过账和系统核对机制。

通过柜台业务处理记载和明细核算、综合核算相结合，银行日终应对所有会计流水，按会计科目归类记载总账，并与分户账核对一致，实现业务数据向账务数据的转化，再由计算机后台进行批处理，直到轧平结账，编制日报表，完成当日全部核算过程。账务核算程序与账务核对关系如图 2-15 所示。

明细核算，是指对每个会计科目的详细记录，是在各个科目下按每个账户进行详细、系统的核算，其作用是具体反映各单位或各项资金的增减变动情况。明细核算由分户账、登记簿、流水账、现金收入日记簿、现金付出日记簿、余额表组成。

综合核算，是指各科目的总括记录，按科目进行核算。其作用是综合反映各部门、各类资金的增减变化情况和控制各科目明细账的数额。综合核算由科目日结单、总账和日计表组成。

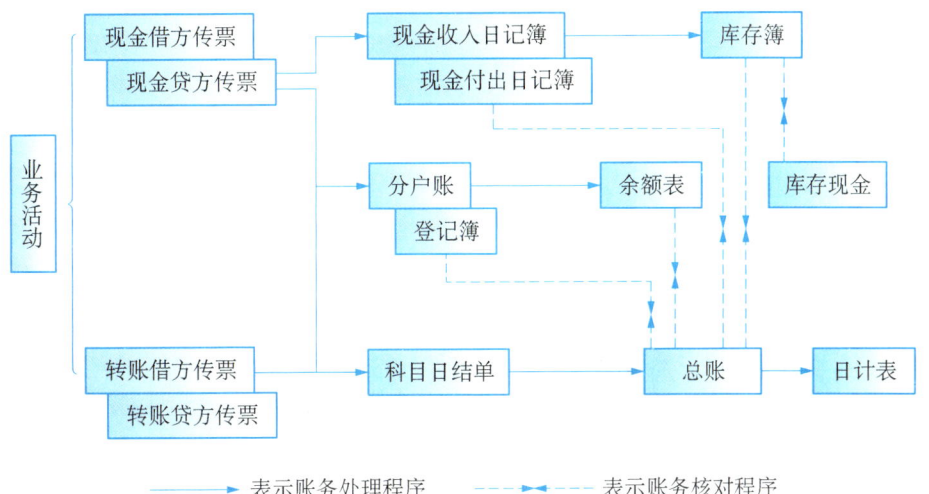

图 2-15 账务核算程序与账务核对关系

(2) 账款核对。

现金经办柜员清点核对现金实物后,应与柜员现金轧库单进行核对,并确保一致。

(3) 检查核对其他事项。

检查核对其他事项包括检查核对往来报文、查询查复、临时存欠、应解汇款等事项。

(4) 表外科目事项核对。

每日营业终了,各柜员应清点保管的重要空白凭证,将实物与系统输出的柜员库存量进行核对。确保数量和起讫编号相符。柜员对当日领用、使用或作废的重要空白凭证进行表外核算。柜员表外核算应建立登记簿,并对票据类重要空白凭证进行换人复点、签章确认,确保账、实、簿核对一致。

(5) 日终业务处理的其他事项。

日终业务处理的其他事项有以下几点。

柜员轧账: 包括现金轧账、单证轧账、日结打印等内容。现金轧账的方法是输入钱箱中的实物现金并提交轧账;单证轧账是逐一输入尾箱中重要空白单证对应的实际数量并提交轧账。柜员轧账应做到账实、账证相符。

柜员上缴尾箱: 柜员轧账正确后向业务主管上缴尾箱,包含现金及重要空白凭证。

柜员系统签退: 柜员上缴尾箱完成后必须从操作系统中正常签退。

业务主管轧账: 业务主管负责本网点轧账,检测本网点各柜员当日业务处理完整,保证账务处理平衡,并在本网点平账后结束当日工作。

【课堂案例 2-4】

2022 年 10 月 22 日,营业终了,柜员盛庚盼按流程轧账完工。

【案例解析】

柜员日终业务交易处理(图 2-16):

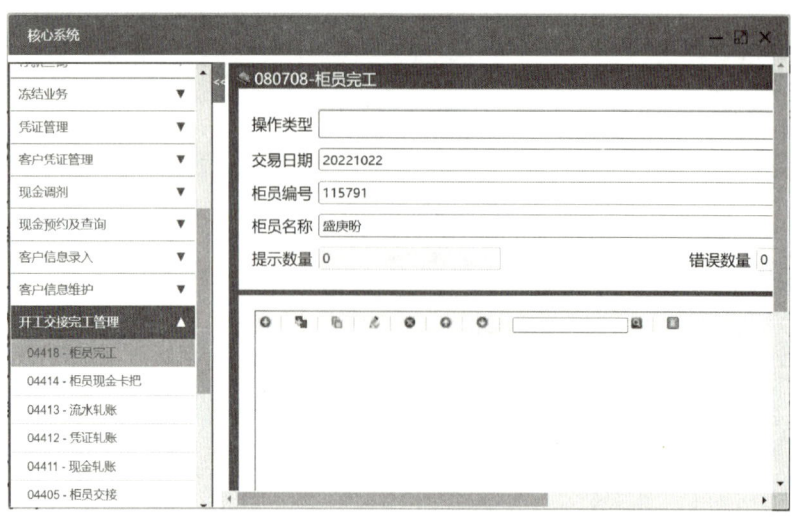

图 2-16 日终柜员完工操作界面

(1) 柜员需先做"柜员现金卡把",然后再进行"现金轧账""凭证轧账""流水轧账",最后做"柜员完工"。

(2) 柜员钱箱按面额清点金额如下,然后按顺序在系统中输入信息。

券别	张	金额
100—壹佰圆	1 834	183 400.00
50—伍拾圆	836	41 800.00
20—贰拾圆	1 206	24 120.00

任务实训

银行业务凭证与管理

一、实训目的

1. 了解银行凭证的分类及管理要求。
2. 掌握现金入库、重要空白凭证领用等柜员日初工作处理流程。
3. 培养团队合作精神、沟通能力、语言表达能力。
4. 培养爱岗敬业、严谨细心、精益求精的工匠精神。

二、实训要求

分组进行,每3~5人一组,选出1名组长,小组分工协作,设置不同岗位进行银行工作角色扮演。

三、实训内容

任务1:支票审核业务

2022年5月6日,模拟银行科技支行柜员受理支票号码为012451569的转账支票一张(图2-17),系本行开户单位长城集团公司(账户110000102017623)支付给同城华宇电子有限公司(账户110000136215246)的货款265 000元。要求根据上述背景资料审查所受理的转账支票，一次性、准确指出该支票填制过程中的差错，并改正。

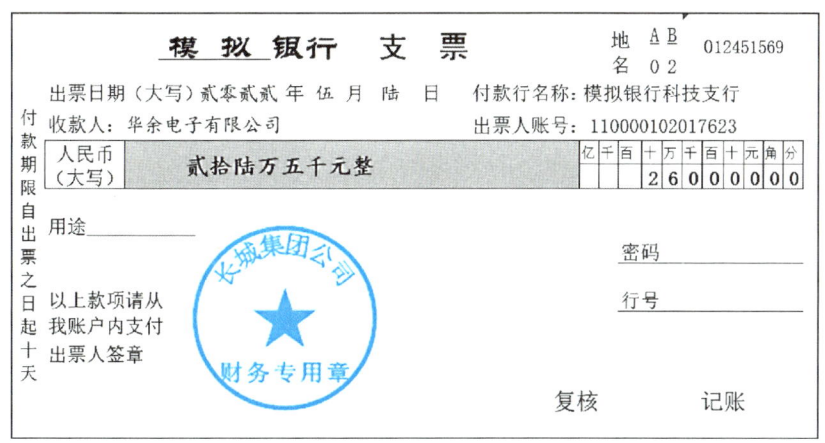

图 2-17 支票业务审核凭证

任务 2：柜员日初开工操作

银行柜员在当日营业开始前进行岗前准备操作，完成现金及重要凭证出库。将"借记卡""普通存折""双整存单""定活存单"等凭证各 20 张出库，"现金支票""转账支票""普通支票"各 2 本及人民币现金 10 万元出库到柜员个人钱箱。

四、总结分析

完成实训报告，汇报小组实训成果，小组互评，教师点评。

任务 2.2　储蓄存款业务概述

存款是社会公众基于对银行的信任而将资金存入银行并可以随时或按约定时间支取款项的一种信用行为。存款是银行负债业务中最重要的业务，是商业银行资金的主要来源。

商业银行存款的业务量决定了贷款的业务量，这将直接决定商业银行未来的利差收入，从而决定商业银行的经济效益。

商业银行存款根据不同标准可按以下方式分类：

(1) 按期限不同，商业银行存款可分为活期存款与定期存款。

活期存款是指无需事先通知银行，存款人即可随时存取和转让的存款，其形式有支票存款账户、保付支票、本票、旅行支票、信用证等。活期存款不仅有货币支付手段和流通手段的职能，还具有较强的派生能力，因此，商业银行在任何时候都必须把吸收活期存款作为经营重点。

定期存款指银行与存款人双方在存款时事先约定期限、利率，到期后支取本息的存款，具有存期灵活、选择余地大、利息收益较稳定的特点。

知识拓展—储蓄管理条例节选

(2) 按存款者不同,商业银行存款可分为个人存款与单位存款。

个人存款即居民储蓄存款,是指个人将其拥有的人民币或外币存入储蓄机构,储蓄机构开具存折(银行卡)或存单作为凭证,个人凭存折(银行卡)或存单可以支取本金和利息,储蓄机构依照规定支付存款本金和利息的活动。

单位存款是指各级财政金库和机关、企业、事业单位、社会团体、部队等机构,将货币资金存入银行或非银行金融机构所形成的存款。

银行柜面存款营销思路

"揽存"是指一种通过营销吸收客户闲置资金的经营行为。对于不同的客户、不同的需求,银行人员应该有不同的应对,采用不同的方法,因此明确目标、统一思路便成为揽存成功的关键。柜面揽存思路主要有:第一,定期为主,活期为辅。第二,分散风险,减小波动。不能只依赖大客户,在营销大客户的同时也要积累大量中小型客户,形成大小并存、大小互补的稳定局面。第三,客户至上,利益为先。在风险可控、风险偏好适宜的前提下,柜员应多为客户切身利益着想,积极正确引导客户理财。

柜面揽存是柜员柜面服务中非常重要的一部分,也是柜面人员营销能力的重要体现。如何运用揽存技巧提升服务水平和营销业绩呢?不同的客户适应不同的方法,因人而异,关键是主动营销,学会察言观色,了解客户心理与需求。柜面揽存技巧主要有:第一,以旧换新,间接揽存;第二,活期转定期,收益引导;第三,积分送礼,利益引导;第四,借助VIP优势,提升客户等级;第五,锁定目标,推出靓号吸引客户;第六,开门见山,真情感化。

居民财富管理是储蓄资金向其他投资和产品转化的路径

中国目前已成为全球第二大财富管理市场。2020年,我国居民人均可支配收入达到3.2万元,中等收入群体人数超4亿人。此外,广大中低收入群体也需要表达简单、理解容易、操作便利、购买和退出顺畅的普惠型理财产品。而从中期看,银行的存款与贷款利率在下行通道中,储蓄沉淀在银行并不符合投资者的长期利益需求。居民财富管理存在巨大刚需,它是储蓄资金向其他投资和产品转化的路径。近年来,在GDP同比增速和居民可支配收入增速均有所放缓的背景下,居民储蓄增速却逆势上升,主要原因之一在于,资管新规及配套细则强化了对银行理财、信托等影子银行的规范,使居民的投资回归储蓄存款。但这也表明,保值增值仍是普通投资者对于资产配置的最基本诉求。在居民储蓄向投资转化的过程中,既要实现投资者风险自担,又要保证较为稳定的投资收益,这是银行必须面对的挑战。银行理财距离这种转化最近,需要发挥创新创造力,按照"风险—收益"匹配原则,开发风险适配性的理财产品。高质量资管行业有几个标准:第一,做好实体经济的直接融资提供者;第二,做好广大居民的财富管理者;第三,做好资本市场的稳健投资者;第四,做好金融体系的活力竞争者;第五,做好严监管的受益者。

2.2.1　储蓄存款业务的分类及有关原则

储蓄存款是社会公众将当期暂时不用的收入存入银行而形成的存款。发展储蓄业务,在一定程度上可以促进国民经济比例和结构的调整,可以聚集经济建设资金,稳定市场物价,调节货币流通,引导消费,帮助群众安排生活。

1) 储蓄存款的常见种类

储蓄存款的常见种类包括本外币普通活期储蓄存款、本外币定期储蓄存款、个人通知存款、定活两便储蓄存款、教育储蓄存款等其他储蓄存款。

储蓄存款现行可存取的货币包括美元、欧元、日元、港币、英镑、加拿大元、澳大利亚元、瑞士法郎、新加坡元、澳门元等,这些币种的外币现钞、现汇存款业务皆可办理。本外币都办理的银行主要是中国银行,其他银行主要办理本币即人民币业务。

(1) 活期储蓄存款。

活期储蓄存款是指不规定存期、客户可随时存取、存取金额不限的服务。活期储蓄存款的特点有:存折户全省、卡户全国通存通兑方便,但利率较低,一般以**活期一本通存折方式存在于**业务中。活期储蓄存款账户是集成式的活期存款账户,只需一个存折即可以同时办理人民币及多种外币活期储蓄存款,存款状况一目了然,更可轻松体验多种便利服务。

人民币活期存款账户分为个人人民币活期储蓄存款账户和个人人民币结算账户。人民币活期存款账户的特色如下:①可开通电话银行、网上银行、短信通知等电子渠道服务;②可办理外汇宝、基金、国债、保险、第三方存管、B股银证转账等投资理财业务;③可代发工资、代发养老保险金等;④可代缴纳电话、手机、水电煤气等各种公用事业收费;⑤可ATM取现、商户消费等。

(2) 定期储蓄存款。

定期储蓄存款是指约定期限、利率,到期支取本息的个人存款。

定期储蓄存款多为**定期一本通存款形式**,是集成式的定期存款账户,只需一本存折即可同时办理人民币及多种外币、多种期限的整取存取定期存款和通知存款,存款状况一目了然,更可轻松体验多种便利服务。定期储蓄存款账户的特色是:可与借记卡勾连后,凭卡即可在柜台办理相关业务,并可申请电话银行服务、网上银行转账、查询服务等。

根据不同的存取方式,定期储蓄存款分为四种(表2-2),其中整存整取最为常见,是定期储蓄存款的典型代表。

表 2-2　　　　　　　　　　　　　定期储蓄存款分类

存款种类	存款方式	取款方式	起存金额	存款期类别	特　点
整存整取	整笔存入	到期一次性支取本息	50元	3个月、6个月、1年、2年、3年、5年	长期闲置资金
零存整取	每月存入固定金额	到期一次性支取本息	5元	1年、3年、5年	利率低于整存整取定期存款利率,高于活期存款利率
整存零取	整笔存入	固定期限分期支取	1 000元	存期分为1年、3年、5年;支取期可以是1个月、3个月、半年一次	如因特殊原因,在非支取期需要提前支取的,本金可全部提前支取,不可部分提前支取。利息于期满结清时支付。利率高于活期存款利率
存本取息	整笔存入	约定取息期到期一次性支取本金、分期支取利息	5 000元	存期分1年、3年、5年;可以1个月或几个月取息一次	如因特殊原因,在非支取期需要提前支取的,本金可全部提前支取,不可部分提前支取。取息日未到不得提前支取利息,取息日未取息,以后可随时取息,但不计复利

整存整取定期储蓄存款(又称双整存款):一般在存款时约定存期,一次存入本金,全部或部分支取本金和利息,特色如下:定期存款利率高于活期存款;定期存款到期后的本金和税后利息将自动按转存期限续存;如果定期存款临近到期,但又急需资金客户可办理质押贷款以避免利息损失;也可办理提前支取。存期的种类:人民币可分为3个月、半年、1年、2年、3年、5年;外币可分为1个月、3个月、半年、1年、2年。

零存整取定期储蓄存款:存款金额由储户在开户时自行约定,每月存入约定存款金额一次;中途如有漏存,应在次月补齐,未补存者,视同违约处理;到期销计账户时,违约前存入的金额按开户时利率计付利息,违约后存入的金额按活期利率计付利息。

整存零取定期储蓄存款:是一种事先约定存期,整数金额一次存入,分期平均支取本金,到期支取利息的定期储蓄。利息在期满结清时支取。

存本取息定期储蓄存款:由储蓄机构发给存款凭证,到期一次支取本金,利息凭存单分期支取,开户时可以约定每个月或每几个月取息一次,由储户与储蓄机构协商确定。如果储户到取息日未取息,以后可随时取息。如果储户需要提前支取本金,则要按定期存款提前支取的规定(即按活期存款利率)计算存期内的利息,并要扣回多支付的利息。

(3) 其他常见储蓄存款。

除了活期储蓄存款、定期储蓄存款,还有其他几种常见储蓄存款种类(表2-3)。

表 2-3　　　　　　　　　　　　　其他储蓄存款种类

存款种类	业务内容及特点
个人通知存款	开户时不约定存期,预先确定品种,支取时提前一定时间通知银行,约定支取日期及金额目前银行提供1天、7天通知存款两个品种。5万元起存
定活两便储蓄存款	存期灵活:开户时不约定存期,一次存入本金,随时可以支取,银行根据客户存款的实际存期按规定计息利率优惠:利息高于活期储蓄

续表

存款种类	业务内容及特点
教育储蓄存款	父母为子女接受非义务教育而存钱,分次存入,到期一次支取本金和利息 利率优惠:1年期、3年期教育储蓄按开户日同期同档次整存整取定期储蓄存款利率计息;6年期按开户日5年期整存整取定期储蓄存款利率计息 总额控制:起存金额为50元,本金合计最高限额为2万元 储户特定:在校小学四年级(含四年级)以上学生。如果需要申请助学贷款,金融机构优先解决 存期灵活:教育储蓄属于零存整取定期储蓄存款,存期分为1年、3年和6年。提前支取必须全额支取

个人通知存款:是指客户不约定存期,支取时需提前通知银行,约定支取日期和金额方能支取的存款业务。起存金额5万元,须一次性存入,不论实际存期多长,按存款人提前通知的期限长短划分为1天通知存款和7天通知存款两个品种。1天通知存款必须提前1天通知约定支取存款,7天通知存款则必须提前7天通知约定支取存款。其特色如下:具有活期存款的便利和高于活期存款的利率;适合大额资金存期难以确定、存取较频繁的存款客户;在股市、汇市低迷,或者在法定节假日、短期不用款的时候,储户选择通知存款,可获得更大的收益。

定活两便储蓄存款:是指客户在存款时,不约定存期,可以随时支取,利率随存期的长短而变化的储蓄存款。它兼具定期之利、活期之便,不受存取限制,方便客户理财。其利息计算方式如下:存期不足3个月的,按支取日挂牌的活期储蓄利率计付利息;存期3个月以上(含3个月),不满半年的,整个存期按支取日定期整存整取3个月利率打6折计息;存期半年以上(含半年)不满1年的,按支取日定期整存整取半年期利率打6折计息;存期在1年以上(含1年),无论存期多长,整个存期一律按支取日定期整存整取1年期利率打6折计息。

教育储蓄存款:是一种特殊的零存整取定期储蓄存款,享受优惠利率,更可获取额度内利息免税,特色如下:零存整取的存款方式与整存整取的存款利率相结合,专门针对子女教育的储蓄品种,可视子女的教育进程和现状,自己规划设定存款期限,来享受高利率,免征利息所得税;存期分为1年、3年、6年;起存金额为50元,本金合计最高限额为2万元人民币。

行业观察

2022年起,银行对4类存款将加强管理[①]

随着存款数量的不断增加,我国央行加大对结构性存款、异地存取款、网络存款、靠档计息这4种存款产品的监管力度,其本质目的是更好地保护储户利益。

---

① 今日财事.2022年起,银行对4类存款将"加强管理"?包括"靠档计息"等[EB/OL].(2022-02-19)[2023-02-14].https://baijiahao.baidu.com/s?id=1725093475313177961&wfr=spider&for=pc.

一是结构性存款。部分银行将结构性存款定义为理财,而在手机银行、微信、营业柜台上却把结构性存款定义为存款。有的银行在线上和线下渠道将结构性存款定义为一般存款,以达到掩盖其风险、诱导客户的目的。但事实上,结构性存款就是一种理财产品,而在 2021 年,央行下发明确文件,要求各大中小银行必须取消保本理财产品。一旦这些理财产品后期因运营不良,导致收益下降,银行将问题丢给储户,最终会导致储户利益受到侵害。

二是异地存取款。异地存取款是在不同地区的不同银行进行存取款,有的可以跨行存取款,只是需要收取一些手续费。判断一笔存款是否为异地存款,主要看储户开立账户时的地理位置,和储户的居住地、户籍无关。目前本地银行的存款都是通过互联网端口进行,而异地存款会打乱现有秩序,扰乱金融市场。

三是网络存款。纵观以 P2P 为代表的网络存款往往打着高收益的幌子,达到非法吸收社会存款的目的。网上银行没有实体营业场所,抵御风险的能力很弱。国家对非法网络存款进行打击,以规范国内金融市场秩序、保护储户权益是社会发展之需要。

四是靠档计息。货币只有流通才能发挥真正的作用,靠档计息方式虽然方便了储户,但却导致活期储蓄和定期储蓄划分不明显;同时,限制靠档计息也是为了促进居民消费,推动企业发展。

2) 我国的储蓄政策与原则

储蓄政策:我国政府对储蓄采取保护和鼓励的政策。

储蓄原则:存款自愿,取款自由,存款有息,为储户保密。

 行业观察

既然"存款自愿、取款自由",为什么银行又要实行大额现金管理呢[①]

"存款自愿,取款自由,为储户保密",这是金融监管部门制定的储蓄原则之一。随着时代的发展,反洗钱成为我国重点金融监管内容,故而实行了大额现金管理制度。在反洗钱的规定越来越严的背景下,针对大额现金的管理弹性也是越来越紧。如果个人取现额度较大,如超过 5 万元,一般需提前向银行预约,大多数银行当天可能不予办理。

银行对于大额取现之所以要提前预约,主要有两个方面的原因:

第一,银行柜台可能没有那么多现金。随着手机银行、电子银行、第三方移动支付的发展,真正办理现金业务的客户越来越少,银行不会准备太多现金。此外,部分

---

① 勾枫财富解析. 既然"存款自愿、取款自由"为什么银行又要实行大额现金管理呢?[EB/OL].(2021-03-22)[2023-02-14]. https://baijiahao.baidu.com/s?id=1694936212359939361&wfr=spider&for=pc.

支行网点安保条件较差，如果将大量现金存放支行，安全隐患较大，正常情况下当天营业的现金会通过运钞车运到中心支行金库，第二天再通过运钞车把钱运到支行里，而银行运输现金是需要成本的。因此，目前银行储备现金相对较少。

第二，政策监管。根据我国央行发布的《金融机构大额交易和可疑交易报告管理办法》规定，金融机构应当报告当日单笔或者累计交易人民币5万元以上（含5万元）、外币等值1万美元以上（含1万美元）的现金缴存、现金支取、现金结售汇、现钞兑换、现金汇款、现金票据解付及其他形式的现金收支。这意味着对于客户取现金额超过5万元以上，银行必须当作大额可疑交易进行上报，而为了方便监管，银行一般都要求客户在支取现金金额超过5万元时就要提前预约，方便银行对用户账户往来进行审核。

2.2.2 个人银行结算账户的设立与管理

个人银行结算账户，是自然人以身份证或是相应的证件，因投资、消费、结算等而开立的可办理支付结算业务的银行结算账户。其主要功能有三个：一是活期储蓄功能，即存取本金和支取利息的功能；二是普通转账结算功能，即办理汇款、支付水、电、话、气等基本日常费用，代发工资等转账结算服务，以及使用汇兑、委托收款、借记卡、定期借记、定期贷记、电子钱包（IC卡）等转账支付工具的功能；三是使用支票、信用卡等信用支付工具的功能。

1）个人银行结算账户的设立

个人客户在银行申请开立银行账户时，需提供本人有效身份证件，银行对个人客户身份证件的真实性、有效性和合规性应进行认真审查。

银行有权要求存款账户办理人出示相关证件， 并认真核对信息：为了进一步确认账户办理人的身份，银行还可要求其出具户口本、工作证、机动车驾驶证、社保卡、学生证等其他证明文件。

知识拓展——
人民币银行结算
账户管理办法
实施细则

知识拓展——
人民币银行结算
账户管理办法
节选

银行及其工作人员对个人存款账户相关信息负有保密的义务： 除了司法机关因为案件的需要等法律规定，银行不得向任何单位或者个人泄漏有关个人存款账户的相关信息，并有权拒绝他人要求对个人存款账户进行查询、冻结、划转等的操作。

 行业观察

个人存款账户实名制规定

为了有效监管个人银行账户，自2000年起，中国人民银行就对个人存款账户实名制进行了明确规定，其实施细则中的主要内容总结归纳如下：

个人办理存款账户必须使用符合国家有关规定的姓名,并准备好相应的法定有效证件。不同身份的个人,提供记载有姓名的法定有效证件也不同,具体要求如下:

(1) 对于中国公民,16 岁以上的,需提供居民身份证/临时身份证;对于尚未申领居民身份证的军人、武装警察,可以提供表明军人、武装警察的身份证件。

监护人可以代理 16 岁以下的个人开立银行账户,需提供监护人的有效身份证件以及账户使用人的户口本。

中国香港、中国澳门地区的居民,需提供港澳居民往来内地通行证。

中国籍的华侨,需提供中国护照。

(2) 对于中国台湾居民,需提供来往大陆的通行证或其他有效旅行证件。

(3) 对于外国公民,需提供护照或者外国人的永久居留证。

2) 个人银行结算账户的管理

为改进个人银行结算账户服务,根据中国人民银行于 2015 年 12 月 25 日发布的《关于改进个人银行账户服务,加强账户管理的通知》及于 2016 年发布的《中国人民银行关于落实个人银行账户分类管理制度的通知》,银行应建立个人银行账户分类管理机制,即在现有个人银行账户基础上,增加银行账户种类,将个人银行结算账户分为Ⅰ类账户、Ⅱ类账户、Ⅲ类账户,不同类别的个人银行结算账户有不同的功能和权限(表 2-4)。

表 2-4　　　　　　　　　　个人银行结算账户分类

账户类型	功　能	额　度
Ⅰ类账户	即传统上在柜面开设的账户,属于全功能的银行结算账户,安全等级最高 可存取现金、理财、转账、消费、缴费、支付等	不限
Ⅱ类账户	具备"理财+支付"功能 可以购买理财产品和消费支付	单日累计限额 1 万元
Ⅲ类账户	只能进行小额消费和缴费支付	账户余额不得超过 1 000 元

Ⅰ类账户:属于全功能的银行结算账户,可用于办理存款、购买投资理财产品、转账、消费和缴费支付、支取现金等业务,可通过柜面,远程视频柜员机和智能柜员机等自助机具(需要经过商业银行工作人员现场核验身份信息)开立。

Ⅱ类账户:可办理存款、购买投资理财产品等金融产品、限额消费和缴费、限额向非绑定账户转出资金等业务。经银行柜面、自助设备加以银行工作人员现场面对面确认身份的,Ⅱ类账户还可以办理存取现金、非绑定账户资金转入业务,可以配发银行卡实体卡片。其中,Ⅱ类账户非绑定账户转入资金、存入现金日累计限额合计为 1 万元,年累计限额合计为 20 万元。

Ⅲ类账户:可办理限额消费和缴费、限额向非绑定账户转出资金业务。经银行柜面、自助设备加以银行工作人员现场面对面确认身份的,Ⅲ类账户还可以办理非绑定账户资金转入业务。其中,Ⅲ类账户的账户余额不得超过 1 000 元;非绑定账户资金转入日累计限额为 5 000 元,年累计限额为 10 万元。

思政园地

个人金融信息保护、反洗钱是合规运营的要求①

2021年12月10日，广西崇左幼儿师范高等专科学校（以下简称"崇左幼专"）多名毕业生反映，自己名下莫名被开了银行电子账户，有人名下的账户多达10余个，这些账户的开户行均为中国农业银行崇左江州支行。调查发现，中国农业银行崇左江州支行因需完成银行账户开户增量指标任务，在未得到学生和学校同意、无相关开户文件的情况下，违规为"崇左幼专"学生开立了大量Ⅱ类、Ⅲ类账户（未激活账户）。最终，中国人民银行崇左市中心支行根据调查事实和有关法律法规，对中国农业银行崇左分行处以警告并罚款1 142.50万元，对涉事5名责任人分别处以警告并处5万元至11万元不等的罚款。崇左银罚字〔2022〕1号行政处罚决定书显示，中国农业银行崇左江州支行涉及的违法行为包括：①未落实个人银行账户实名制管理规定；②违规使用个人金融信息；③未严格落实银行账户风险监测要求；④未按规定完整保存客户身份资料。可见，中国农业银行崇左江州支行此次违法行为涉及从个人银行账户实名制管理规定到个人金融信息保护和反洗钱等，社会负面影响重大。

知识拓展——中华人民共和国反洗钱法节选

知识拓展——金融机构反洗钱规定节选

个人银行账户实名制管理也与个人金融信息保护密切相关。个人银行账户分类管理以及Ⅱ类、Ⅲ类账户的出现，是数字经济时代格局下银行业线上创新业务发展的一个缩影。但其管理和创新的业务模式也给违法犯罪提供了一定的环境，如何加强落实个人银行账户实名制管理规定，避免创新带来的风险也是值得思考的问题。数字化时代，商业银行应全面提高个人金融信息保护和反洗钱能力，这不仅是在监管机构更有力的监管政策和更严格的规范要求下合规运营的必然要求，更是把握数字化战略新机遇、迎接数字信息安全新挑战的关键。

任务实训

储蓄存款业务分类与特点

一、实训目的

1. 了解银行储蓄存款业务分类及特点。
2. 了解个人银行结算账户的特点和适用范围。
3. 培养信息搜集和总结归纳能力。
4. 培养团队合作精神、沟通能力和语言表达能力。

二、实训要求

---

① 北京青年报.广西崇左幼专上千毕业生被开电子账户，信息是如何泄露的？［EB/OL］.（2021-12-12）［2023-02-14］.https://m.thepaper.cn/baijiahao_15808117.

分组进行:每 3~5 人一组,选出 1 名组长,进行资料收集分析讨论,各小组讲解。

三、实训内容

1. 选择国有商业银行、中小股份制商业银行、农村商业银行各一家,登录银行官方网站,对比各家商业银行的储蓄存款业务分类和特点,分析异同点。

2. 登录个人手机银行,查询并分析个人银行结算账户状态,分析其适用范围。

四、总结分析

汇报小组实训成果,小组互评,教师点评。

任务 2.3　活期储蓄存款业务处理

目前银行理财产品众多,电子银行功能齐全,柜面活期储蓄存款业务受理较少。活期储蓄存款不仅有货币支付手段和流通手段的职能,同时还具有较强的派生能力,是商业银行经营的重点。活期储蓄存款一般占据一国货币供应的最大部分,是商业银行的重要资金来源。

活期储蓄存款是银行存款的重要品种,下面将以"活期一本通"业务为例,学习活期储蓄存款开户、续存、支取、销户等典型业务流程处理要点。活期储蓄存款业务处理典型环节如(图 2-18)所示。

图 2-18　活期储蓄存款业务处理典型环节

2.3.1　活期储蓄存款概述

1) 活期储蓄存款业务特点

活期储蓄存款是指不约定期限、可随时转账、支取并按期给付利息的个人存款。

人民币活期储蓄存款 1 元起存,多存不限,由银行发给存折或卡,开户后可凭存折或卡随时存取,客户预留银行印鉴或密码的,凭印鉴或密码支取。销户或结息时,按当日银行挂牌公告活期利率计息。

活期储蓄存款的特点是：储户存款、取款灵活方便；储户在通存通兑区域内银行的任一联机网点可以办理存取款、查询及口头挂失等业务；具有代收代付、代发工资等功能；适合于个人生活待用款的存储。

2) 活期储蓄存款的办理程序及注意事项

（1）储户凭有效身份证件办理开户。申请开户时，储户需正确填写开户申请书。

（2）银行操作员认真审查存款凭条各要素，核实储户提交的有效身份证件，收妥资金后，由银行发给存款凭证（存折或银行卡）。若储户要求办理通存通兑业务的，应提示储户输入密码。

（3）通常情况下，储户凭存折或银行卡办理续存或支取手续。

在办理通存通兑业务时，对有下列情况之一者不予通存通兑，柜员需提请储户回原开户银行网点办理业务：①储户要求凭印鉴支取的账户；②各种原因止付的存款的销户；③正式挂失及解除挂失，冻结账户及解除冻结；④账号、公章、经办员名章及字迹辨认不清的存单。

3) 活期储蓄存款利息计算

利息是银行财务收支的重要内容，关系到客户和银行的经济利益。利息应根据规定的利率、结息日期和计息方法进行计算，以保证利息计算的正确性。

(1) 计息规则。

活期储蓄存款以结息日挂牌公告的活期储蓄存款利率计付利息。

2005年9月21日前，按年计息（每年6月30日结息，7月1日支付利息，并入本金）；2005年9月21日后，按季计息（每季季末20日结息，次日支付利息，并入本金）。

本金元以上计息，角分位不计息，利息计至厘位，支付入账时四舍五入到分位。

未到结息日销户的，按销户日的挂牌公告的活期储蓄存款利率计付利息。

计息实际天数按照"算头不算尾"原则确定，为计息期间经历的天数减去1。

(2) 利率换算公式。

利率分为年利率（％）、月利率（‰）和日利率（‱）三种表示方法，三者之间的换算关系是：

$$月利率 = 年利率 \div 12（月）$$
$$日利率 = 月利率 \div 30（天） = 年利率 \div 360（天）$$

民间借贷利率习惯称几分、几厘等，"年息4分"意味着100元的本金年利息为40元；"年息4厘"意味着100元的本金年利息为4元；"月息4分"意味着100元的本金月利息为4元。

(3) 积数计息法。

活期储蓄存款利息的计算方法为**积数计息法**，是指按实际天数每日累计账户余额，已累计积数乘以日利率计算利息的方法。其公式为：

$$利息 = 累计计息积数 \times 日利率$$

其中：

累计计息积数 ＝ 每日余额合计数

商业银行每逢季末20日给储户的存款账户计息，即3月20日、6月20日、9月20日、12月20日，次日21日入账。每期利息计算公式如下：

当期利息 ＝ 当期累计计息积数×当日挂牌活期存款利率

(4) 储蓄存款利息个人所得税。

储蓄存款利息个人所得税，经常被简称为利息税，是对个人在中华人民共和国境内的储蓄机构存储人民币、外币取得的利息所得征收的个人所得税。

为配合国家宏观调控政策需要，经国务院批准，自2008年10月9日起，对储蓄存款利息所得暂免征收个人所得税。具体按照：①对储蓄存款在1999年10月31日前孳生的利息所得，不征收个人所得税；②对储蓄存款在1999年11月1日至2007年8月14日孳生的利息所得，按照20%的比例税率征收个人所得税；③对储蓄存款在2007年8月15日至2008年10月8日孳生的利息所得，按照5%的比例税率征收个人所得税；④对储蓄存款在2008年10月9日后(含10月9日)孳生的利息所得，暂免征收个人所得税。

4) "活期储蓄存款"科目

"活期储蓄存款"科目是银行专用的"吸收存款"下的二级科目，属于负债类科目，用于核算银行吸收的居民个人活期储蓄存款等。

✦ 行业观察

关于"分""厘"概念的法院判例①

判例1：参见辽宁省沈阳市中级人民法院民事判决书(2021)辽01民再16号。双方争议焦点为对年利息为1.5分的理解。李某主张利息按年利率1.5%结算，而夏某主张利息按年利率15%结算。本院认为，根据《新华字典》《现代汉语词典》中释义："分，利率，年利一分按十分之一计算，月利一分按百分之一计算。""厘，利率单位，年利率一厘是每年百分之一，月利率一厘是每月千分之一"等认定案涉借款年利率为15%，亦符合年利1.5分释义。

判例2：参见广东省深圳市南山区人民法院民事判决书(2019)粤0305民初15536号。原告的诉讼请求为：被告归还原告借款12万元及利息(自借款之日起按日息2厘计算)。原告多次催款，被告总是拖欠不还，除了在2017年9月7日还过2万元的2个月利息2 400元，再未付过其他款项。两份借条约定的利息标准过高，原告现调整为自借款之日起按月利率2%的标准计算利息的诉讼请求，于法不悖，本院予以支持。(日息2厘本应为2‰，月息本应为6‰；2万元的两个月利息2 400元，1万元月息600元，即月息6%)

---

① 半坡之木.月息2厘？月息2分？民间借贷"几分几厘"怎么换算百分数利率？[EB/OL].(2021-06-17) [2023-02-14]. https://baijiahao.baidu.com/s?id=1702639104219214146&wfr=spider&for=pc.

2.3.2 活期储蓄存款开户

活期储蓄存款开户是所有活期储蓄存款业务的起点,以下是这类业务流程及处理的介绍。

【业务流程及处理】

1) 业务流程

活期储蓄存款开户交易业务流程如图 2-19 所示。

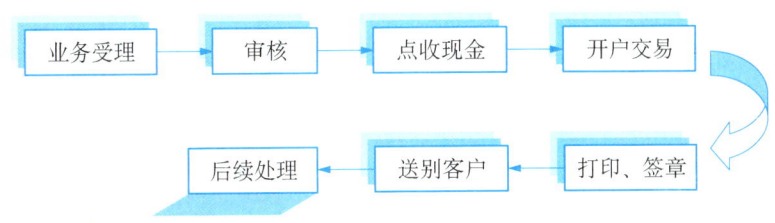

图 2-19 活期储蓄存款开户交易业务流程

2) 业务处理

(1) **业务受理**:柜员仔细聆听客户的开户要求(即开立何种存款账户和存入现金的数量)。若客户要求开立个人活期储蓄存款结算账户,应先让客户填写个人银行结算账户申请书和储蓄存款凭条(凭证样式见附后),然后接收客户的有效身份证件和现金。若是他人代理开户,还应接收代理人的身份证件。

(2) **审核**:柜员审核客户身份证件是否有效,并确定是否为本人(身份证联网系统核查)。若为代理他人开户的,还需审核代理人证件。此外,还应审核其填写的个人活期储蓄存款结算账户申请书内容的完整性和正确性。

(3) **点收现金**:柜员收到客户递交的现金后,应先询问客户存款金额,然后在监控下和客户视线内的柜台上清点。清点时柜员一般需在点钞机上正反清点两次,金额较小时,也可手工清点,但要注意假币的识别,并再次与客户唱对金额。完成清点后,应将现金放置于桌面上,待开户业务办理结束后再予以收存。

(4) **开户交易**:柜员输入开户交易代码,进入个人活期储蓄存款现金开户界面(图 2-20),

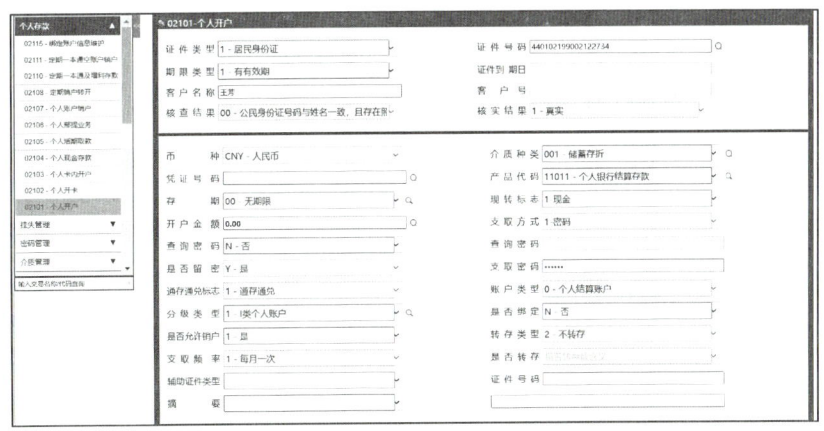

图 2-20 个人活期储蓄存款开户交易界面

刷存折，系统自动读取磁条信息，输入储户姓名、证件类型、证件号码、电话号码及地址等。需凭密码支取的，请客户设置密码，确认无误后提交，发送主机记账。

(5) 打印、签章： 柜员根据系统提示打印存折及存款凭证，并请客户在存款凭证上签名确认。然后柜员在存折上加盖储蓄专用章或业务专用章，在申请书留存联和客户联加盖业务公章，在存款凭证上加盖现金收讫章或业务收讫章，并在上述所有凭证上加盖柜员名章。

(6) 送别客户： 柜员将身份证件、存折（单）、开立个人银行结算账户申请书客户联交给客户后，与之道别。

(7) 后续处理： 银行柜员将现金放入钱箱，并将开立个人银行结算账户申请书银行留存联用专夹保管，申请书记账联（或存款凭证）作贷方凭证整理存放。存折作表外付出处理。

2.3.3 活期储蓄存款续存

在电子银行日益发展的今天，活期储蓄存款续存交易一般在自助终端设备完成，具体业务流程及处理如下。

【业务流程及处理】

1) 业务流程

活期储蓄存款续存交易业务流程如图 2-21 所示。

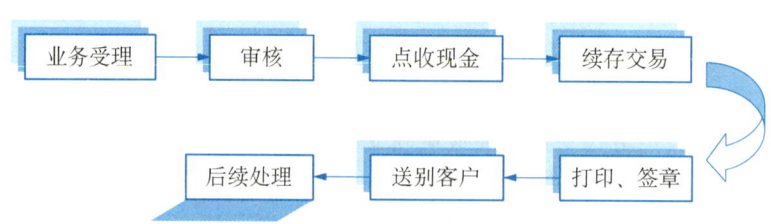

图 2-21 活期储蓄存款续存交易业务流程

2) 业务处理

(1) 业务受理： 柜员仔细聆听客户口述的存款要求，接收客户的储蓄存折（卡）和现金。客户在申请办理续存时，存在有折续存还是无折续存等问题。若为有折续存，客户可免填单，只需提供存折和现金。

(2) 审核： 需提供身份证件的，柜员应审核客户身份证件的真实性和有效性。无折续存的，柜员应审核其填写的个人业务（卡/无折）存款凭证的内容是否完整、正确。

(3) 点收现金： 柜员仍需先询问客户存款金额，然后在监控和客户视线内的柜台上，按照现金清点的"三先三后"程序点收现金。

(4) 续存交易： 对有折续存的柜员输入交易码，进入活期储蓄存款续存交易界面（图 2-22），划折后系统自动反馈账号、户名、凭证号等信息，柜员根据系统提示录入存款金额等。

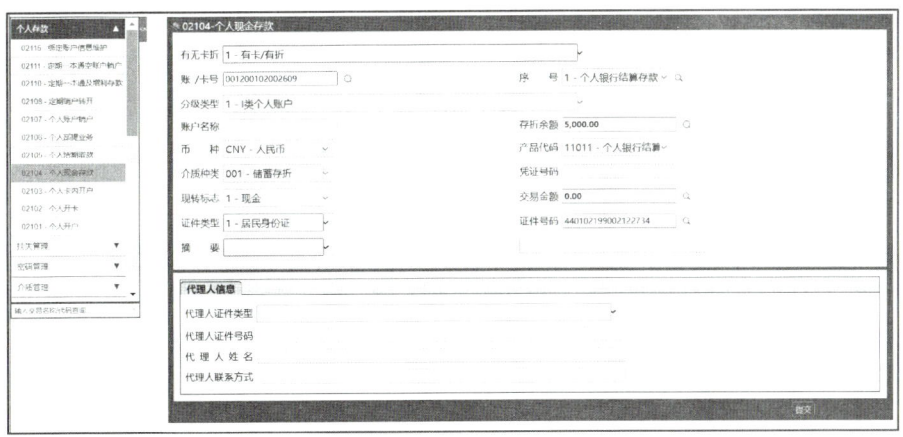

图 2-22 个人活期储蓄续存交易界面

(5) 打印、签章：续存交易成功后，若为有折续存，打印存折和存款凭证；若为无折续存，打印个人无折存款凭证。完成后，柜员进行核对，无误后请客户签名确认。

(6) 送别客户：柜员在存款凭证上加盖现金收讫章或业务清讫章和柜员名章，将存折或无折存款凭证客户联交给客户后，与之道别。

(7) 后续处理：柜员将现金放入钱箱，并将存款凭证记账联按规定整理存放。

2.3.4 活期储蓄存款支取

活期储蓄存款支取交易一般也在自助终端设备完成，以下是这类业务流程及处理的介绍。

【业务流程及处理】

1) 业务流程

活期储蓄存款支取交易业务流程如图 2-23 所示。

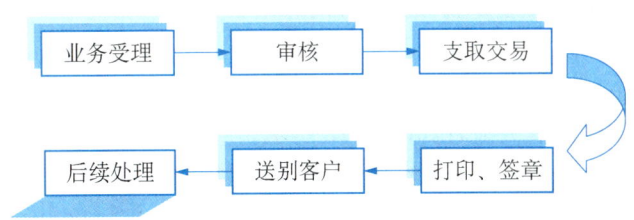

图 2-23 活期储蓄存款支取交易业务流程

2) 业务处理

(1) 业务受理：柜员仔细聆听客户口述的取款要求，接收客户的储蓄存折（卡）。若客户取款金额超过人民币 5 万元（含 5 万元）的，需提前预约。

(2) 审核：柜员与客户确认取款数额，并审核客户存折的真实性和有效性；在待打印的个人业务取款凭证上摘录证件名称、号码、发证机关等信息。

(3) 支取交易：柜员输入交易码，进入个人活期储蓄存款取款交易界面（图2-24）。根据系统提示划折后，系统自动反馈账号、户名、凭证号等信息，然后录入取款金额。待客户输入正确密码后，系统要求配款操作，柜员进行电子配款和实物配款。现金人民币取款自复平衡，大额（超柜员权限）或外币取款的，需经有权人卡把复点，授权办理，配款结束后柜员确认提交。

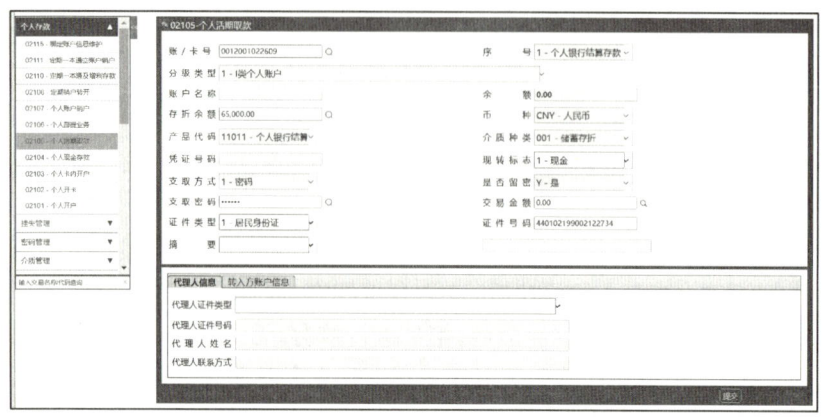

图2-24 个人活期储蓄存款支取交易界面

(4) 打印、签章：交易成功后，根据系统提示打印存折和取款凭证。核对后请客户在取款凭证上签名确认，并加盖现金付讫章或业务清讫章和柜员名章。

(5) 送别客户：柜员与客户唱对金额无误后，将现金和存折交客户，送别客户。

(6) 后续处理：柜员整理归档凭证，取款凭证作现金付出凭证或作当日机制凭证附件。

2.3.5 活期储蓄存款销户

活期储蓄销户业务需要到银行柜台办理，由客户本人提出申请，进行利息结清及销户交易处理。以下是这类业务流程及处理的介绍。

【业务流程及处理】

1) 业务流程

活期储蓄存款销户业务流程如图2-25所示。

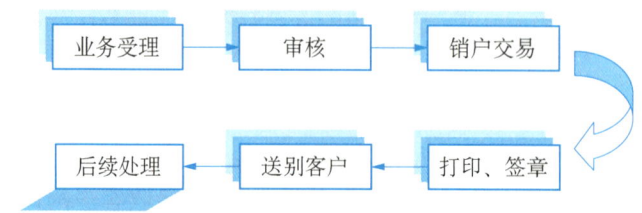

图2-25 活期储蓄存款销户业务流程

2) 业务处理

(1) 业务受理：柜员仔细聆听客户口述的销户要求，接收客户的储蓄存折等。若为个人结算账户销户,要请客户填交变更、撤销个人银行结算账户申请书。

(2) 审核: 柜员应审核客户是否符合销户条件,核查客户的有效身份证件,并批注在取款凭证上;凭印鉴支取的,客户需回开户行办理。若为个人结算账户销户,应审核申请书填写是否完整,核对存折和申请书上的账号是否一致。若需提供身份证件的,应审核身份证件是否真实、有效,在待打印的取款凭证上摘录其身份证件名称、号码、发证机关等信息。

(3) 销户交易: 柜员输入交易码,进入个人活期储蓄存款销户交易界面。柜员根据系统提示划折后,系统自动反馈账号、户名、凭证号等信息,然后录入取款金额进行配款操作。完成后,经营业经理授权确认提交。

(4) 打印、签章: 根据系统提示打印存折,变更、撤销个人银行结算账户申请书,取款凭证,储蓄存款利息清单。核对无误后,非结算账户客户需在取款凭证上签名确认;结算账户客户需在取款凭证和申请书上签名确认。柜员在申请书记账联或取款凭证、利息清单上加盖业务付讫章或业务清讫章及柜员名章,在申请书客户和银行留存联上加盖业务公章。将已销户的存折加盖销户戳记后剪角或加盖附件章,申请书记账联或取款凭证盒利息清单作银行记账凭证,存折作上述凭证的附件。

(5) 送别客户: 柜员与客户唱对金额,将现金(本息)、利息清单客户联和申请书客户联交客户,送别客户。

(6) 后续处理: 柜员将有关凭证按规定存放,结束该笔交易。

【课堂案例 2-5】

开户——2021年4月5日,储户王芳(账号440102199002122734)到模拟银行科技支行开立活期一本通户(账号001200102002609)金额为CNY5 000元。

续存——2021年7月3日,储户王芳到模拟银行科技支行存款,金额为CNY60 000元。

支取——2021年10月26日,储户王芳到模拟银行科技支行取款金额为CNY40 000元。

销户——2021年12月18日,储户王芳到模拟银行科技支行,要求销户,经办人员按规定办理。

假设活期储蓄存款挂牌利率此期间一直没有变化,假设为0.35%。请根据上述业务描述按照积数计息法计算结息日和销户日利息(用 Excel 表格进行公式设置完成计算)。

【案例解析】

(1) 根据积数计息法,结息日、销户日利息计算如表 2-5 所示。

表 2-5　　　　　　　　活期储蓄利息计算表

日期	币种	存/取	余额	天数	计息积数	利率
20210405	CNY	+5 000.00	5 000.00	77	385 000	0.35%
20210621	CNY	+3.74	5 003.74	12	60 036	0.35%
20210703	CNY	+60 000.00	65 003.74	80	5 200 240	0.35%
20210921	CNY	+51.14	65 054.88	35	2 276 890	0.35%
20211026	CNY	-40 000.00	25 054.88	53	1 327 862	0.35%
20211218	CNY	-25 054.88	0			

计算过程参考:

用积数计息法计算利息:

2021年6月21日可得利息为:385 000×(0.35‰÷360)=3.74(元)。

2021年9月21日可得利息为:(60 036+5 200 240)×(0.35‰÷360)=51.14(元)。

2021年12月18日销户当天,银行应支付销户利息为:(2 276 890+1 327 862)×(0.35‰÷360)=35.05(元);本息和为:25 054.88+35.05=25 089.93(元)。

(2) 上述业务处理后相关业务凭证及签章如下:

开户环节:图2-26,图2-27。

图2-26 活期储蓄存款开户(个人银行结算账户申请书)

图 2-27 活期储蓄存款开户(存款凭证)

续存环节:图 2-28。

图 2-28 活期储蓄存款续存(存款凭证)

支取环节:图 2-29。

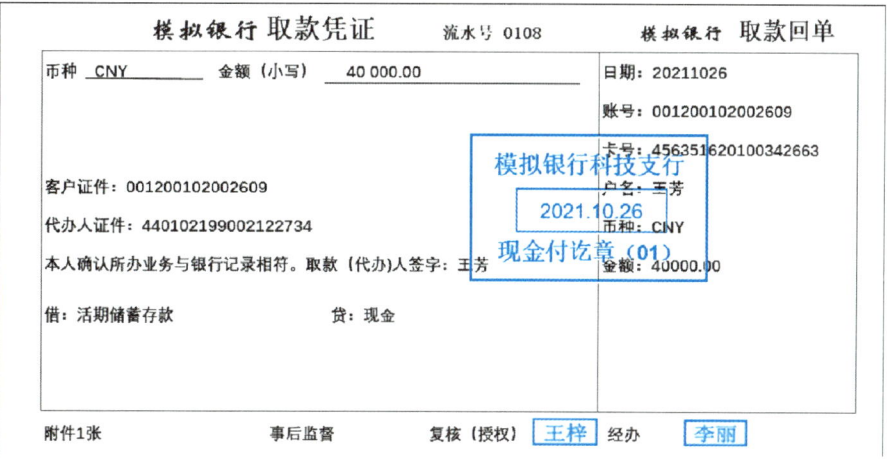

图 2-29 活期储蓄存款支取(取款凭证)

销户环节:图 2-30,图 2-31。

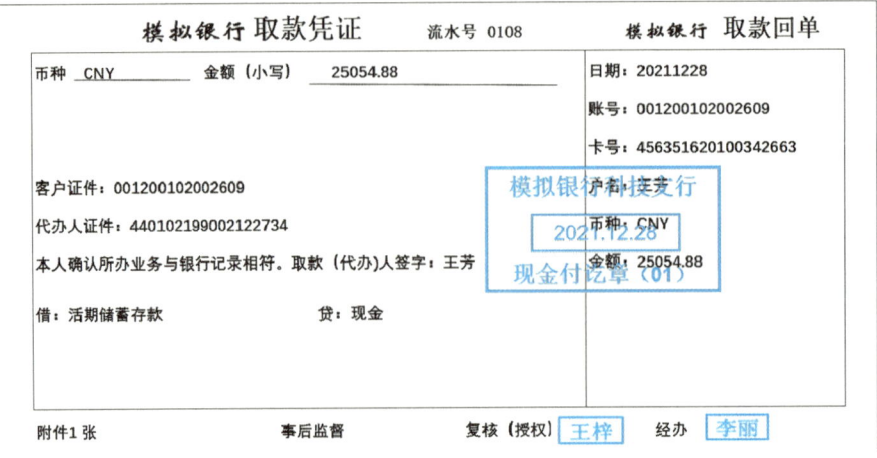

图 2-30 活期储蓄存款销户(取款凭证)

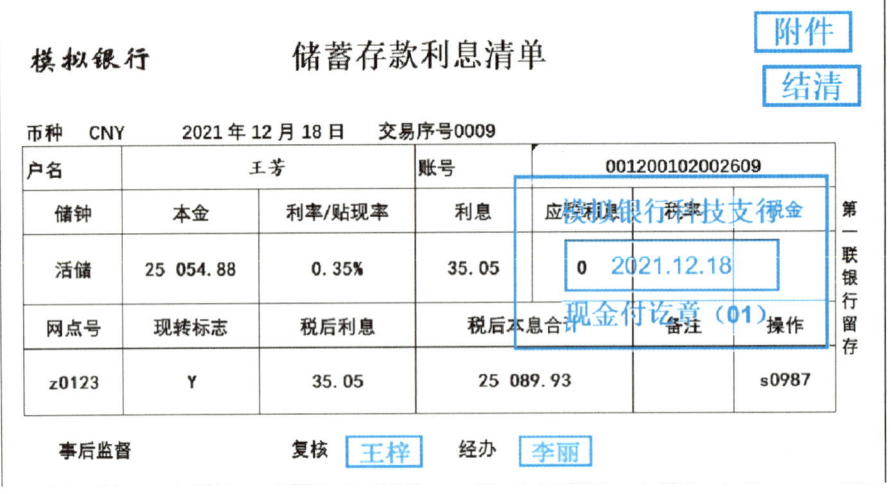

图 2-31 活期储蓄存款销户(储蓄存款利息清单)

行业观察

现金存取迎来新规,个人存取现金超 5 万元需登记资金来源[①]

为完善反洗钱监管机制,进一步提升我国洗钱和恐怖融资风险防范能力,中国

---

① 光明网.新规!个人存取现金超 5 万要登记来源或用途?央行最新回应[EB/OL].(2022-02-10)[2023-02-14]. https://m.gmw.cn/baijia/2022-02/10/1302798137.html.

人民银行、中国银行保险监督管理委员会、中国证券监督管理委员会联合印发《金融机构客户尽职调查和客户身份资料及交易记录保存管理办法》(以下简称《办法》),自2022年3月1日起施行。《办法》规定,商业银行、农村合作银行、农村信用合作社、村镇银行等金融机构为自然人客户办理人民币单笔5万元以上或者外币等值1万美元以上现金存取业务的,应当识别并核实客户身份,了解并登记资金的来源或者用途,具体如下:

(1) 个人办理单笔5万元以上存取款业务,需登记资金的来源或者用途;

(2) 个人办理现金汇款、票据兑换、实物贵金属、购买金融产品等一次性交易单笔5万元以上,需登记资金的来源;

(3) 非账户开户机构内购买基金等金融产品一次性交易单笔5万元以上的,需登记资金来源。

任务实训

活期储蓄存款业务处理

一、实训目的

1. 掌握活期储蓄业务处理流程及风险控制。
2. 运用Excel工具表达金融语言,掌握活期储蓄存款利息计算方法。
3. 培养团队合作精神、沟通能力、语言表达能力。

二、实训要求

个人作业:用Excel表格进行公式设置完成利息计算,体现积数计息法计算本质。

三、实训内容

任务1:在实训平台完成下列个人储蓄存款业务操作处理

王美女士携带身份证和108 000元现金来银行办理储蓄业务。

重要提示:该客户要求办理借记卡Ⅰ类账户,签印类别为密码。同时为其开通的Ⅰ类借记卡账户办理以下相关业务:开立普通活期存款账户和借记卡通知存款账户,普通活期账户开户存入现金38 000元,剩余现金全部开户存入借记卡通知存款账户(王美女士的手机号码为13624750000);客户提前一天从借记卡通知存款账户中支取20 000元;1个月后,客户来我行将借记卡通知存款销户。

任务2:请根据业务描述,用Excel表格完成结息日和销户日利息计算

储户王静于2022年5月21日在模拟银行科技支行开立了活期储蓄账户,存入现金53 000元;于2022年6月3日到模拟银行科技支行续存现金10 000元;于2022年7月1日到模拟银行科技支行支取现金20 000元;于2022年10月8日到模拟银行科技支行要求销户,并取走全部本息。

请将计算过程列示在表2-6中。

表 2-6　　　　　　　　　　活期储蓄利息计算表

日期	币种	存/取	余额	天数	计息积数	利率

四、总结分析

抽查个人实训作业汇报,学生互评,教师点评。

任务 2.4　定期储蓄存款业务处理

目前银行理财产品众多,手机银行使用便利,柜面定期储蓄存款业务受理较少。定期储蓄存款是银行存款的重要品种,下面将以"定期一本通"整存整取业务为例,学习定期储蓄存款开户、部分提前支取、全额提前支取、到期或逾期销户等典型业务流程处理要点(图 2-32)。

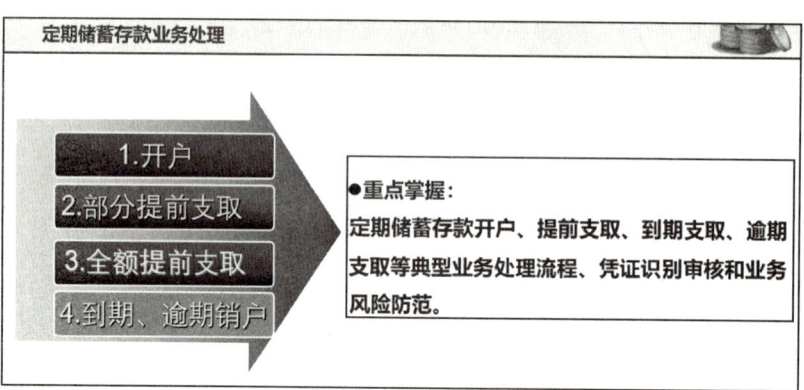

图 2-32　定期储蓄存款业务典型环节

2.4.1　整存整取定期储蓄存款概述

1) 定期储蓄存款相关规定

(1) 定期存款利率。

定期存款利率视期限长短而定,期限越长,利率越高。若在存款到期前要求提前支取,有时会受到限制,而且还有利息损失。

(2) 到期支取的定期存款计息。

计算公式如下：

$$利息金额 = 本金 \times 年(月)数 \times 年(月)利率$$
$$取回金额 = 本金 + 利息$$

(3) 逾期支取的定期存款计息。

超过原定存期的部分，可约定自动转存，按支取日挂牌公告活期存款利率计付利息。

(4) 提前支取的定期存款计息。

提前支取部分按活期存款利率计付利息，其利息同本金一并支取。

(5) 存期内利率调整的定期存款计息。

存期内遇有利率调整，仍按存单开户日挂牌公告的相应定期存款利率计息。

2) 定期储蓄存款利息计算

定期储蓄利息的计算方法为逐笔计息法。**逐笔计息法**是按预先确定的计息公式逐笔计算利息的方法，便于对计息期间账户余额不变的储蓄存款计算利息，银行主要对定期储蓄账户采取逐笔计息法计算利息。

逐笔计息法按期限确认方式的不同，可分为对年对月对日计算利息和将计息期全部化为实际天数计算利息两种具体方法。

(1) 对年对月对日计算利息。

当计息期为整年(月)时，计息公式为：

$$利息 = 本金 \times 年(月)数 \times 年(月)利率$$

计息期有整年(月)又有零头天数时，计息公式为：

$$利息 = 本金 \times 年(月)数 \times 年(月)利率 + 本金 \times 零头天数 \times 日利率$$

对于到期月份没有对应日期的，以月底为到期日。

(2) 将计息期全部化为实际天数计算利息

计息公式为：

$$利息 = 本金 \times 实际天数 \times 日利率$$

其中：实际天数按照"算头不算尾"原则确定，为计息期间经历的天数减去1。

3) "定期储蓄存款"科目

"定期储蓄存款"科目是银行专用的"吸收存款"下的二级科目，属于负债类科目，用于核算居民存入的定期储蓄存款，含整存整取、零存整取、存本取息、大额可转让定期存单、个人通知存款等定期存款等。

【课堂案例2-6】

某客户于2021年3月1日存款10 000元，定期1年，假设年利率为3.24%，计算客户到期支取的利息。

【案例解析】

这是一笔定期存款，按逐笔计息法计付利息：

① 按对年对月对日计算：

$$利息 = 10\,000 \times 1 \times 3.24\% = 324(元)$$

② 按实际天数计算：

$$利息 = 10\,000 \times 365 \times 3.24\% \div 360 = 328.5(元)$$

2.4.2 整存整取定期储蓄存款开户

整存整取定期储蓄存款可以是现金开户，也可以是转账开户，以下是这类业务流程及处理的介绍。

【业务流程及处理】

1）业务流程

整存整取定期储蓄存款开户业务流程如图 2-33 所示。

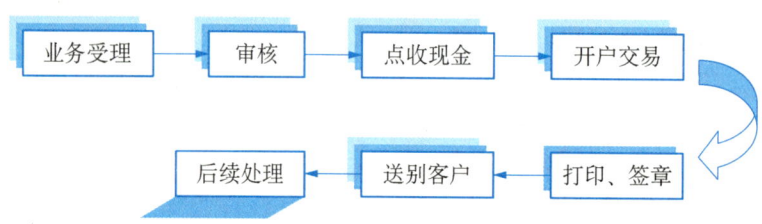

图 2-33 整存整取定期储蓄存款开户业务流程

2）业务处理

(1) 业务受理：柜员仔细聆听客户口述的开户要求（即开立何种存款账户和存入现金的数量），请客户填写储蓄存款凭条，接收客户的储蓄存款凭条、有效身份证件和现金。

(2) 审核：柜员审核客户身份证件是否有效，并确定是否为本人。若为代理他人开户的，还需审核代理人证件。

(3) 点收现金：柜员收到客户递交的现金后，先询问客户存款金额，然后应在监控下和客户视线内的柜台上清点。清点时柜员一般需在点钞机上正反清点两次，金额较小时，也可手工清点，但要注意假币的识别，并再次与客户唱对金额。完成后柜员应将现金放置于桌面上，待开户业务办理结束后再予以收存。

(4) 开户交易：柜员输入开户交易代码，进入整存整取定期储蓄存款开户交易界面（图 2-34），根据系统提示输入储户姓名、证件类型、证件号码、电话号码及地址。需凭密码支取的，请客户设置密码，确认无误后提交，发送主机记账。

(5) 打印、签章：柜员根据系统提示打印存款凭证，并请客户在存款凭证上签名确认。然后柜员在存折上加盖储蓄专用章或业务专用章和柜员名章，在存款凭证上加盖现金收讫章和柜员名章。

(6) 送别客户：柜员将身份证件、存单交给客户后，与之道别。

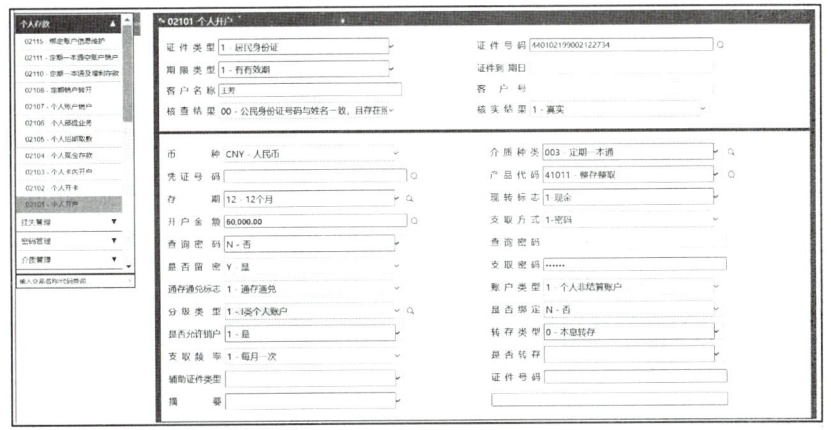

图 2-34　整存整取定期储蓄存款开户交易界面

(7) 后续处理：柜员将现金放入钱箱，并将存款凭证作贷方凭证整理存放。

2.4.3　整存整取定期储蓄存款部分提前支取

定期存款未到期时，客户可提前提取部分或全部提取。提前支取部分按照提款日公布的现行储蓄存款利率结算，留存部分按照原存款日和原利率结算。

一次性存款和取款定期存款每张存单只能提前部分提取一次。已办理部分提款的，储蓄机构应当在已缴存单和留存部分新开立的存单上注明"提前部分提款"字样。

以下是这类业务流程及处理的介绍。

【业务流程及处理】

1）业务流程

整存整取定期储蓄存款部分提前支取业务流程如图 2-35 所示。

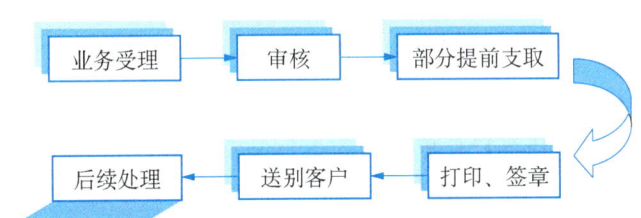

图 2-35　整存整取定期储蓄存款部分提前支取业务流程

2）业务处理

(1) 业务受理：柜员仔细聆听客户口述的取款要求，接收客户储蓄存单和客户身份证件。

(2) 审核：柜员审核客户存折（单）是否为本行签发，是否挂失，身份证件是否合法、有效，审核无误后确认客户部分提前支取金额，然后在待打印的取款凭证或存单背面上摘录证件名称、号码、发证机关等信息。

(3) 部分提前支取：柜员输入交易码，进入整存整取定期储蓄存款部分提前支取交易界面。手工录入账户、原凭证号、本金、部分提前支取金额、证件类型、证件号码和新凭证号，超限额取款需经营业经理授权。待客户输入密码无误后，系统要求配款操作，配款结束后柜员确认提交，账户余款自动按原来的存期自原起存日期重开一笔整存整取业务。

(4) 打印、签章：柜员根据系统提示打印存折、取款凭证和储蓄存款利息清单，核对后请客户在取款凭证上签名确认，系统在存折上打印取款记录，剩余部分的存款记录。然后柜员、在储蓄存款利息清单上加盖现金付讫章及柜员名章。

(5) 送别客户：柜员与客户唱对金额后，将现金、身份证件、新存单和利息清单客户联交给客户后，与之道别。

(6) 后续处理：柜员将利息清单记账联和取款凭证按规定整理存放。

2.4.4　整存整取定期储蓄存款销户

定期储蓄存款到期或逾期全额支取，就是销户，以下是这类业务流程及处理的介绍。

【业务流程及处理】

1）业务流程

整存整取定期储蓄销户业务流程如图 2-36 所示。

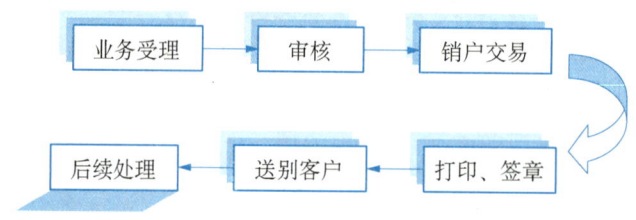

图 2-36　整存整取定期储蓄销户业务流程

2）业务处理

(1) 业务受理：柜员仔细聆听客户口述的取款要求，接收客户的储蓄存单等。

(2) 审核：柜员应审核客户存单是否为本行签发并已到期（若未到期，还需审核身份证件），审核该账户是否挂失、止付等。若需提供身份证件的，应审核身份证件是否真实、有效，在待打印的取款凭证上摘录其身份证件名称、号码、发证机关等信息。

(3) 销户交易：柜员输入交易码，进入个人整存整取定期储蓄存款销户交易界面，手工录入账号、凭证号、证件类型、证件号码和取款金额，系统要求配款操作，完成后授权提交。

(4) 打印、签章：根据系统提示依次打印存单和储蓄存款利息清单，并加盖现金付讫章或业务清讫章，在存单上加盖结清章，在上述所有凭证上加盖柜员名章。

(5) 送别客户：柜员与客户唱对金额后，将现金（本息）、利息清单客户联交给客户，与之道别。

(6) 后续处理：柜员将有关凭证按规定存放，结束该笔交易。

行业观察

六大行整改存款创新产品"提前支取、靠档计息"①

中国六大国有商业银行，即中国工商银行、中国农业银行、中国银行、中国建设银行、交通银行和中国邮政储蓄银行，相继发布公告称，自 2021 年 1 月 1 日起，"提前支取、靠档计息"的存款产品，在提前支取时，将对计息规则进行调整，计息方式由"靠档计息"调整为"按照活期存款挂牌利率计息"。"提前支取、靠档计息"存款产品，其收益是根据存款时间分段计算利率。例如，一笔 3 年期"靠档计息"存款，如果客户在 1 年 2 个月时想取出，则可以按照与之最接近的 1 年整存整取靠档利率来计算利息。而在 2021 年 1 月 1 日之后，六大国有商业银行里的这类存款提前支取，只能按活期存款利率计息。

监管部门之所以叫停这类产品，是因为"靠档计息"相关产品和服务突破了储蓄管理条例的相应规定，且此类存款具有可以随时支取的特点，稳定性不高。规范这类高息揽储产品，一方面有助于提高银行负债端的稳定性，另一方面有助于进一步降低银行负债端的成本，对银行业的稳健运行以及降低实体经济成本，具有重要意义。

银行可能需要换一种揽储思路，完善产品系统，更多地通过服务、产品创新吸引客户。坚持以客户为中心，通过优化产品与服务，既能够符合央行的规范性要求，也能够满足客户方便快捷服务的需求。从客户角度，在选择存款产品时，不仅仅只是根据银行存款利率做判断，而应更多地了解银行的品牌实力，综合考虑各种因素。

【课堂案例 2-7】
开户：储户王芳（身份证号 440102199002122734）于 2021 年 4 月 15 日到模拟银行科技支行开立整存整取定期储蓄账户（账号 001200102008609），金额 CNY60 000 元，存期 12 个月，年利率为 1.5%。

情形 1：2021 年 6 月 3 日，王芳因急用支取 CNY8 000 元，当日银行活期存款利率为 0.35%。

情形 2：2021 年 6 月 3 日，王芳因急用到银行支取 CNY60 000 元。

情形 3：2022 年 4 月 15 日，定期存款到期，王芳支取 CNY60 000 元。

情形 4：2022 年 5 月 12 日，王芳支取 CNY60 000 元。

【案例解析】
业务内容：整存整取定期储蓄存款开户、提前部分支取、提前全部支取、到期支取和逾期支取典型业务。

---

① 央广网.六大行整改存款"创新产品"提前支取"靠档计息"按活期计息[EB/OL].(2020-12-21)[2023-02-14]. https://baijiahao.baidu.com/s?id=1686650028410755172&wfr=spider&for=pc.

关键环节：

(1) 开户业务凭证(图 2-37)要素审核；

图 2-37　整存整取定期储蓄业务开户业务凭证

(2) 提前部分支取利息计算及余额转存处理(利息清单凭证如图 2-38 所示)；

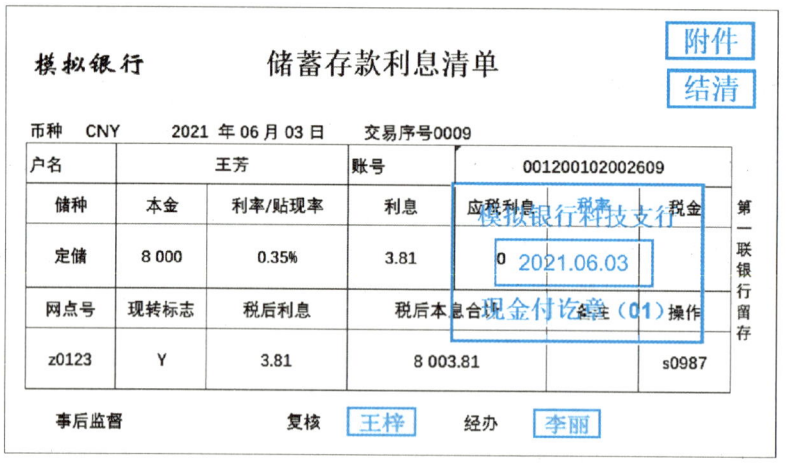

图 2-38　整存整取定期储蓄存款提前部分支取利息清单凭证

(3) 提前全部支取、到期支取利息计算；

(4) 逾期支取利息计算；需要考虑自动转存处理规定。

情形 1：整存整取定期储蓄账户提前部分支取业务账户明细

表 2-7　　　　　整存整取定期储蓄账户提前部分支取业务账户明细

序号	交易日	起息日	币种/交易码	金额	期限/利率	到期日/利息
1	20210415	20210415	CNY/开户	60 000.00	12/1.5%	20220415
1	20210603	20210415	CNY/部提	−8 000.00	—	—/3.81
2	20210603	20210415	CNY/余转	52 000.00	12/1.5%	20220415

注：储户王芳于 2021 年 6 月 3 日提前部分支取,49 天,利息为：8 000×(0.35%÷360)×49=3.81(元)(部分提前支取利息按当日挂牌活期存款利率计算)。

情形 2：整存整取定期储蓄账户全额提前支取业务账户明细

表 2-8　　　　整存整取定期储蓄账户全额提前支取业务账户明细

序号	交易日	起息日	币种/交易码	金额	期限/利率	到期日/利息
1	20210415	20210415	CNY/开户	60 000.00	12/1.5‰	20220415
1	20210603	20210415	CNY/全提	−60 000.00		—/28.58

注：储户王芳于 2021 年 6 月 3 日全额提前支取，49 天，利息为：60 000×(0.35‰÷360)×49=28.58(元)。

情形 3：整存整取定期储蓄账户到期支取业务账户明细

表 2-9　　　　整存整取定期储蓄账户到期支取业务账户明细

序号	交易日	起息日	币种/交易码	金额	期限/利率	到期日/利息
1	20210415	20210415	CNY/开户	60 000.00	12/1.5‰	20220415
1	20220415	20210415	CNY/到支	−60 000.00	—	—/900

注：储户王芳于 2022 年 4 月 15 日到期支取，存期 1 年，利息为：60 000×1.5‰×1=900(元)。

情形 4：整存整取定期储蓄账户逾期支取业务账户明细

表 2-10　　　　整存整取定期储蓄账户逾期支取业务账户明细

序号	交易日	起息日	币种/交易码	金额	期限/利率	到期日/利息
1	20210415	20210415	CNY/开户	60 000.00	12/1.5‰	20220415
1	20220512	20210415	CNY/逾支	−60 000.00	—	—/915.99

注：储户王芳于 2022 年 5 月 12 日逾期支取，利息为：
①正常到期部分(1 年)：60 000×1.5‰×1=900(元)；
②逾期部分，本息自动转存，逾期 27 天利息为：(60 000+900)×(0.35‰÷360)×27=15.99(元)；
本息合计为：60 000+900+15.99=60 915.99(元)。

任务实训

定期储蓄存款业务处理

一、实训目的

1. 掌握定期储蓄利息计算方法。
2. 能够运用所学知识解决真实业务问题。
3. 培养团队合作精神、沟通能力、语言表达能力。

二、实训要求

个人作业，用 Excel 表格完成利息计算，体现定期储蓄利息计算本质。

三、实训内容

任务 1：定期储蓄存款利息计算

(1) 储户马立于 2022 年 2 月 5 日在模拟银行存入一笔整存整取定期储蓄存款 50 000 元，存期 1 年；2022 年 10 月 8 日，因急用全部提前支取。

(2)储户周杰于 2019 年 1 月 5 日在模拟银行科技支行存入一笔整存整取定期储蓄存款 40 000 元,存期 1 年;2022 年 5 月 3 日,到银行办理销户并支取本息。

任务 2:在实训平台完成下列个人定期储蓄存款业务操作处理

客户张豪先生携带军官证和现金来银行开立存单定活两便账户,签印类别为证件,开户存入现金 80 000 元;3 年后,将存单定活两便账户销户。

四、总结分析

提交实训作品并演示分享,小组互评,教师点评。

任务 2.5 个人外币兑换业务

外币通常是指本货币体系之外的流通货币。外币兑换是对个人客户提供的一项柜台服务,包括买入外币、卖出外币和一种外币兑换成另一种外币。商业银行主要为个人客户提供将外汇兑换成人民币或其他外币的服务。

银行可兑换的币种包括英镑、港币、美元、瑞士法郎、新加坡元、瑞典克朗、挪威克朗、日元、丹麦克朗、加拿大元、澳大利亚元、欧元、菲律宾比索、泰国铢、韩国元、澳门元、新台币共 17 种货币。

2.5.1 个人外币兑换业务概述

1) 个人外币兑换业务分类

个人外币兑换主要业务种类包括个人购汇、个人结汇、外币兑换、光票托收、旅行支票。后续将详细介绍前三种。

(1) **个人购汇**:如果有出国旅游、留学、探亲、商务考察等需求时,个人可持人民币在中国银行兑换成所需的外币,方便在境外使用。购汇后可直接办理境外汇款(包括电汇和银行汇票)、旅行支票及银行卡。境内居民个人购汇实行年度总额管理,年度总额为每人每年等值 5 万美元。如在年度总额内购汇,居民个人凭本人真实身份证明并向银行申报用途后即可办理购汇;如超过年度总额购汇,银行按外汇管理规定审核您的真实需求凭证后即可办理购汇。

(2) **个人结汇**:个人结汇是指个人通过中国银行将外汇结算成人民币的业务,按照国家外汇管理政策,中国银行对境内个人客户和境外个人客户结汇实行年度总额管理,个人年度结汇总额为 5 万美元。如果是经常项目项下,凭本人身份证件和有交易额的相关证明等材料在银行办理;如果是资本项目项下,按资本项目有关管理规定办理。

(3) **外币兑换**:用现持有的国际可自由兑换外币,在商业银行网点兑换成人民币或需要的其他可自由兑换外币。客户持本人有效身份证件、填写相关单据、交付现钞即可办理。境外个人原兑换未用完人民币兑回业务,可凭本人有效身份证件和原中国银行兑换水单办理,原兑换水单的兑回有效期为自兑换日起 24 个月。

（4）光票托收：光票托收是指不附带任何商业单据的金融单据的托收，具有安全、方便、快捷、费用低廉等特点，主要体现在：①可通过银行间的国际网络收款，避免了客户直接向付款人收款的风险；②国际化银行网络遍布全球，可十分便捷地帮助客户收妥来自世界各地的款项；③利用中国银行等广泛的海外代理行关系，可大大缩短收款时间。

（5）旅行支票：旅行支票是由非银行金融机构为方便国际旅行者在旅行期间安全携带和支付旅行费用而发行的一种固定面额票据，可在全球广泛使用，是因公、因私出境人员安全携带和支付日常费用及学杂费的极佳选择。具有安全、使用方便、无使用期限等特点，主要体现在：①比现金安全。旅行支票不慎丢失或被盗，可办理挂失、理赔和紧急补偿；如遇意外，还可申请旅行支票发行机构提供的医疗等紧急援助服务。②世界通行。可在世界各大银行、兑换网点兑换现金；可在国际酒店、餐厅、学校及其他消费场所直接付账，而无须支付任何费用。③旅行支票没有使用期限，永久有效。一次购买后未使用完毕，还可留待下次出境使用。④多种币别可供选择。旅行者可根据前往的不同国家和地区，选择不同的币别。⑤兑现旅行支票的汇率，通常比兑换现金的汇率优惠，使用较为经济划算。可选的旅行支票品牌，如美国运通国际股份有限公司发行的AMERICAN EXPRESS旅行支票，其主要币种有：美元、日元、加拿大元、澳大利亚元、英镑、欧元、瑞士法郎。

思政园地

外币兑换的法律约束

在2022年春节及冬奥会安保维稳的关键节点，青海省西宁市公安局经侦支队持续推进"防风险，除隐患，降发案，保平安"专项行动，结合坚持护航发展理念，聚焦优化营商环境，紧盯严重破坏市场秩序的金融领域案件，通过长期工作，于2022年2月11日破获一起特大非法经营案，抓获2名犯罪嫌疑人，初步查明涉案资金1.2亿余元。通过前期工作发现，2021年3月至5月，以犯罪嫌疑人马某某为首的犯罪团伙在西宁市多家银行开设个人账户，同时在境外银行开设企业账户，建立地下钱庄，并利用微信和上门推广的方式在广东、浙江、北京等全国十余省市开展非法外币兑换业务。犯罪嫌疑人采用资金对敲的方式为他人建立境内外非法资金汇兑通道，严重破坏金融秩序。此案件的侦破成功斩断了一条跨越国境的地下钱庄犯罪通道，为创造良好金融市场秩序作出贡献。目前，上述2名犯罪嫌疑人已被刑事拘留，案件正在进一步侦办中。

根据我国《外汇管理条例》第四十五条规定：私自买卖外汇、变相买卖外汇、倒买倒卖外汇或者非法介绍买卖外汇数额较大的，由外汇管理机关给予警告，没收违法所得，处违法金额30%以下的罚款；情节严重的，处违法金额30%以上等值以下的罚款；构成犯罪的，依法追究刑事责任。根据我国最高人民法院、最高人民检察院《关于办理非法从事资金支付结算业务、非法买卖外汇刑事案件适用法律若干问题的解释》规定:违反国家规定,实施倒买倒卖外汇或者变相买卖外汇等非法买卖外汇行为,扰乱金融市场秩序,情节严重的,依照非法经营罪定罪处罚。非法经营罪,情节严重的,处 5 年以下有期徒刑或者拘役,并处或者单处违法所得 1 倍以上 5 倍以下罚金;情节特别严重的,处 5 年以上有期徒刑,并处违法所得 1 倍以上 5 倍以下罚金或者没收财产。

因此,无论是兑换外币还是换取现金,都应该到银行通过正规流程办理。此外,在我国私下兑换外币属于违法行为,兑换人除了面临罚款,还要承担收到假币、欠款被骗等风险,严重的还可能被判处刑罚。

2) 外汇牌价

外汇牌价,即外汇指定银行外汇兑换挂牌价,是各银行(指总行,分支行与总行外汇牌价相同)根据中国人民银行公布的人民币市场中间价以及国际外汇市场行情,制定的各种外币与人民币之间的买卖价格。这种外汇牌价实时变动,即使同一天的牌价也有所不同。

中国人民银行根据前一日银行间外汇交易市场形成的价格,会每日公布人民币对其他主要国家汇率的中间价。习惯上,与"汇率""汇价""外汇行市"等同义。

在我国,外汇牌价采取以人民币直接标价方法,即以一定数量的外币折合多少人民币挂牌公布,如图 2-39 所示为中国银行外汇牌价。每一种外币都公布 5 种牌价,即现汇买入价、现钞买入价、现汇卖出价、现钞卖出价和中行折算价。**卖出价**是银行将外币

货币名称	现汇买入价	现钞买入价	现汇卖出价	现钞卖出价	中行折算价
阿联酋迪拉姆		166.39		178.76	172.45
澳大利亚元	454.89	440.76	458.24	460.27	455.21
巴西里亚尔		117.55		133.47	122.45
加拿大元	497.34	481.64	501.01	503.22	498.62
瑞士法郎	685.04	663.9	689.86	692.81	688.8
丹麦克朗	96.37	93.4	97.15	97.61	96.78
欧元	717.51	695.21	722.8	725.13	719.89
英镑	859.16	832.47	865.49	869.32	862.52
港币	81.04	80.4	81.36	81.36	81.21
印尼卢比	0.044	0.0427	0.0444	0.046	0.0442
印度卢比		7.9343		8.9471	8.4368
日元	5.4808	5.3105	5.5211	5.5296	5.5146
韩国元	0.5277	0.5091	0.5319	0.5514	0.5288
澳门元	78.77	76.13	79.08	81.72	78.87

图 2-39 中国银行外汇牌价(2022 年 2 月 18 日 12:43:56)

卖给客户的牌价,也就是客户到银行购汇时的牌价,它分为现钞卖出价和现汇卖出价两种;而买入价则是银行向客户买入外汇或外币时的牌价,它分为现钞买入价和现汇买入价两种。现汇买入价是银行买入现汇时的牌价,而现钞买入价则是银行买入外币现钞时的牌价。中行折算价是一种中间价,中间价也称基准价、中间汇率,是指一国货币兑换另一货币的买入价与卖出价的平均价,每日的价格由中国人民银行制定,并授权指定的外汇场所对外公布的当日外汇牌价,其计算公式为:中间汇率=(买入汇率+卖出汇率)÷2。

简单而言,买入价、卖出价是从银行的角度来看的。个人持外币向银行兑换人民币时,对于银行来说是买入外币,牌价用买入价;个人向银行购汇时,对于银行来说是卖出外币,牌价用卖出价;买入价与卖出价的差价就是银行的外币兑换收入。

3) 现汇与现钞

居民持有的外国货币形式分为现汇和现钞两种形式。

现汇又称转账外汇,用于国际汇兑和国际非现金结算,如国外汇入国内银行的客户账上的外币、旅行支票等国际结算票据等。

现钞是指个人所持有的外国钞票。现汇相较于现钞,银行可以节省一定的现金保管和海外调运费用,故现钞买入价价格更高些。

4) "外汇买卖"科目

"外汇买卖"科目由银行专门设置,在外汇业务核算中起桥梁和平衡作用。当一项银行业务涉及两种或两种以上的货币时,必须通过有关外汇买卖科目核算。外汇买卖科目是外汇分账制的一个特定科目,在不同的外汇业务之间,起一个桥梁的平衡和联系作用。如出口结汇、进口售汇、套汇业务核算,外汇银行均通过外汇买卖科目进行核算。外汇买卖科目属于共同类科目,买入外币时,外币金额贷记此科目,同时人民币金额借记此科目;卖出外币时,外币金额借记此科目,同时人民币金额贷记此科目。

2.5.2 个人结汇业务

个人外币兑换人民币业务,属于个人结汇业务,即银行从客户手中买入外币现钞,支付人民币给客户,用钞买价。以下是这类业务流程及处理的介绍。

【业务流程及处理】

1) 业务流程

个人外币兑换人民币业务流程如图2-40所示。

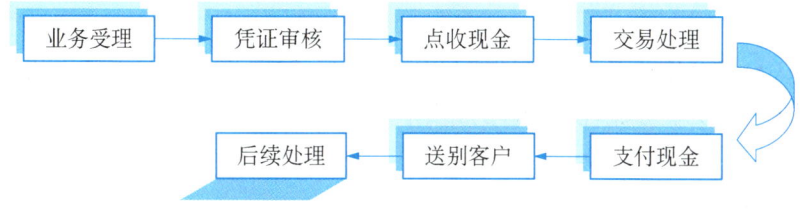

图2-40 个人外币兑换人民币业务流程

2) 业务处理

(1) 业务受理：客户需要将外币兑换成人民币时，应持本人有效身份证件，填写个人结汇申请书并交付外币现钞。有效身份证件包括本人身份证（中国公民）、户口簿（16周岁以下中国公民）、军人身份证件（中国人民解放军）、武装警察身份证件（中国人民武装警察）、港澳居民往来内地通行证（港澳居民）、台湾居民往来大陆通行证（台湾居民）、护照（外国公民或有护照的中国公民）。

(2) 凭证审核：经办柜员按照规定审核客户提交的有效身份证件的相关内容。

(3) 点收现金：经办柜员清点外币现钞，并鉴别真伪。

(4) 交易处理：经办柜员选择外币结汇现钞操作界面，按画面提示录入相关要素进行记账操作。打印结售汇单，交客户确认签名，收回凭证。银行应兑换的人民币金额计算公式如下：

$$银行应付人民币金额 = 外币金额 \times 现钞（汇）买入价 \div 100$$

为方便记忆，此公式还可用以下比例关系表示：

$$外汇牌价 \div 100\ 单位外币 = 应付人民币 \div 兑换的外币$$

(5) 支付现金：经办柜员在账务记载成功后，根据打印的结售汇单金额并配款人民币现金。

(6) 送别客户：经办柜员核对无误后，在回单上加盖业务清讫章，连同身份证件一并交客户，送别客户。

(7) 后续处理：经办柜员在相关凭证上加盖现金收讫章或业务清讫章与经办柜员名章，作为办理业务的凭证与其他凭证一起装订保管。

【课堂案例 2-8】

Peter 是留学生，持 600 英镑（如表述方便，计算中国 GBP 表示）到银行兑换成人民币，请计算能兑换多少人民币？

【案例解析】

Peter 持 600 英镑兑换人民币，对于银行来说是买入外币英镑现钞，牌价使用英镑现钞买入价（假设数额为 897.06），根据上面的公式可得出：

$$\frac{钞买价\ 897.06}{GBP100} = \frac{应付人民币}{GBP600}$$

可从银行兑换到的人民币金额为：$GBP600 \times CNY897.06 \div 100 = CNY5\ 382.36$。

2.5.3 个人购汇业务

个人人民币兑换外币业务，属于个人购汇业务，即银行将外币现钞卖给客户，用钞卖价。以下是这类业务流程及处理的介绍。

【业务流程及处理】

1) 业务流程

个人人民币兑换外币业务流程如图 2-41 所示。

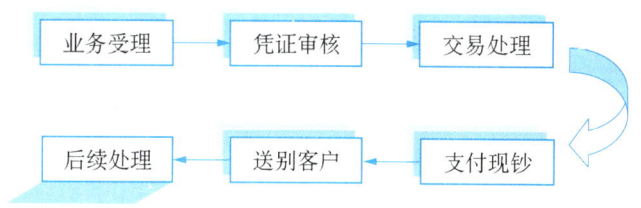

图 2-41 个人人民币兑换外币业务流程

2）业务处理

（1）**业务受理**：客户需要兑换外币时，应持本人有效身份证件，填写个人因私购汇申请书，并交付人民币现钞。

（2）**凭证审核**：经办柜员按照规定审核客户提交的有效身份证件的相关内容。

（3）**交易处理**：经办柜员选择外币结售汇现钞操作界面，按画面提示录入相关要素进行记账操作。打印结售汇单，交客户确认签名，收回凭证。

客户应付人民币金额＝需要兑换的外币金额×现钞（汇）卖出价÷100

（4）**支付现钞**：经办柜员在账务记载成功后，根据外汇牌价计算人民币金额，清点核对人民币现金。

（5）**送别客户**：经办柜员按照核准的外币金额配款，核对无误后，在结售汇回单上加盖业务清讫章后，连同身份证件、外币现钞、购汇申请书客户留存联一并交客户，送别客户。

（6）**后续处理**：经办柜员在相关凭证上加盖现金收讫章或业务清讫章与经办柜员名章，作为办理业务的凭证与其他凭证一起装订保管。

【课堂案例 2-9】

李明准备去我国香港旅游，想用 10 000 元人民币兑换港币（为表述方便，计算中用 HKD 表示），请问他能兑换多少港币？

【案例解析】

李明准备用人民币兑换港币，对于银行来说是卖出港币现钞，牌价使用港币现钞卖出价（假设数额为 83.99），根据上面的公式可得出：

$$\frac{钞卖价 83.99}{HKD 100}=\frac{CNY 10\ 000}{可兑换的港币}$$

李明可从银行兑换到的港币金额为：CNY 10 000÷CNY 83.99×100＝HKD 11 906.18。

2.5.4 外币兑换业务

个人用外币兑换另一种外币，属于个人套汇业务，即银行先从客户手中买入一种外汇，然后再卖出另一种外汇给客户。

根据我国的外汇管理规定，银行为客户办理套汇业务，应先从客户手中购入外汇，兑换成人民币后，再向客户卖出其需要兑换的另一种外汇。

【课堂案例 2-10】

王丽有一张旅行支票,金额为 600 欧元(计算中用 EUR 表示),她想兑换成港币现钞去我国香港购物,请问她能兑换多少港币?

【案例解析】

欧元旅行支票属于外汇,本币换汇业务牌价使用欧元现汇买入价和港币现钞卖出价。王丽可从银行兑换到的港币金额为:

(1) EUR 600×CNY 720.27÷100＝CNY 4 321.62。

(2) CNY 4 321.62×100÷CNY 83.99＝HKD 5 145.4。

行业观察

债券"南向通"年总额度 5 000 亿元,严打非法套汇[①]

内地债券市场与香港债券市场互联互通南向合作(以下简称"南向通")于 2021 年 9 月 24 日正式上线。中国人民银行在公告中介绍,"南向通"是指境内投资者经由内地与香港相关基础服务机构在债券交易、托管、结算等方面互联互通的机制安排,投资香港债券市场交易流通的债券。业内指出,"南向通"起航意味着我国债券市场对外开放的完整闭环正式达成,真正实现了"互联互通"。"南向通"主要是通过加强两地债券市场基础服务机构合作,为内地机构投资者"走出去"配置债券提供便捷通道,其可投资范围是在境外发行,并在香港市场交易流通的债券。

中国人民银行强调,境内投资者不得通过"南向通"非法套汇。使用人民币投资外币债券的境内投资者,可通过银行间外汇市场办理外汇资金兑换和外汇风险对冲业务,投资的债券到期或卖出后境内投资者不再继续投资的,相关资金应汇回境内并兑换回人民币。

任务实训

个人外币兑换业务

一、实训目的

1. 学会解读银行即时外汇牌价表。
2. 掌握外币兑换计算公式。

二、实训要求

个人作业,使用手机银行 App 查询即时外汇牌价表并计算。

三、实训内容

使用手机银行 App 查询即时外汇牌价表,并计算兑换金额:

[①] 中新经纬,海外网. 债券"南向通"来了! 年总额度 5000 亿元,严打非法套汇[EB/OL]. (2021-09-16)[2023-02-15]. https://baijiahao.baidu.com/s?id=1711050285486627298&wfr=spider&for=pc.

1. John 刚到中国留学,持 600 欧元能兑换成多少人民币?
2. 李明准备去我国香港旅游,需要兑换港币 3 000 元,需要支付多少人民币?
3. 王丽持有 800 英镑现钞,需要兑换成港币现钞去我国香港购物,能兑换多少港币?

四、总结分析
个人抽查,学生互评,教师点评。

任务 2.6　储蓄特殊业务处理

储蓄特殊业务是指非常规存取款业务,包括挂失(卡、存折、存单、密码等)、解除挂失、挂失补开、挂失销户、密码重置、密码更换、换折、换卡、更改结算户标志、客户信息修改(地址、预留手机号码、短信通知号码等)、更改结算户标志、个人存款证明、协助查询、冻结、扣划、解冻、账户控制、冲账、抹账等业务。其中,挂失、协助查询、冻结、扣划业务较为日常,将主要介绍。

从商业银行现金业务运行安全合规要求,假币收缴和残缺币兑换也是银行柜台业务的一项重要工作,本任务一并学习了解。

储蓄特殊业务须由有权人授权处理,授权必须坚持"有权人授权"的原则,要对业务的真实性、正确性、合规性进行检查。

2.6.1　挂失业务处理

银行日常的挂失业务主要是个人存款挂失业务。个人存款挂失业务是指存款人因各种原因遗失存款单(折、卡)、遗忘密码,要求银行将有关存款账户支付,并按规定手续补发存单(折、卡)、密码重置或支取存款。挂失业务包括临时挂失、正式挂失、挂失补开或挂失销户、解除挂失。

1) 临时挂失

临时挂失也称口头挂失,是指允许存款人及其代理人以口头、函电等灵活方式作出申请,但挂失的凭证、介质仅在固定期间内处于止付状态的挂失类型。

客户通过函电形式办理口头挂失业务时,要求提供正确的储蓄账户姓名、账号、账户种类、余额、开户日期等基本要素,经查实确有其存款且该笔存款未被支取后办理口头挂失。

口头挂失 5 天有效,5 天后自动解除挂失。客户办理口头挂失后,必须于 5 天内到柜面办理正式挂失手续。

与正式挂失相比,临时挂失具有以下法律特征:第一,有效申请不以书面形式为要件。挂失申请方式灵活,存款人亦可不到银行网点办理,故可适用于存款人身在异地、存款凭证与身份证件同时丢失,以及存款人认为短期内可找回遗失凭证,不愿直接办理正式挂失等特殊情形。第二,法律效果不同,临时挂失后必须在规定期间内以书面形式补办正式挂失手续,否则,挂失将自动失效。

2)正式挂失

正式挂失也称书面挂失,客户办理凭证(存单、存折、卡等)正式挂失时,由本人持有效身份证件到银行柜面办理。委托他人代办的,必须提供代理人和存款人的有效身份证件。客户需填制《挂失申请书》办理。

正式挂失可以在对应商业银行任一网点办理。凭证一经挂失,凭证下挂的所有账户均不能办理业务。

密码和账户凭证同时挂失的,要先对密码进行挂失,再对账户凭证进行正式挂失,又称"密兼书挂"。

3)挂失补开或挂失销户

挂失补开或挂失销户必须由存款人本人持有效身份证件及原《挂失申请书》到银行柜台办理。经审核后当日就可办理挂失补开手续。

如果凭证正式挂失由代理人办理的,则需于凭证正式挂失 7 天后方可办理凭证补开手续。

有密码挂失且密码重置情况,则不允许当日补开新凭证或挂失销户,客户需要自正式挂失 7 天后到银行柜台办理相关业务。

4)解除挂失

一般来讲个人正式挂失撤销,无需 7 天之后,只要本人持身份证及存折或借记卡到银行即可当场解挂。

【课堂案例 2-11】

客户王女士由于不慎遗失一张已忘记密码的借记卡,现前来我行办理快捷挂失业务。柜员做了如下的交易处理(图 2-42),请指出错误所在。

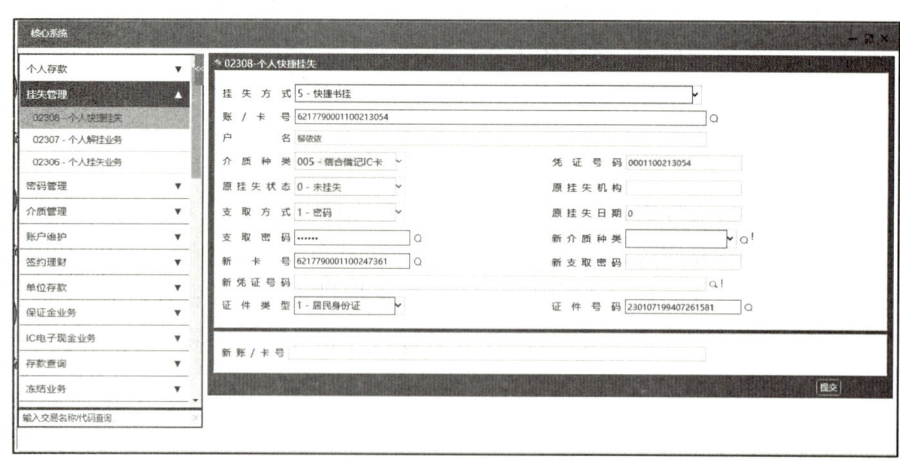

图 2-42 挂失交易处理界面

【案例解析】

卡和密码同时遗失,挂失方式应选择快捷密兼书挂。

思政园地

出卖银行卡后挂失取现行为如何定性[①]

案例描述：2021年3月，李某在路边看到收购银行卡的广告，遂申领银行卡一张并出售。2021年4月，被害人王某遭受电信诈骗，将2万元人民币转入李某出售的银行卡账户。李某收到银行短信通知后，通过手机银行将该银行卡进行挂失，并在补办银行卡后将钱款全部取现。

案例分析：

首先，李某的行为不构成信用卡诈骗罪。就本案而言，第一，李某作为银行卡开户人办理业务并没有冒用他人的名义；第二，对银行而言，在充分考虑银行卡身份属性的情况下，其服务的对象就应该是李某，银行为其办理挂失、补卡、取现等业务时并不存在被骗情形，因此李某的行为不构成信用卡诈骗罪。

其次，李某的行为不构成侵占罪。本案中，李某将其银行卡非法出售后流转至实际持卡人，供实际持卡人使用。从李某出售银行卡的客观行为来看，李某在主观上已经放弃了对该银行卡的使用及管理，也就谈不上所谓的"事实占有"，在实际持卡人使用该银行卡期间，李某对该卡内钱款进行操作完全不具有合理性和正当性。此外，李某与实际持卡人并不认识，当然也就不可能存在实际持卡人委托李某对卡内钱款进行保管的情形。综上，本案中李某对银行卡内钱款既不存在"事实占有"，也与实际持卡人之间无委托保管关系，因此李某的行为不构成侵占罪。

最后，李某的行为构成盗窃罪。李某在将其银行卡出售后，实际持卡人就享有对该银行卡使用和管理的"绝对权力"，对卡内钱款"事实占有"。李某明知卡内钱款并非自己所有，仍到银行挂失旧卡、补办新卡并将钱款取现，符合盗窃罪的构成要件。此外，李某向他人非法出售银行卡的前行为符合帮助信息网络犯罪活动罪的构成要件，应与李某"挂失、取现"的盗窃行为数罪并罚，但考虑其前行为未达到帮助信息网络犯罪活动罪的入罪标准，故本案应以盗窃罪追究李某的刑事责任。

2.6.2 协助查询、冻结、扣划业务处理

1）协助查询

银行柜台常规查询业务分为客户查询和非客户查询。客户查询是指有客户发起的查询，需要验证客户查询密码；非客户查询是指柜员通过交易查询各类账务信息，同时还包含协助查询等。各种查询交易根据查询内容不同需要相关人员授权进行。

协助查询是指金融机构依照有关法律或行政法规的规定以及有权机关查询的要求，将单位或个人存款的金额、币种以及其他存款信息告知有权机关的行为。

---

① 淮安市涟水县人民检察院. 出卖银行卡后挂失取现行为如何定性？[EB/OL]. (2022-02-25)[2023-02-15]. http://hals.jsjc.gov.cn/zt/dxalfb/202202/t20220225_1355043.shtml.

办理协助查询业务时,经办人员应当核实执法人员的工作证件,以及有权机关县团级以上(含,下同)机构签发的协助查询存款通知书。

2) 协助冻结

协助冻结是指金融机构依照法律的规定以及有权机关冻结的要求,在一定时期内禁止单位或个人提取其存款账户内的全部或部分存款的行为。

办理协助冻结业务时,金融机构经办人员应当核实以下证件和法律文书:

(1) 有权机关执法人员的工作证件。

(2) 有权机关县团级以上机构签发的协助冻结存款通知书,法律、行政法规规定应当由有权机关主要负责人签字的,应当由主要负责人签字。

(3) 人民法院出具的冻结存款裁定书、其他有权机关出具的冻结存款决定书。

3) 协助扣划

协助扣划是指金融机构依照法律的规定以及有权机关扣划的要求,将单位或个人存款账户内的全部或部分存款资金划拨到指定账户上的行为。

办理协助扣划业务时,金融机构经办人员应当核实以下证件和法律文书:

(1) 有权机关执法人员的工作证件。

(2) 有权机关县团级以上机构签发的协助扣划存款通知书,法律、行政法规规定应当由有权机关主要负责人签字的,应当由主要负责人签字。

(3) 有关生效法律文书或行政机关的有关决定书。

金融机构在协助冻结、扣划单位或个人存款时,应当审查以下内容:

(1) "协助冻结、扣划存款通知书"填写的需被冻结或扣划存款的单位或个人开户金融机构名称、户名和账号、大小写金额。

(2) 协助冻结或扣划存款通知书上的义务人应与所依据的法律文书上的义务人相同。

(3) 协助冻结或扣划存款通知书上的冻结或扣划金额应当是确定的。

如发现缺少应附的法律文书,以及法律文书有关内容与"协助冻结、扣划存款通知书"的内容不符,应说明原因,退回"协助冻结、扣划存款通知书"或所附的法律文书。有权机关对个人存款户不能提供账号的,金融机构应当要求有权机关提供该个人的居民身份证号码或其他足以确定该个人存款账户的情况。协助查询、冻结、扣划存款通知书与解除冻结、扣划存款通知书均应由有权机关执法人员依法送达,金融机构不接受有权机关执法人员以外的人员代为送达的上述通知书。

有权机关对账户的协助查询、冻结和扣划权限划分总结情况如表2-11所示。

表2-11　　　　有权机关对账户协助查询、冻结和扣划权限

单位名称	协助查询		冻结		扣划	
	单位	个人	单位	个人	单位	个人
人民法院	有权	有权	有权	有权	有权	有权
税务机关	有权	有权	有权	有权	有权	有权
海关	有权	有权	有权	有权	有权	有权

续表

单位名称	协助查询		冻结		扣划	
	单位	个人	单位	个人	单位	个人
人民检察院	有权	有权	有权	有权	无权	无权
公安机关	有权	有权	有权	有权	无权	无权
国家安全机关	有权	有权	有权	有权	无权	无权
军队保卫部门	有权	有权	有权	有权	无权	无权
监狱	有权	有权	有权	有权	无权	无权
走私犯罪侦查机关	有权	有权	有权	有权	无权	无权
监察机关（包括军队监察机关）	有权	有权	无权	无权	无权	无权
工商行政管理机关	有权	有权	暂停结算	暂停结算	无权	无权
价格主管部门	有权	有权	无权	无权	无权	无权
银行业监督管理机构	有权	有权	无权	无权	无权	无权
反洗钱行政管理部门	有权	有权	无权	无权	无权	无权
证券监督管理机关	有权	有权	无权	无权	无权	无权
审计机关	有权	无权	无权	无权	无权	无权
保险监督管理机关	有权	无权	无权	无权	无权	无权
政府财政部门	有权	无权	无权	无权	无权	无权

2.6.3 假币收缴

为保护货币持有人的合法权益，办理货币存取款和外币兑换业务的金融机构需按规定对流通中的货币真伪进行鉴定及收缴。

假币一般分为两大类，分别是伪造币和变造币。

伪造币是仿照真币的图案、文字、形状规格、色彩等，采用印制、打印、复印等多种手段伪造的货币。根据假币伪造手段和方式不同，伪造币主要分为机制假币、复印假币、拓印假币、刻版印刷假币等几种类型。

变造币是在真币的基础上，利用挖补、揭层、涂改、拼凑、移位等多种方法，改变真币形态的货币，分为真真拼凑币和真伪拼凑币。

1）假币的收缴

根据中国人民银行令《中国人民银行假币收缴、鉴定管理办法》〔2003〕第4号相关规定：办理人民币存取款业务的金融机构发现伪造、变造的人民币，数量较多、有新版的伪造人民币或者有其他制造贩卖伪造、变造人民币线索的，应立即报告公安机关；数量较少的，由该金融机构两名以上工作人员当面予以收缴，不得再交予持有人，对假币加盖"假币"字样戳记，登记造册，并向持有人出具中国人民银行统一印制的假币收缴凭证。

知识拓展—中华人民共和国人民币管理条例节选

知识拓展—货币收缴鉴定管理办法节选

2) 假币的鉴定

持有人对被收缴货币的真伪有异议,可以自收缴之日起 3 个工作日内,持假币收缴凭证直接或通过收缴单位向中国人民银行当地分支机构或中国人民银行授权的当地鉴定机构提出书面鉴定申请。

3) 假币识别

假币识别的方法有以下几种:

一是眼看。用眼睛仔细地观察票面的颜色、图案、花纹、水印、安全线等外观情况。人民币的图案颜色协调,图案、人像层次丰富,富有立体感,人物形象表情传神,色调柔和亮丽;票面中的水印,立体感强,层次分明,灰度清晰;安全线牢固地与纸张粘合在一起,并有特殊的防伪标记;对印图案完整、准确;各种线条粗细均匀,直线、斜线、波纹线明晰、光洁。即观看票面外观颜色、固定人像水印、安全线、胶印缩微文字、红色和蓝色纤维、隐形面额数字、光变面额数字、对印图案、横竖双号码。

二是手摸。依靠手指触摸钞票的感觉来分辨人民币的真伪。人民币是采用特种原料,由专用抄造设备抄制的印钞专用纸张印制,其手感光滑、厚薄均匀、坚挺有韧性,且票面上的行名、盲文、国徽和主景图案一般采用凹版印刷工艺,用手轻轻触摸,有凹凸感,手感与摸普通纸感觉不一样。

三是耳听。通过抖动使钞票发出声响,根据声音来判别人民币真伪。人民币是用专用特制纸张印制而成的,具有挺括、耐折、不易撕裂等特点,手持钞票用力抖动、手指轻弹或两手一张一弛轻轻对称拉动钞票,均能发出清脆响亮的声音。

四是检测。检测是借助一些工具和专用仪器进行钞票真伪识别的方法。如借助放大镜来观察票面线条的清晰度,胶、凹印缩微文字等;用紫外灯光照射钞票,观察有色和无色荧光油墨印刷图案,纸张中不规则分布的黄、蓝两色荧光纤维;用磁性检测仪检测黑色横号码的磁性。

思政园地

商业银行未按规定收缴假币等被罚款

2022 年 6 月 20 日讯,中国人民银行贵阳中心支行公布的行政处罚信息公示表显示,贵州思南农村商业银行因超过期限或未报送账户开立、撤销等资料;未按规定收缴假币;未按规定对办理货币收付业务人员的反假货币水平进行评估;截留假币;未按规定解缴假币;占压财政存款或资金;提供个人不良信息、未事先告知信息主体本人;未按照规定履行客户身份识别义务,被警告,并处以罚款 49.15 万元(图 2-43)。

 新浪财经,金融一线. 因未按规定收缴假币等多项违规 贵州三家农商行遭监管处罚[EB/OL]. (2022-06-20)[2023-02-15]. https://baijiahao.baidu.com/s?id=1736134574743201761&wfr=spider&for=pc.

中国人民银行贵阳中心支行行政处罚信息公示表

编号：贵银处罚〔2022〕0006号

公示单位名称：中国人民银行贵阳中心支行

序号	当事人名称（姓名）	行政处罚决定书文号	违法行为类型	行政处罚内容	作出行政处罚决定机关名称	作出行政处罚决定日期	备注
1	贵州思南农村商业银行股份有限公司	贵银综罚字〔2022〕第4号	1. 超过期限或未报送账户开立、撤销等资料 2. 未按规定收缴假币 3. 未按规定对办理货币收付业务人员的反假货币水平进行评估 4. 截留假币 5. 未按规定解缴国库 6. 占压财政存款或资金 7. 提供个人不良信息，未事先告知信息主体本人 8. 未按照规定履行客户身份识别义务	警告，并处以罚款49.15万元	中国人民银行贵阳中心支行	2022年6月10日	
2	彭爱华（时任贵州思南农村商业银行股份有限公司财务信息部副经理）	贵银综罚字〔2022〕第4号	对贵州思南农村商业银行股份有限公司以下违法行为负有责任：未按照规定履行客户身份识别义务	罚款1万元	中国人民银行贵阳中心支行	2022年6月10日	

图 2-43　行政处罚信息公示表

2.6.4　残缺币兑换

残缺、污损人民币是指票面撕裂、损缺，或因自然磨损、侵蚀，外观、质地受损，颜色变化，图案不清晰，防伪特征受损，不宜再继续流通使用的人民币。《中国人民银行残缺污损人民币兑换办法》〔2003〕第 7 号指出：凡办理人民币存取款业务的金融机构应无偿为公众兑换残缺、污损人民币，不得拒绝兑换。

残缺、污损人民币兑换分"全额""半额"两种情况。金融机构在办理残缺、污损人民币兑换业务时，应向残缺、污损人民币持有人说明认定的兑换结果。不予兑换的残缺、污损人民币，应退回原持有人。

1）全额兑换

能辨别面额，票面剩余四分之三（含四分之三）以上，其图案、文字能按原样连接的残缺、污损人民币，金融机构应向持有人按原面额全额兑换（图 2-44）。

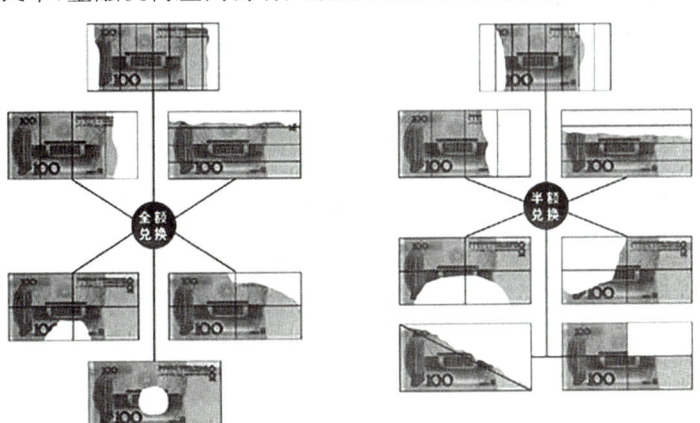

图 2-44　可全额/半额兑换的残缺币

2) 半额兑换

能辨别面额,票面剩余二分之一(含二分之一)至四分之三以下,其图案、文字能按原样连接的残缺、污损人民币,金融机构应向持有人按原面额的一半兑换。纸币呈正十字形缺少四分之一的,按原面额的一半兑换(图 2-44)。

3) 不可兑换

不能辨别面额,票面剩余二分之一以下,其图案、文字不能按原样连接的残缺、污损人民币,金融机构不应予兑换(图 2-45)。

4) 其他情况

兑付额不足一分的,不予兑换;五分按半额兑换的,兑付二分。

残缺、污损人民币持有人同意金融机构认定结果的,对兑换的残缺、污损人民币纸币,金融机构应当面将带有本

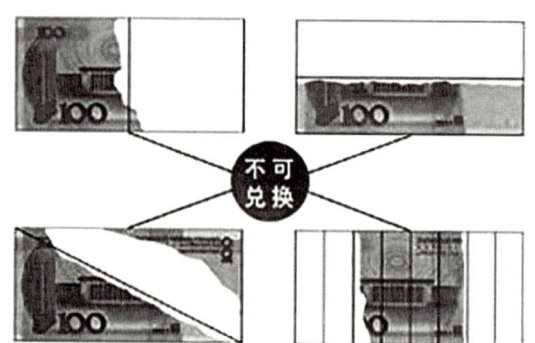

图 2-45 不可兑换的残缺币

行行名的"全额"或"半额"戳记加盖在票面上;对兑换的残缺、污损人民币硬币,金融机构应当面使用专用袋密封保管,并在袋外封签上加盖"兑换"戳记。

思政园地

爱护人民币

人民币使用过程中,要注意以下方面:①人民币要平铺整理,不要揉折;②要保持人民币票面整洁,不可以乱写、乱画、乱涂或计数盖印;③要防止污染,防止油浸和腐蚀性的化学溶剂侵蚀;④金属币不准穿孔、磨边、剪口、扎薄变形;⑤不准随意撕裂、剪割人民币;⑥单位和个人对收进的残损人民币应随时挑剔,交存金融机构或向金融机构兑换,不要对外支付,以保持市场流通人民币的整洁。

同时,根据相关规定,禁止下列损害人民币的行为:

(1) 故意毁损人民币;

(2) 制作、仿制、买卖人民币图样;

(3) 未经中国人民银行批准,在宣传品、出版物或者其他商品上使用人民币图样;

(4) 中国人民银行规定的其他损害人民币的行为包括:利用人民币进行商业装饰,制作商业广告,制作工艺品、商品,在喜庆、丧葬活动中抛撒人民币,或将人民币包装在商品中进行促销等。

知 识 考 核

（注：每个项目知识考核设置为撕页式，可用于检验学生对知识点的掌握情况，也可作为课堂点名记录或课堂测试记入平时成绩）

班级_____ 姓名_____ 学号_____ 日期_____ 得分_____

一、单选题（每题 6 分，共 30 分）

1. 客户在办理存款时不约定存款期限、支取时提前一定时间通知银行约定支取日期和金额的存款是（　　）。
   A. 协定存款　　　B. 活期存款　　　C. 通知存款　　　D. 定期存款

2. 目前，我国银行存款业务中，用复利计算利息的是（　　）。
   A. 10 年以上个人定期存款　　　　B. 5 年以上个人定期存款
   C. 个人活期存款　　　　　　　　D. 单位定期存款

3. 从 2005 年 9 月 21 日起，我国对活期存款实行按（　　）结息。
   A. 年　　　　　　B. 半年　　　　　C. 月　　　　　　D. 季度

4. 小李在 2021 年 3 月 3 日存入一笔 30 000 元的 1 年期整存整取定期存款，假设 1 年期定期存款利率为 0.99%，活期存款利率为 0.36%，存款满 1 个月后，小李取出了 10 000 元，按照积数计息法，小李支取 10 000 元的利息是（　　）元。
   A. 3.10　　　　　B. 3.00　　　　　C. 16.5　　　　　D. 8.25

5. 储户不慎遗失存单时，可办理口头挂失，口头挂失的时间为（　　）天。正式挂失的时间为（　　）天。
   A. 3,5　　　　　B. 1,7　　　　　C. 5,7　　　　　D. 1,3

二、多选题（每题 8 分，共 40 分）

1. 商业银行应该遵循的存款业务基本法律规则有（　　）。
   A. 经营存款业务特许制
   B. 以合法正当方式吸收存款
   C. 以各种手段吸收存款为第一重任
   D. 依法保护存款人合法权益
   E. 设立存款保险制度

2. 小文大学毕业后，于 2021 年 8 月 3 日在某银行求职，并顺利获得录用为柜员；8 月 4 日，小文刚上班就办理秦先生的存款业务，发现有假币并把假币交给储蓄主管，储蓄主管将这张 50 元纸币拿到二楼办公室，和同事们仔细辨别后，确认是假币，于是盖上假币章，并开具了假币没收凭证，盖好章，回到柜台将凭证交给秦先生，秦先生悻悻离去。这个案例中不符合规定的地方有（　　）。

A. 小文未持《反假币上岗资格证书》上岗

B. 收缴过程离开了持有人视线范围,没有做到"当面收缴""当面盖戳"

C. 没有履行告知程序

D. 银行应开具《假币收缴凭证》而非假币没收凭证

E. 将凭证交给客户

3. 整存整取定期储蓄存款的业务功能包括（　　）。

A. 开户　　　　　B. 续存　　　　　C. 全部提支　　　　D. 部分提支

E. 结清

4. 需要客户提供身份证件的业务有(　　)。

A. 口头挂失

B. 密码挂失

C. 密码重置

D. 单笔金额人民币1万元以上的无折无卡存款

E. 更新电话号码

5. 下列哪些机构可以冻结个人存款(　　)。

A. 公安机关　　　B. 人民法院　　　C. 开户银行　　　D. 人民检察院

E. 政府机关

三、判断题(每题6分,共30分)

1. 商业银行开展存款业务时,计算利息时的日利率通常用年利率除以计息天数365天。　　　　　　　　　　　　　　　　　　　　　　　　　　　　（　　）

2. 密码挂失、存折(单、卡)挂失均可代理办理。　　　　　　　　　　（　　）

3. 活期储蓄存款角位起息,利息计至分位。　　　　　　　　　　　　（　　）

4. 根据商业银行的保密规定,商业银行在任何情况下都要为储户保密。（　　）

5. 商业银行的收入结构主要表现为定期存款与活期存款。　　　　　　（　　）

项目实训

储蓄存款业务处理

一、实训目的

1. 掌握银行日初业务处理内容。
2. 掌握活期储蓄存款业务内容、规定、处理流程和业务风险点。
3. 掌握定期储蓄存款业务内容、规定、处理流程和业务风险点。
4. 熟悉个人外币兑换业务处理。
5. 熟悉存款业务的特殊业务处理。

二、实训要求

分组进行:每3~5人一组,选出1名组长,完成实训任务,各小组代表抽查讲解。

三、实训内容

按要求完成以下各项实训任务:

1. 银行柜员在每日营业开始前需进行岗前准备操作,完成现金及重要凭证出库。现将"借记卡""普通存折""双整存单""定活存单"等凭证各20张出库,"现金支票""转账支票""普通支票"各2本及人民币现金10万元出库到柜员个人钱箱。

2. 客户夏旭先生携带身份证和12万元现金来我行办理储蓄业务,他要求办理借记卡Ⅰ类账户,签印类别为密码。同时为其开通的Ⅰ类借记卡账户办理以下相关业务:开立普通活期存款账户、存本取息账户和定活两便账户三个子账户,存本取息账户存期1年,取息间隔1个月,分别存入现金5万元、2万元和1万元(夏旭先生的手机号码为13685690032);开立存期为3年的整存整取存单,开户存入现金4万元;1个月后,客户夏旭来我行支取存本取息账户的利息;1年后,客户从整存整取账户提前支取现金1.5万元。

3. 客户柳颜不慎遗失借记卡,来我行补办,我行柜员转账收取20元工本费。

4. 客户来银行换零钱,但是由于窗口人员有限,大堂经理建议客户先在大堂将钱清点,再到柜面办理,客户投诉看不起换零钱行为。此时作为大堂经理应该如何处理。

5. 客户携带现金来我行办理定期存款业务,取号后向大堂经理提出疑问:如果我携带的现金里有假钞怎么办?真假钞要如何辨别?如果是假钞我可以带走吗?对上述疑问,大堂经理应如何处理?

6. Jason刚到中国来留学,持1 800欧元,到银行能兑换成多少人民币?

四、总结分析

小组互评,教师点评,展示优秀实训成果。

项目 3 对公存款业务处理

【知识目标】
- 熟悉银行对公存款业务的基本知识和相关规定
- 掌握单位活期存款业务内容、规定、处理流程和业务风险点
- 掌握单位定期存款业务内容、规定、处理流程和业务风险点

【能力目标】
- 能够掌握单位活期存款业务核心环节：账户开立、支取、结息、销户等典型业务处理流程、凭证识别审核及业务风险防范
- 能够掌握单位定期存款业务核心环节：账户开立、支取、结息等典型业务处理流程、凭证识别审核及业务风险防范

【素质目标】
- 遵守银行对公存款业务行业管理规范
- 坚守诚实守信，增强银行从业人员合规经营法治意识
- 培养专业信息搜集、分析、总结归纳的能力
- 培育金融从业人员严谨求实，精益求精的工作态度

【知识导图】

对公存款业务处理
- 对公存款业务概述
  - 对公存款业务的分类
  - 单位银行结算账户设立与管理
- 单位活期存款业务处理
  - 单位活期存款开户业务
  - 单位活期存款账户现金缴存业务
  - 单位活期存款账户购买支票业务
  - 单位活期存款账户现金支取业务
  - 单位活期存款计息
  - 单位活期存款账户销户
- 单位定期存款业务处理
  - 单位定期存款业务概述
  - 单位定期存款开户
  - 单位定期存款支取

案例导入

发现企业存款的新赛道[①]

2021年12月,我国的非金融企业存款余额已经达到69.7万亿元的高位,是商业银行负债的重要来源。但2021年4月以来,非金融企业存款同比在5%左右的较低水平波动,这增加了吸收企业存款的难度。

案例思考:在企业存款增长总体放缓的背景下,如何寻找商业银行负债端新的增长点?

案例启示:商业银行应关注企业存款行业分布变化,寻找吸收企业存款的新赛道。A股非金融企业数据显示:一方面,企业存款正加速向电子和医药等新兴行业聚集,房地产业的货币资金占比也在上升,建筑装饰和商贸零售等传统行业在存款市场中的地位有所下降。与2020年相比,2021年上半年房地产、电子、石油石化和医药生物的货币资金占比都提高了1个百分点以上,而交通运输、建筑装饰、机械设备、商贸零售和煤炭的货币资金占比都下降了1个百分点以上。另一方面,在传统行业中,空调、炼油化工等细分行业的货币资金占比有所上升。得益于产能去化和利润改善,动力煤、水泥等细分行业的货币资金占比企稳回升。图3-1为中资全国性银行结构性存款规模变化情况示意。

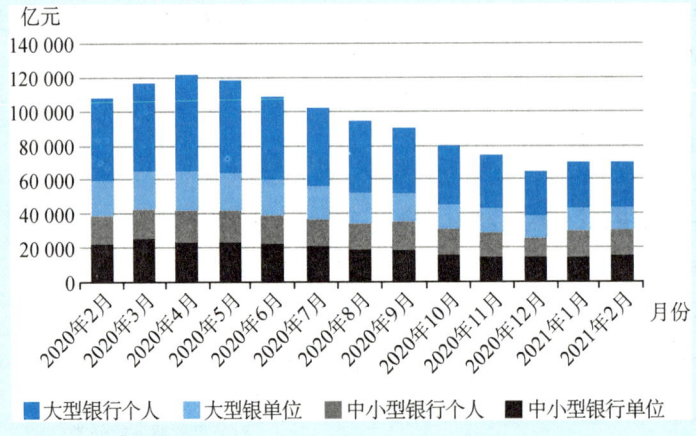

图3-1 中资全国性银行结构性存款规模

[①] 郭于玮,鲁政委. 发现企业存款的新赛道[EB/OL]. (2022-01-19)[2023-02-17]. https://www.sohu.com/a/517553860_121123881.

任务 3.1　对公存款业务概述

对公存款又称单位存款，是企业、事业单位、个体经营者、机关团体等单位在银行的结算户存款、专户存款、定期存款的总和。企业的存款又称公司存款，是对公存款的主要组成部分，包括了经注册的工商企业绝大部分对公存款。银行可为在中国境内符合中国人民银行规定开户条件的企业客户，提供各类存款服务。

3.1.1　对公存款业务的分类

公司存款客户具有以下主要特点：①涉及面广，覆盖范围宽，客户基础广泛；②相比储蓄存款，公司存款筹资成本较低；③户均金额高；④存款流动性强，稳定性比较差，波动明显，控制难度大；⑤对宏观经济政策比较敏感。

对公存款按存款支取方式和计息的不同，分为单位活期存款、单位定期存款、单位通知存款、单位协定存款、保证金存款等；按币种不同，可分为人民币存款和外汇存款等。其他类型的对公存款还有公司大额存单。

1）单位活期存款

单位活期存款是指企事业单位、机关、部队、社会团体等经济实体在银行开立单位结算账户，办理不规定存期，单位可随时转账、存取并依照结息日活期存款利率计息的存款；如遇利率调整应分段计息。

2）单位定期存款

单位定期存款是指企事业单位、机关、部队、社会团体等单位与银行在存款时事先约定期限、利率，到期后支取本息的存款，其计息方式按中国人民银行挂牌公告的定期存款利率计付利息，不同档次执行不同利率；如遇利率调整，不分段计息。

目前，单位定期存款的期限分为 3 个月、半年、1 年、2 年、3 年、5 年六个档次。客户若临时需要资金可办理提前支取或部分提前支取。

3）单位通知存款

单位通知存款是指存款单位不约定存期，在支取时需事先通知银行的一种人民币存款，按存款人提前通知的期限长短一般分为 1 天通知存款和 7 天通知存款两个品种。

凡在开户行开立人民币基本存款账户或一般账户的企事业单位、机关、部队、社会团体和个体经济户等单位，只要通过电话或书面通知开户行的公司存款部门，即可申请办理通知存款。客户不需要约定存期，只需在支取时事先通知存款银行。客户需以正式支取通知书提前 1 天或 7 天通知银行，约定支取日期和金额；如以传真等方式通知银行的，到约定日需提交正式支取通知书。

一般来说，单位通知存款起存金额为 50 万元，最低支取金额为 10 万元，存款人需一次性存入，可一次或分次支取但余额不得低于起存金额。通知存款按支取日挂牌公告的相应利率水平和实际存期计息，利随本清。

4）单位协定存款

单位协定存款是指存款单位通过与开户行签订单位协定存款合同,在基本存款账户或一般存款账户的基础之上开立协定存款账户,并约定结算户基本存款额度,由开户行将结算户中超过基本存款额度的存款转入协定存款账户,并按协定存款利率计息的存款。它是银行为吸引客户闲置资金而为其开立的与其基本存款账户或一般结算户紧密联系的一种账户。该账户具备结算和协定存款双重功能。

单位协定存款是在原单位活期存款基础上延伸出来的,协定存款账户与其相对应的活期存款账户有着密切联系,在活期存款账户的存款超过约定额度后,超过额度部分可享受协议存款利率,若活期账户销户,协定存款账户也须同时销户。

单位协定存款利率一般介于活期存款利率与6个月定期存款利率之间。客户通过与银行签订《单位协定存款合同》,约定期限、商定结算账户需要保留的基本存款额度,对账户中超过该额度的存款按双方约定的协定存款利率进行单独计息。

协定存款账户计息规则:一般是按季结息,基本存款额度以内的存款按原结算账户约定支取日或者结息日的活期存款利率计息,超过基本存款额度的存款按双方合同约定的协定存款利率计息。期间遇利率调整,应采取分段计息,按照调整前后的活期存款利率和协定存款利率分段计息。

5）保证金存款

保证金存款是指存款单位在银行办理相关业务时用作资金保证的存款。例如,客户向银行申请开立银行承兑汇票、信用证或出具保函时,银行会根据企业信用风险等情况要求客户必须缴存全额或部分保证金,并将资金从其结算账户转入银行指定的保证金账户。保证金的种类有银行承兑汇票保证金、商业承兑汇票保证金、信用证开证保证金、信用卡保证金、付款保函保证金、贷款保证金、担保保证金等。

开立保证金存款账户的单位必须先在开户银行开立银行结算账户。保证金账户是指银行为客户开立的用于存放备付期间费用、偿还债务准备及其他保证性质款项的账户,属于专用存款账户。保证金账户不得作为结算账户使用,无需客户预留印鉴,不得向客户出售该账户支付结算凭证。保证金专户必须实行封闭管理,严禁发生保证金专户与客户结算户串用、挪用等行为,不得提前支取保证金。

保证金账户是银行内部账户,适用的利率必须在相关协议或合同中予以明确,保证金存款按适用的利率不同,遵循不同的计息规则,通常分为活期和定期两种:活期保证金账户按企业活期存款利率按季计息;定期保证金账户按存款期限及适用利率计息,利随本清。

6）对公外汇存款

对公外汇存款是指银行吸收境内依法设立的机构、驻华机构和境外机构外汇资金的业务,分为活期对公外汇存款与定期对公外汇存款。

7）公司大额存单

公司大额存单是指银行面向非金融企业发行的、以人民币计价的记账式大额存款凭证。起点金额不低于1 000万元,一般采用标准期限,包括1个月、3个月、6个月、1年、3年、5年等。与一般存单不同的是大额存单比同期限定期存款有更高的利率,一般在定期存款利率基础上上浮40%～50%不等,并且在到期之前可以转让,其投资门槛高于普通定期存款。

3.1.2 单位银行结算账户设立与管理

单位银行结算账户是建立在基本存款账户基础上的账户管理体系。

单位活期存款实行账户管理,客户开立的办理资金收付结算的人民币活期存款账户称为银行结算账户,按用途分为基本存款账户、一般存款账户、专用存款账户和临时存款账户四类(表3-1)。

表3-1　　　　　　　　　单位银行结算账户分类

账户类型	业务范围	开户原因及账户性质
基本存款账户	转账/现金存取	一单位开一户;备案类账户
一般存款账户	转账/只存不取	借款、附属机构;备案类账户
专用存款账户	转账	专用资金;预算单位为核准类账户,非预算单位为备案类账户
临时存款账户	转账/存取	临时机构、注册验资;核准类账户(注册验资和增资除外)

1) 基本存款账户

基本存款账户是企事业单位的主要存款账户,是用于办理日常转账结算和现金收付业务的账户。企事业单位的工资、奖金等现金支取只能通过基本存款账户办理,同时要符合以下规定:

(1) 公司客户作为存款人,可以自主选择开户银行,银行也可以自主决定是否为存款人开立账户。任何单位和个人不得干预存款人在银行开立或使用账户。

(2) 存款人在商业银行只能开立一个基本存款账户。其他银行结算账户的开立必须以基本存款账户的开立为前提。2018年12月24日前,基本存款账户开立采用核准方式,由中国人民银行当地分支机构核发的基本存款账户开户许可证办理相关手续;2018年12月24日,国务院常务会议决定逐步在2019年年底前取消企业银行账户开户许可。

(3) 任何单位和个人不得将单位的资金以个人名义开立储蓄账户,任何个人不得将私款以单位的名义存入金融机构。

2) 一般存款账户

一般存款账户是存款人因借款或其他结算需要,在基本存款账户开户银行以外的银行营业机构开立的银行结算账户,一般用于结算和现金缴存,不能办理现金支取,可根据需要在不同商业银行网点设置开立。

3) 专用存款账户

专用存款账户是企事业单位因基本建设、更新改造或办理信托、政策性房地产开发等特定用途资金需要进行专项管理和使用而开立的账户。专用存款账户要专款专用,不得办理日常结算和现金收付业务。如因基本建设资金开设的专用存款账户确实需要支取现金的,银行需经中国人民银行当地分行批准,按照国家现金管理规定办理现金支取。

4）临时存款账户

临时存款账户是存款人因临时经营活动等业务需要并在规定期限内使用而开立的银行结算账户。存款人可以通过本账户办理转账结算，并根据国家现金管理规定办理现金收付。

临时存款账户一般为设立临时机构、异地临时经营活动和单位注册验资时开立的账户，最长不得超过2年。

同一存款人只能开立一个临时存款账户。

单位只有将注册验资用的临时存款账户销户后，方可开立基本存款账户。

 行业观察

2019年年底全面取消企业账户开户许可①

2018年12月24日，国务院常务会议决定在2019年年底前取消企业银行账户开户许可。

中国人民银行相关负责人解读如下：

（1）逐步取消企业银行账户开户许可。银行账户是企业开展经营活动、获取各项金融服务的重要前提，银行账户的安全和便捷使用对企业意义重大。取消企业银行账户许可，提升银行账户服务水平，对于支持企业尤其是民营企业和小微企业发展、服务实体经济具有重要意义。截至2018年9月30日，我国企业和个体工商户共开立单位银行结算账户5 488万户，占全部单位银行结算账户总量的92%。

（2）方便企业获得优质账户金融服务。取消企业银行账户许可，减少了企业开户环节，可以进一步提高企业开户效率、优化营商环境，有利于服务小微企业和实体经济。银行要做到"两个不减、两个加强"，即企业开户便利度不减、风险防控力不减，优化企业账户服务要加强、账户管理要加强，以新支付、新金融为新时代高质量发展注入新动力。

取消企业银行账户许可后，境内依法设立的企业法人、非法人企业、个体工商户在银行业金融机构办理基本存款账户、临时存款账户业务，由核准制改为备案制，中国人民银行不再核发开户许可证。对机关、事业单位、社会团体等其他单位开立银行存款账户仍然执行原有规定。

（3）账户管理只能加强不能削弱。取消企业银行账户许可以后，企业开户交由商业银行负责，银行要全面独立承担账户管理责任，其风险意识、内部控制、合规管理水平等因素会直接影响企业账户管理质量。

---

① 国务院. 年内全面取消企业银行账户开户许可[EB/OL]. (2019-01-10)[2023-02-17]. http://www.gov.cn/xinwen/2019—01/10/content_5356410.htm.

取消账户审批后商业银行存在的账户合规、合法的主体责任更加明确:事前,对开立基本存款账户要求的企业,商业银行要核实开户意愿,准确识别异常开户情形,并有权拒绝开户;事中,要加强企业账户的风险监测,及时限制或者终止可疑账户业务,要求商业银行按季开展对账,对高风险账户、长期不动户提高对账频率;事后,要加大现场检查力度,中国人民银行将联合银保监会、公安部门等,切实加强对银行的监管,加大对账户违法活动的打击力度。

思政园地

从银行结算账户合规管理视角看防范电信网络诈骗[①]

　　银行业应竭尽全力遏制当前涉案账户高发势头,深刻认识当前电信网络诈骗涉案账户的严峻形势,落实监管部门专项治理工作要求,做好单位结算账户管理工作,严格管控好账户质量,严密防范外部风险输入,坚决遏制涉案账户的增长势头。

　　全面压实企业银行账户合法合规管理责任,应提高政治站位,统一思想、统一行动、统一步调,切实承担起银行账户合法合规管理主体责任,构建起质量导向的账户管理机制。按照"谁的客户谁负责""谁的业务谁负责""谁的区域谁负责""谁开户谁负责"几项原则,强化商业银行各个机构、部门和相关人员的责任落实,严把新开账户的资料完整性、合规性、真实性,切实做好开户尽职调查工作,对存疑客户一律拒绝开户,做到专项防控治理和日常风险管理工作全覆盖、无遗漏。

　　商业银行员工应严格遵循"了解你的客户""了解客户的业务"等原则,做到防控治理和日常风险管理工作全覆盖,切实夯实打击电信网络新型违法犯罪支付结算防线。通过组织学习单位结算账户相关管理办法、账户管理风险提示、典型案例等,提高防风险技能,确保银行网点人员全面理解和准确掌握开户规定管理要求。

　　商业银行应坚持账户发展和风险防范并重的经营理念。从业人员不能一味追求市场份额,重规模、轻质量,在市场拓展上简单追求规模扩张而对客户准入把关不严,特别是对账户开立等传统低风险业务中新的风险因素没有给予高度警惕,导致一些无正常金融服务需求、贡献度极低、风险极高,甚至少数借银行信誉实际从事诈骗等违法犯罪活动的企业进入银行,埋下大量风险隐患,因此,银行要正确处理好追求发展和确保安全的关系,坚持对做到开户质量和风险管理与账户规模、效益指标同等重要进行考核,确保银行账户发展走上"量质并举"为导向的可持续发展之路。

[①] 赣州金融网. 工行赣州分行扎实做好银行结算账户合规管理工作[EB/OL]. (2020-11-09)[2023-02-17]. http://www.gzjrw.com.cn/Item/395264.aspx.

任务实训

对公存款业务分类与特点

一、实训目的

1. 了解银行对公存款业务分类及特点。
2. 了解单位银行结算账户的特点和适用范围。
3. 培养信息搜集和总结归纳能力。

二、实训要求

分组进行:每3~5人一组,选出1名组长,进行资料收集讨论,各小组讲解。

三、实训内容

1. 选择国有商业银行、中小股份制商业银行、农村商业银行各一家,登录银行官方网站,对比各家商业银行的对公存款业务分类和特点,分析异同点。

2. 某企业存款账户于9月28日有大额资金转入1 000万元,预计10月期间使用,企业财务人员对对公存款种类选择有哪些方案?并对比不同方案的利息收入情况。

3. 请收集单位银行结算账户的相关信息,对四类账户以表格方式从概念、开户主体、开户证明文件、适用范围等方面进行总结提炼对比分析。

四、总结分析

汇报小组实训成果,小组互评,教师点评。

任务3.2 单位活期存款业务处理

随着电子银行业务发展,商业银行通过网上银行对企业客户提供7×24小时全方位的自助金融服务,企业客户在银行网点开户后,通过开通企业网银、电话银行等方式可以进行账户信息查询、同城或异地资金划拨结算等日常结算业务。

目前,银行对对公账户日常业务实施的是集约化管理,即把网点柜台变成一个业务受理终端,真正处理业务的是银行后台作业中心统筹完成。

银行对对公账户全生命周期的服务内容包括以下方面:

(1) 账户开立。

(2) 按期进行银企对账。

(3) 按年度接受银行对账户的合规性、合法性和账户信息、账户资料的真实性、有效性进行审核确认。

(4) 如存款人账户信息和账户资料发生变更或证明文件超过有效期,需主动到银行办理变更手续。

(5) 协助银行工作人员对存款人开户资格和实名制符合性进行动态复核。

(6) 配合银行根据国家有关法律法规开展反洗钱、防范跨境赌博和电信网络新型违法犯罪等身份及账户信息核实工作。

本任务主要学习单位活期存款业务的开户、现金缴存、现金支取、计息、销户等5个业务环节流程处理、凭证选择及要素审核。

3.2.1 单位活期存款开户业务

按照《人民币银行结算账户管理办法》的规定，单位银行结算账户是建立在基本存款账户基础上的账户管理体系。基本存款账户是单位的主办账户，存款人只能在银行开立一个基本存款账户；其他银行结算账户的开立必须以基本存款账户的开立为前提，凭基本存款账户开户登记证办理相关手续，并在基本存款账户开户登记证上进行相应登记。

这里以开立单位基本存款账户为例介绍单位活期存款开户的业务流程及相关处理。

【业务流程及处理】

1) 业务流程

单位基本存款户账户的开立业务流程如图 3-2 所示。

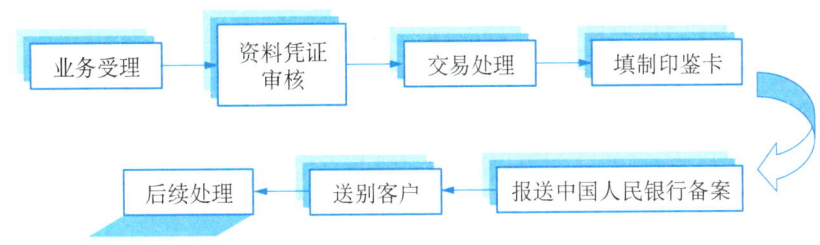

图 3-2 单位基本存款账户的开立业务流程

2) 业务处理

(1) 业务受理：单位客户申请开立基本存款账户时，应按照《人民币银行结算账户管理办法》的有关规定，提供相应开户资料，具体包括：①营业执照正本或副本（统一社会信用代码）；②法人身份证；③授权他人的出具经办人身份证及法人授权委托书。

(2) 资料凭证审核：资料凭证审核是对开户有关资料的审核。银行客户经理根据企业提交的申请资料，首先进行企业开户调查，包括客户身份识别、开立账户真实性、单位开户意愿核实等，进而签署相关服务协议。

柜台经办人员对提交资料进行原件审核，同时对企业开立单位银行结算账户申请书（图 3-3）填写事项的真实性、完整性、合规性进行审核，并报柜台主管双岗审核。

(3) 交易处理：柜台经办人员进行业务系统开户交易处理后，生成单位基本存款户账号，同时进行表外开户登记管理。

(4) 填制印鉴卡：开户单位需要向开户银行提交预留印鉴卡（图 3-4）。预留印鉴是单位与银行事先约定的一种具有法律效力的付款依据。当企业需要通过银行对外支付时，银行在办业务时需凭印鉴卡上预留的印鉴审核支付凭证的真伪，如果支付凭证上加盖的印章与预留印鉴不符，银行可以拒绝办理付款业务，以保障开户单位款项安全。预留印鉴一般为企业财务章（或公章）和法人名章（或授权人）。印鉴卡分正卡和副卡，开户银行和开户企业各自留存。

模拟银行 开立单位银行结算账户申请书

银行打印				
		本人已确认银行打印记录正确无误。	客户确认签名：	
存款人名称			电话	
地　　址			邮　编	
存款人类别			组织机构代码	
□法定代表人 □单位负责人	姓名			
	证件种类		证件号码	
行业分类	□A □B □C □D □E □F □G □H □I □J			
	□K □L □M □N □O □P □Q □R □S □T			
注册资金			地区代码	
经营范围				
证明文件种类			证明文件编号	
税务登记证（国税或地税）编号				
关联企业	关联企业信息列在"关联企业登记表"上			
账户性质	□基本　□一般　□专用　□临时			
资金性质			有效期至	
以下为存款人上级或主管单位信息：				
上级法人或主管单位名称				
基本存款账户开户许可证核准号				
□法定代表人	姓名			
□单位负责人	证件种类		证件号码	
以下栏目由开户银行审核后填写：				
开户银行名称			开户银行代码	
账户名称			账号	
基本存款账户开户许可证核准号			开户日期	

第一联　开户银行储存

图 3-3　开立单位银行结算账户申请书

图 3-4 银行预留印鉴卡样式

传统纸质票据印鉴核对采用手工折角方式，存在工作效率低、责任不明、验印质量及人为判别标准有差异等弊端。随着信息化技术的应用，现在银行普遍采用"电子验印系统"对预留印鉴进行信息化管理。

(5) **报送中国人民银行备案**：2019年年底前基本存款账户属于中国人民银行核准类账户。2019年年底国家取消了企业银行账户许可后，境内依法设立的企业法人、非法人企业、个体工商户在银行业金融机构办理基本存款账户、临时存款账户等业务，由核准制改为备案制，人民银行不再核发开户许可证。

(6) **送别客户**：核对无误后，在《开立单位银行结算账户申请书》上加盖业务清讫章后，连同企业开户证件、预留印鉴副卡、开户申请书客户留存联一并交客户，送别客户。

(7) **后续处理**：经办柜员在相关凭证上加盖业务清讫章与经办柜员名章，作为办理业务的凭证与其他凭证一起装订保管。

思政园地

银行预留印鉴常见风险类型识别和防范[①]

预留印鉴是客户凭以在银行办理款项支付结算的权利证明，也是开户银行办理单位结算账户支付结算的审核依据。在实际工作中，由于单位结算账户印鉴卡管理不到位，极易引发外部欺诈事件，银行与单位客户之间产生经济纠纷或给银行造成经济损失的风险事件时有发生，这些给银行和单位结算客户资金带来了较大的风险

---

① 银行界网. 如何防范单位预留印鉴存在的风险[EB/OL].（2014-03-20）[2023-02-17]. http://www.tbankw.com/xiuxianbank/qingsongyike/137263.html.

隐患。预留印鉴的主要风险环节包括印鉴的预留、建库,以及印鉴卡的保管和使用,以下是几种常见的风险类型:

(1) 盗盖银行预留印鉴。例如,企业内部工作人员突破单位财务审批、岗位制约等环节,盗盖单位公章和法定代表人名章,与他人签订购销合同、出具收款收据、支付提成承诺书等,形成经济纠纷;或对外出具担保,形成司法纠纷;凭盗盖印鉴到银行骗购支票等重要空白凭证,再支付或单位银行账户款项,造成企业账户资金挪用或诈骗。

(2) 伪造银行预留印鉴。银行印鉴卡保管不善,造成预留印鉴被不法分子截留、复制和伪造;不法分子通过科技手段(如3D打印技术)扫描支票等结算凭证上加盖的单位印鉴,伪造刻制预留银行印鉴;不法分子与刻章人员勾结,利用刻章设备"克隆"双套章截留。

(3) 预留银行印鉴环节存在漏洞。例如,企业单位在银行柜面办理开户手续时,经办人员误将客户开户资料交给单位委托办理开户手续以外人员,造成企业资料外泄(如印鉴卡、公章等),印鉴卡等易被不法分子"克隆"或盗用,形成较大的风险隐患;企业客户因重大事项变更未及时更换印鉴或变更手续不合规等。

(4) 银行工作人员对预留银行印鉴风险认知度不足。例如,在实际工作中,由于银行预留印鉴业务引发的风险事件时有发生,无论是企业财务人员还是银行工作人员都要强化风险防范意识,严格执行内部岗位制约制度,熟悉掌握对应的管理制度,严格按业务流程进行合规操作,方能堵塞漏洞,防止差错及案件的发生。

行业观察

银行预留印鉴变更规定[①]

《中华人民共和国票据法》(以下简称《票据法》)规定,盖章和签名为票据合法性的基本依据。印鉴审核是银行对公业务中确定凭证是否合法的重要一环。采用印鉴作为凭证合法性的依据既符合《票据法》的规定,也是长期以来处理银行业务的惯用模式。

中国人民银行关于印发《人民币银行结算账户管理办法实施细则》的通知规定:

第四十四条　**单位存款人申请更换预留公章**或**财务专用章**,应向开户银行出具书面申请、原预留公章或财务专用章等相关证明材料。

单位存款人申请更换预留公章或财务专用章但无法提供原预留公章或财务专用章的,应向开户银行出具原印鉴卡片、开户许可证、营业执照正本、司法部门的证明等相关证明文件。

---

① 中华人民共和国商务部.中国人民银行关于印发《人民币银行结算账户管理办法实施细则》的通知[EB/OL].(2005-04-08)[2023-02-17].http://www.mofcom.gov.cn/aarticle/b/g/200504/20050400040042.html.

单位存款人申请变更预留公章或财务专用章,可由法定代表人或单位负责人直接办理,也可授权他人办理。由法定代表人或单位负责人直接办理的,除应出具相应的证明文件,还应出具法定代表人或单位负责人的身份证件;授权他人办理的,除应出具相应的证明文件,还应出具法定代表人或单位负责人的身份证件及其出具的授权书,以及被授权人的身份证件。

第四十五条　单位存款人<u>申请更换预留个人签章</u>,可由法定代表人或单位负责人直接办理,也可授权他人办理。

由法定代表人或单位负责人直接办理的,应出具加盖该单位公章的书面申请以及法定代表人或单位负责人的身份证件。授权他人办理的,应出具加盖该单位公章的书面申请、法定代表人或单位负责人的身份证件及其出具的授权书、被授权人的身份证件。无法出具法定代表人或单位负责人的身份证件的,应出具加盖该单位公章的书面申请、该单位出具的授权书及被授权人的身份证件。

 行业观察

电子验印技术[①]

银行客户的印鉴是银行多种业务的重要凭证和依据,其法律基础是1996年颁布实施的《票据法》。传统的印鉴比对方式是人工折角核对,其最大的两个弱点是:①精度低;②无法实现通存通兑。特别是第二个弱点,是制约银行业务发展的一个阻碍因素。

<u>全国支票影像交换系统</u>是指运用影像技术将实物支票转换为支票影像信息,通过计算机及网络将影像信息传递至出票人开户银行提示付款的业务处理系统,它是中国人民银行继大、小额支付系统建成后的又一重要金融基础设施。影像交换系统中的核心关键技术之一是<u>电子验印</u>。在全国支票影像交换系统中,提入行拿到的是支票的电子影像,基本上无法进行人工折角核对验印,因此人工折角核对逐步退出历史舞台已成定局。

为了弥补人工折角核对的不足,出现了基于模式识别和图像处理技术的电子验印技术。电子验印就是利用计算机来实现印鉴的自动识别,其基本原理是:通过摄像机、数码相机或扫描仪等图像采集设备,将客户的预留印鉴图像采集到计算机里面,经过特定的图像处理算法形成电子标准印鉴。电子标准印鉴一般具有含结构信息、高保真和低存储空间等特点。这些特点为预留印鉴的大规模数字化存储和低代价的网络传递提供了必要条件。印鉴核验时,待测印鉴通过图像采集设备被采集入计算机,同时,计算机调出相应的电子标准印鉴。经过预处理、定位、分割、配准和比对等图像处理算法,计算机能自动给出待测印鉴真伪的结论。

---

① 百度百科.中国现代化支付系统[EB/OL].(2023-02-17). https://baike.baidu.com/item/%E4%B8%AD%E5%9B%BD%E7%8E%B0%E4%BB%A3%E5%8C%96%E6%94%AF%E4%BB%98%E7%B3%BB%E7%BB%9F/4804232?fr=aladdin.

【课堂案例 3-1】

2021年8月5日,长城集团公司财务人员持营业执照等资料到模拟银行科技支行申请开立基本存款账户,银行柜员审核后为其办理账户开立手续。

【案例解析】

业务内容:开立单位银行基本结算账户。

关键环节:

(1) 柜员双岗审核资料信息。

(2) 登录银行业务操作系统进行开户交易处理(图 3-5)。

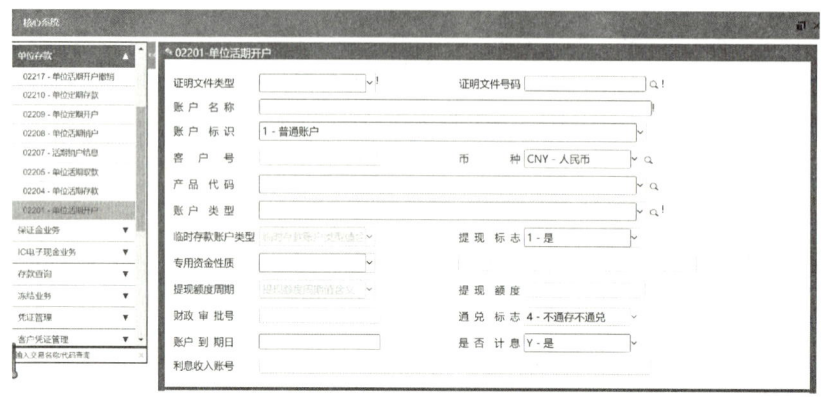

图 3-5　对公开户存款账户开户交易

(3) 办妥交付银行预留印鉴(图 3-6)。

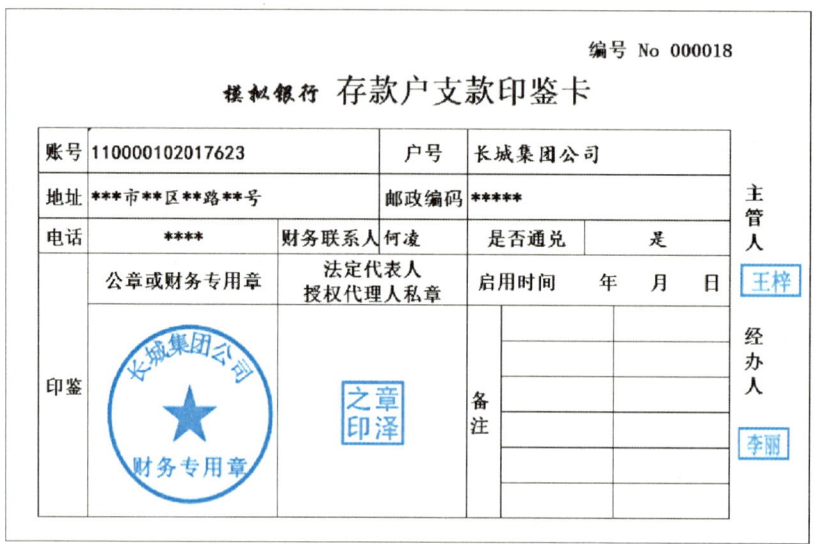

图 3-6　银行预留印鉴

(4) 报送当地中国人民银行备案。

3.2.2　单位活期存款账户现金缴存业务

现金缴存是指企业或者个人将现金存入银行账面的活动。

一般存款账户可以办理现金缴存，但不得办理现金支取；基本存款账户既可以办理现金缴存，也可以办理现金支取。

【业务流程及处理】

1）业务流程

单位存款账户现金缴存业务流程如图3-7所示。

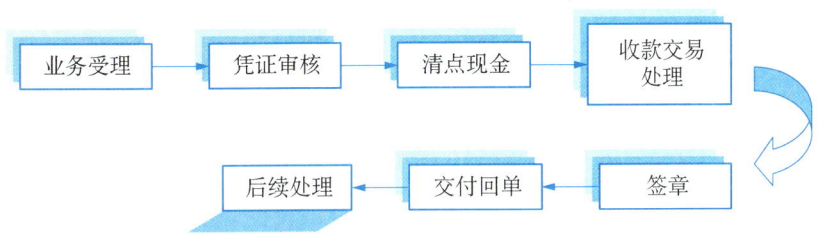

图3-7　单位存款账户现金缴存业务流程

2）业务处理

(1) 业务受理：存款单位存入现金时，填制一式两联现金缴款单（图3-8），连同现金一并提交给银行。

模拟银行　现金缴款单

年　月　日　　　　序号：

客户填写部分	收款人户名							
	收款人账户				收款人开户行			
	缴款人				款项来源			
	币种√ 人民币□ 外币□	大写：						亿千百十万千百十元角
	券别	100元	50元	20元	10元	5元	2元	1元	港币（金额）
	张数							
银行填写部分	日期： 金额：	日志号： 终端号：	交易码： 授权主管：	币种： 柜员：	票据种类： 票据号码：			

制票：　　　　复核：

第一联　银行记账凭证

图3-8　现金缴款单

(2) 凭证审核：经办人员接到凭证需审查：①现金缴款单日期是否正确；②单位名称、账号、开户行名称、款项来源、券别登记是否完全清楚；③大小写金额填写是否准确相符；④凭证联次有无缺少、是否套写等；⑤款项来源一般按实际用途填写，如营业收入、归还借款、货款等。

(3) 清点现金: 经办人员对收到的现金进行清点,辨别现金真伪,确认金额。

(4) 收款交易处理: 现金清点无误后,经办人员进行业务数据录入,现金缴款单第一联作为现金收入传票,贷记存款人账户,系统自动结计余额、现金收入日记簿自动生成相关记载。

"单位活期存款"科目属银行专用,是"吸收存款"下的二级科目,属负债类科目,核算企业、事业单位、机关、社会团体等各类单位在银行存入的活期存款。

(5) 签章: 账务记载完毕后,经办人员在第二联现金缴款单上加盖业务清讫章。

(6) 交付回单: 第二联现金缴款单作为回单交付给客户。

(7) 后续处理: 现金缴款单第一联加盖业务清讫章、经办及复核人员个人名章后放入记账凭证保管箱内。

【课堂案例 3-2】

2021 年 9 月 2 日,客户何凌前来模拟银行科技支行办理现金缴存业务,将现金 63 000 元整存入长城集团公司(账号 110000102017623)账户,款项来源:营业收入。银行柜员按业务流程进行处理。

【案例解析】

业务内容:单位活期存款账户现金缴存。

关键环节:

(1) 柜员审核凭证。

(2) 清点现金。

(3) 登录系统进行对公存款现金缴存交易处理(图 3-9)。

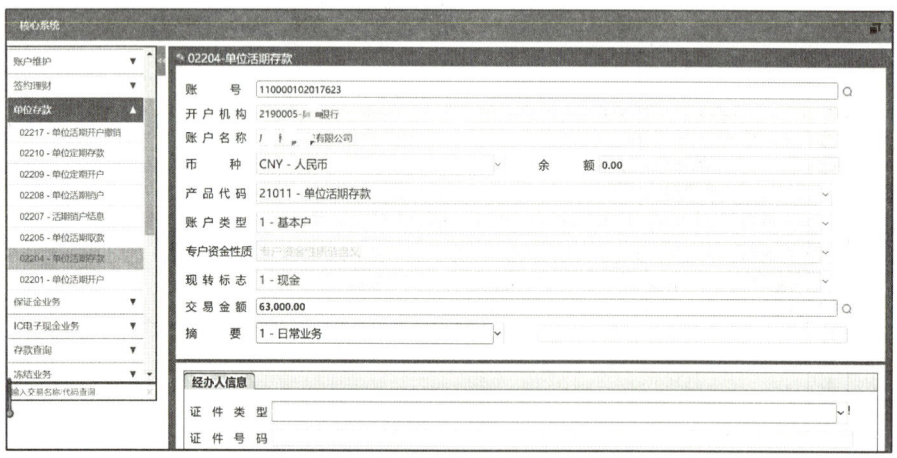

图 3-9 对公存款现金缴存交易

(4) 凭证签章后交付回单(图 3-10)。

模拟银行 现金缴款单

2021年 9 月 2 日 序号：

客户填写部分	收款人户名	长城集团公司			
	收款人账户	110000102017623	收款人开户行	模拟银行科技支行	
	缴款人	何凌	款项来源	营业收入	
	币种√ 人民币☑ 外币：	大写：陆万叁仟元整	亿千百十万千百十元角	¥63000 0 0	
	券别	100元 50元 20元 10元 5元 2元 1元		港币（金额）	
	张数	630			
银行填写部分	日期： 金额：	日志号： 终端号：	交易码： 授权主管：	币种： 柜员：	票据种类： 票据号码：
	借：现金 63 000 贷：吸收存款-单位活期存款-长城集团公司 63 000				

第二联 客户回单

模拟银行科技支行 2021.09.02 业务清讫章（01）

制票：王梓 复核：李丽

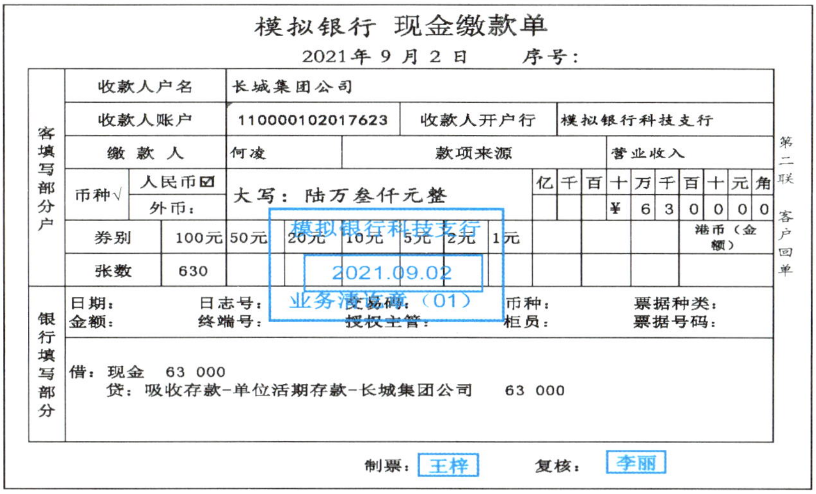

图 3-10 现金缴款单

3.2.3 单位活期存款账户购买支票业务

单位对公账户购买支票业务需到银行柜台办理，属于银行重要单证出售业务。

【业务流程及处理】

1）业务流程

重要单证出售业务流程如图 3-11 所示。

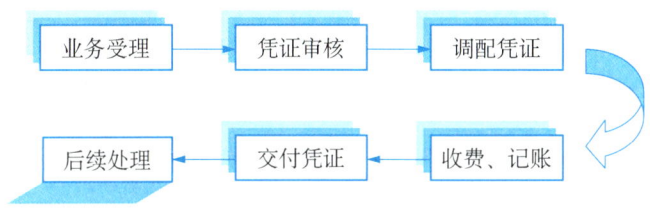

图 3-11 重要单证出售业务流程

2）业务处理

对公客户需要购买重要单证时，应填写空白凭证领购单，明确凭证种类和数量，并加盖单位在银行的预留印鉴。

(1) 业务受理：银行柜员受理客户提交的空白凭证领购单（单证具体使用见[课堂案例 3-3]）

(2) 凭证审核：银行柜员审核领购单位的名称、账号是否相符，印鉴是否正确无误。根据存款人的结算情况，判断存款人申领凭证的数量是否在合理范围之内，同时核查领购经办人的身份证件。

(3) 调配凭证：审核验印通过之后，按照客户需要的凭证种类、数量，调配凭证。

(4) 收费、记账：柜员在操作系统中办理“客户凭证出售”交易，按照银行收费标准，向客户收取工本费、手续费等相关费用。

（5）交付凭证：柜员在领购单第一联加盖业务清讫章交付客户。

（6）后续处理：柜员填制表外科目付出凭证，登记重要空白凭证登记簿。

【课堂案例3-3】

2021年9月5日，开户单位长城集团公司（账号110000102017623）来模拟银行科技支行购买支票3本。

【案例解析】

业务内容：单位存款账户购买支票业务。

关键环节：

(1) 企业加盖预留印鉴提出书面领用申请（图3-12）。

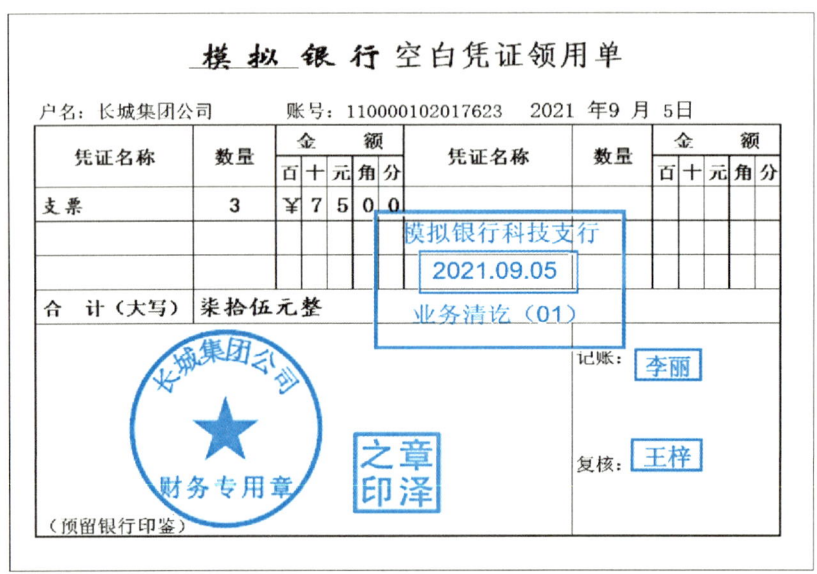

图3-12　银行重要单证出售业务（空白凭证领用单）

(2) 登录系统进行重要单证出售交易处理。

(3) 作表外科目付出并登记重要空白凭证登记簿（图3-13、图3-14）。

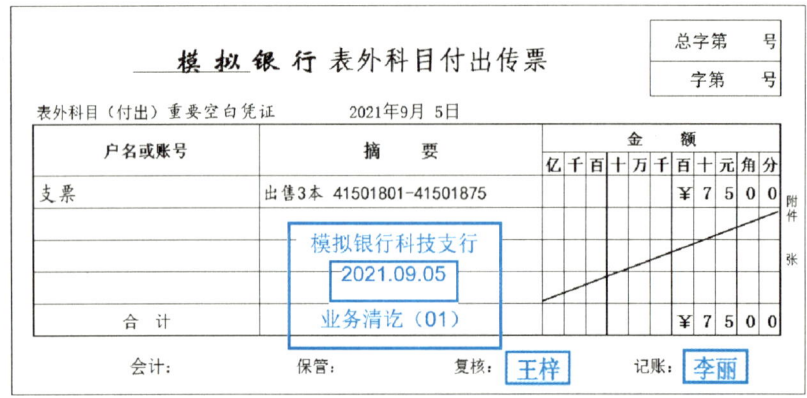

图3-13　银行重要单证出售业务（表外科目付出凭证）

模拟 银行

重要空白凭证、有价单证登记簿

种类：支票　表外账号　2021年　第2页

日期		摘要	单位名称或账号	号码区间		数量或金额		结存	经办	复核	签收
月	日			起	止	收	付				
9	5	出售	长城集团公司	41501801	41501875		75	250	李丽		

图 3-14　银行重要单证出售业务(重要空白凭证登记簿)

3.2.4　单位活期存款账户现金支取业务

单位对公账户取现需要在企业基本账户开户行办理，企业签发现金支票，银行柜台审核办理，取现超过 5 万元需提前预约。

在数字化自助设备齐全的银行，一般是在营业网点的企业自助服务终端上进行申请办理，经银行后台作业中心审核完成后在营业柜台支取现金。

【业务流程及处理】

1）业务流程

单位活期存款现金支取业务流程如图 3-15 所示。

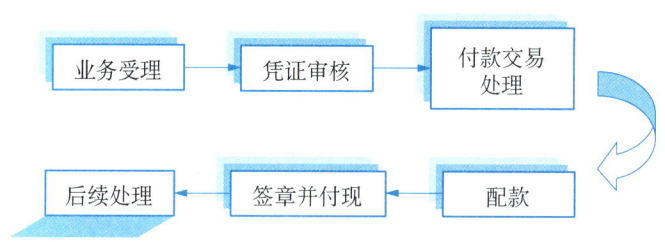

图 3-15　单位活期存款现金支取业务流程

2）业务处理

(1) 业务受理：开户单位支取现金时，应在账户存款余额内签发现金支票，注明用途和支取金额，并在支票上加盖预留印鉴，同时需要背书盖章。

(2) 凭证审核：银行工作人员收到客户提交的现金支票，应对支票的合规性、完整性、真实性进行审核。

现金支票及背书样式如图 3-16 所示。支票审核要点参考：①是否为本行受理的支票，是否为统一规定印制，是否真实；②是否在支票提示付款期内；③如业务受理网点非账户开户行，该账户是否允许通兑；④支票必须记载的事项是否齐全，出票金额、出票日期、收款人名称是否更改等；⑤支票的大小写金额是否一致；⑥持票人名称是否与进账单上的收款人名称一致；⑦出票人签章是否符合规定，背书是否连续有效等。

(3) 付款交易处理：现金支票审核无误后，柜员以支票作现金付出传票进行业务数

据录入,借记出票人账户,系统自动结计余额,并自动生成现金付出日记簿相关账务记载。会计核算处理为:

借:吸收存款——单位活期存款(＊＊＊公司)

贷:现金

(4)配款: 账务记载完毕后,柜员应以支票为依据进行配款,搭配主辅币。配款时,先点辅币,后点主币。

(5)签章并付现: 柜员再次复点金额无误,在支票上加盖业务清讫章,经办、复核人员个人名章,支付客户现金,付出款项要与客户当面点清。

(6)后续处理: 柜员将已办理付款手续的支票放入记账凭证保管箱内。

【课堂案例3-4】

承接[课堂案例3-3],2021年9月13日,长城集团公司(账号110000102017623)签发现金支票,支付差旅费3 600元。模拟银行科技支行为其办理支取手续。

【案例解析】

业务内容:单位活期存款账户现金支取。

关键环节:

(1)现金支票各要素审核(图3-16,图3-17)。

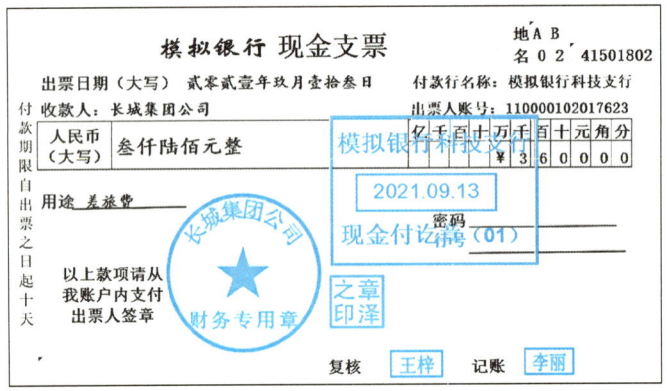

图3-16 现金支票业务要素审核-票据正面

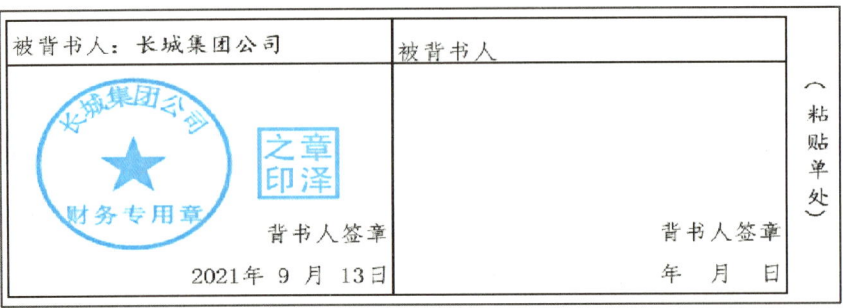

图3-17 现金支票业务要素审核-票据背书

(2)登录系统进行对公账户现金支取交易处理(图3-18)。

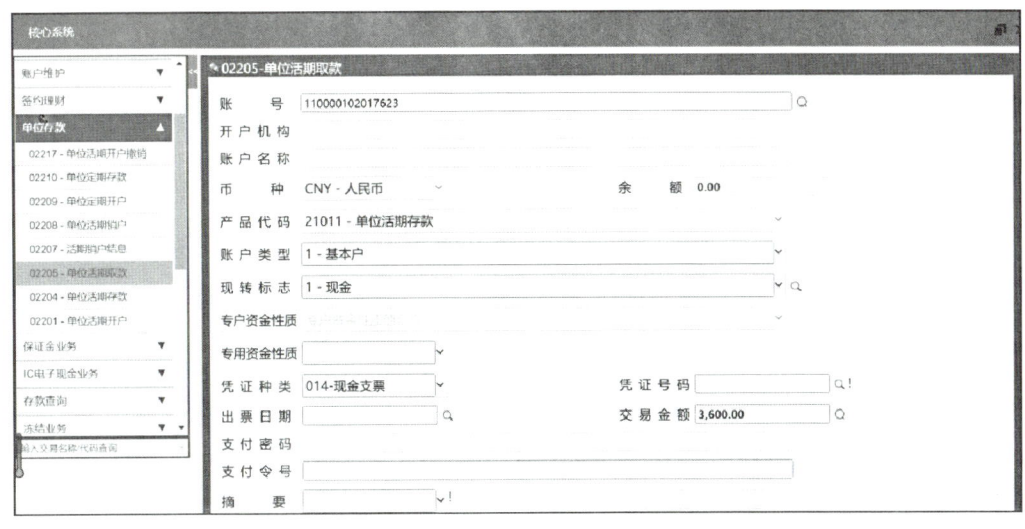

图3-18 对公账户现金支取交易处理

(3)现金当面清点支付客户。

3.2.5 单位活期存款计息

2005年9月及之前的单位活期存款按年结息,即每年的6月30日为结息日,7月1日计付利息。

2005年9月以后,根据《中国人民银行关于人民币存贷款计结息问题的通知》,单位活期存款账户利息按日计提、按季结息,每季度末月21日为结息日(21日日始利息入账)。利率按结息日或销户日挂牌公告利率计,遇利率调整分段计息。

多数银行执行积数计息法。季末20日结息日营业终了,系统自动结息(余额表积数计息原理自动结息),季末21日系统自动利息入账。

每日计息公式:

$$利息 = 当日余额 \times 当日挂牌日利率$$

结息日利息计算公式:

$$结息周期累计 = 利息第1日利息 + 第2日利息 + \cdots + 第n日利息$$

基中,n等于结息日前一日累计天数。

日利率计算公式:

$$日利率 = 年利率 \div 360$$

中国人民银行关于人民币存贷款计结息问题的通知①

"工农中建"四大行根据《中国人民银行关于人民币存贷款计结息问题的通知》规定,自 2005 年 9 月 21 日起同步调整部分人民币存贷款计结息规则。

调整后,活期存款由按年计结息改为按季度计结息;6 种存款的计结息方式由银行自主选择,这意味着相同数额、相同期限的存款,在不同银行实际产生的利息收益将有差别。

银行有关负责人表示,此次调整后将全部用计算机计息,较过去手工计息而言,银行新增加的工作量相对小,也容易得多。

业内专家表示,尽管此次四大行计结息方式的调整对个人客户影响不大,也不会对银行现有的业务造成冲击,不会增大成本,但由于改成按季计息,成本以及工作量还是有相对的增加。

对银行来说,新规定具有指导作用,有利于开展竞争。这次新规定出台的最重要意义,是标志着商业银行告别了统一指挥棒,开始了竞争,从宏观层面讲,为进一步推进利率市场化做了准备。

利率市场化是指中央银行放松对利率的管制,将利率的决定权交给市场,由市场根据各种市场因素,主要是资金供求关系,通过一定的定价机制自主地确定资金价格。作为一项重要的金融改革举措,我国的利率市场化走过了 10 多年的探索之路。

【课堂案例 3-5】

模拟银行科技支行开户单位长城集团公司账户情况如表 3-2 所示,按积数计息法计算季末结息日利息。

表 3-2 长城集团公司公司账户情况

日期	业务摘要	借方(支取)	贷方(存入)	余额	计息积数
20210621	转账存入		70 000	80 000	89×80 000＝7 120 000
20210918	转账支取	20 000	0	60 000	1×60 000＝60 000
20210919	转账支取	12 000	0	48 000	1×48 000＝48 000
20210920	货款	0	46 000	94 000	1×94 000＝94 000
20210921	结息				

【案例解析】

2021 年 9 月 20 日为季末结息日,经查询当日活期对公存款挂牌公告利率为 0.3%。根据余额表计息原理:

利息＝(7 120 000＋60 000＋48 000＋94 000)×0.3%÷360＝61.02(元)

---

① 搜狐理财. 四大银行同步实行活期存款按季结息[EB/OL]. (2005-09-21)[2023-02-17]. https://business.sohu.com/20050921/n240429750.shtml.

3.2.6 单位活期存款账户销户

单位活期存款账户销户业务必须在银行柜台办理。

提出对公存款账户销户的情形如下：

（1）因被撤并、解散、宣告破产或关闭，以及被注销、吊销营业执照的单位客户，应于5个工作日内主动向开户银行提出销户申请。

（2）因迁址需要变更开户银行或其他原因需要，单位客户应主动提出销户申请。

（3）开户银行对1年（按对月对日计算）未发生资金收付活动，计息入账除外，且未欠开户行债务的单位银行结算账户，会定期进行清理并通知单位客户办理销户手续。

根据《人民币银行结算账户管理办法实施细则》，企业应先撤销一般存款账户、专用存款账户、临时存款账户，并将账户资金转入基本存款账户后，方可办理基本存款账户的撤销。

企业账户销户时需交回各种重要空白凭证及结算凭证，账户余额清零。

这里以注销单位基本存款账户为例进行学习。

【业务流程及处理】

1）业务流程

单位活期存款账户销户业务流程如图3-19所示。

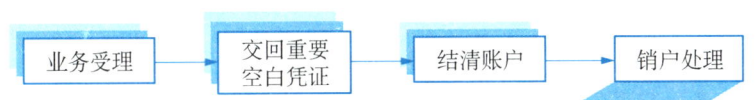

图3-19 单位活期存款账户销户业务流程

2）业务处理

(1) 业务受理： 银行柜员对企业提交资料的合规性、完整性和真实性进行审核。

单位客户需要提交的资料包括：①填写《撤销银行结算账户申请书》（图3-20），注明销户原因，加盖单位公章；②持营业执照正副本、开户许可证、法人及经办人身份证等企业基础资料；③公章、财务章、法人章、印鉴卡、企业网银U盾等账户资料。

(2) 交回重要空白凭证： 银行柜员应当收回企业持有的空白支票等未使用的各种结算凭证和重要空白票据。

(3) 结清账户： 销户前，开户银行要与企业核对账户余额，确认该账户是否有未归还的记账费用、贷款、欠息等待支出费用，是否有银行已承兑的银行承兑汇票和应承付的托收承付凭证等账户遗留问题。

对于未使用的票据，要求单位客户填制"客户交回未用空白重要凭证清单"，交回所有未用空白重要凭证，并对交回凭证当面切角或打洞作废，同时做表外处理。存款人未按规则交回各种重要空白及结算凭证的，应出具有关证明，造成损失的由其自行承担。

账户剩余资金可以取现处理或转账到法人个人账户处理。

```
                    撤销银行结算账户申请书

账户名称         │
开户银行名称     │
开户银行代码     │              账号    │
账户性质         │ 基本（ ）专用（ ）一般（ ）临时（ ）个人（ ）
开户许可证核准号 │
销户原因         │

我公司申请撤销上述账户，承诺所提供    开户银行审核意见：
的证明文件真实、有效。并承诺已交回
或销毁在贵行购买但未使用的重要空白
票据和结算凭证，若有遗失上述重要空
白票据和结算凭证，损失自负。我公
司将被要求赔偿银行所遭受的由于银行
执行由客户签发的，或声称由客户或者
代表客户签发的支付票据和结算凭证引
起或者相关的任何损失。
                                      经办人（签章）
                                              开户银行（签章）
                                                年   月   日

                         存款人（签章）
                           年   月   日

填表说明：
    括号选项填"√"。
    撤销基本存款账户、临时存款账户和预算单位专用存款账户，填写本表一式三联，一联
存款人留存，一联开户银行留存，一联由开户银行报送中国人民银行。
    撤销一般存款账户、非预算单位专用存款账户、个人银行结算账户，填写本表一式两
联，一联存款人留存，一联开户银行留存。
```

图3-20 单位活期存款账户销户申请书

（4）销户处理： 开户银行确认该账户无余额、无积数、无欠息、无欠费，资料流程经双人复核无误后，提交银行操作系统进行销户交易。

【课堂案例3-6】

某电子商务有限公司财务人员持企业相关资料到模拟银行科技支行申请注销该公司基本户，并且保留一张账户支票将销户金额全部转入法人个人账户。

【案例解析】

业务内容：单位基本存款账户销户。

关键环节：

(1) 企业提交申请。

(2) 交回预留印鉴及剩余支票等重要空白凭证（图3-21）。

(3) 账户剩余金额转账到法人个人账户（图3-22）。

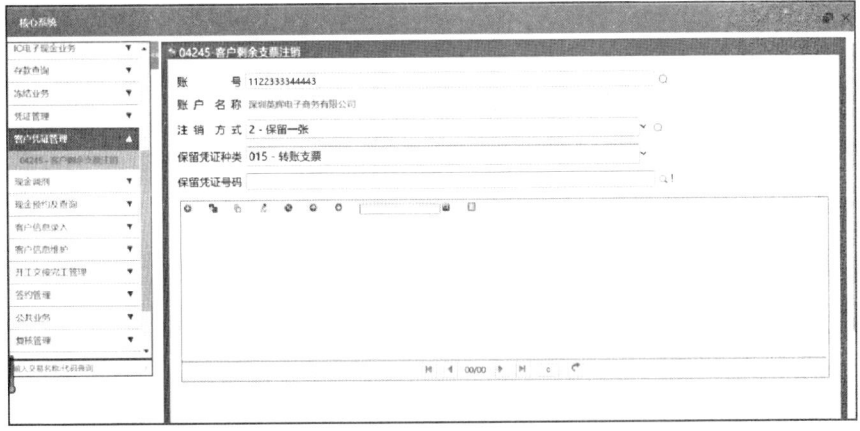

图 3-21　销户业务处理(剩余支票处置界面)

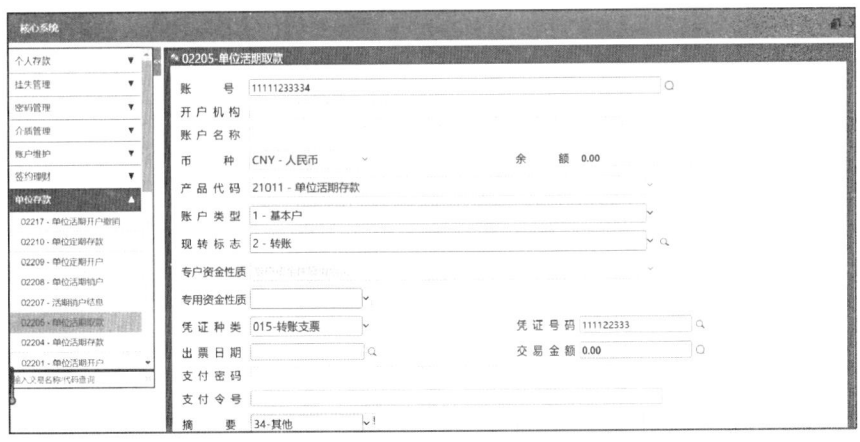

图 3-22　销户业务处理(账户剩余金额处置界面)

(4) 系统销户处理(图 3-23)。

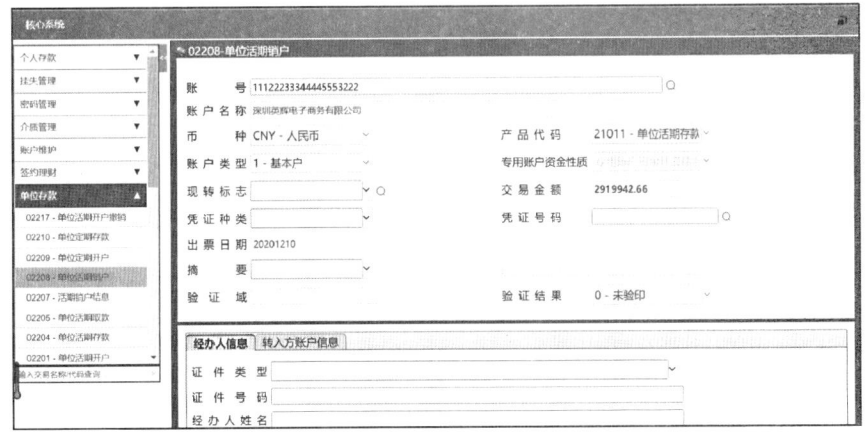

图 3-23　销户业务交易处理界面

任务实训

单位活期存款业务处理

一、实训目的

1. 熟悉单位活期存款业务的相关规定。
2. 熟悉单位活期存款业务中开户、现金支取、结息、销户等典型业务环节的处理流程。
3. 掌握单位活期存款业务核心关键环节合规处理及相应的风险防范。

二、实训要求

1. 分组进行：每3～5人一组，选出1名组长。
2. 实训形式：以小组为单位，模拟银行经办人员及客户身份进行相应业务处理。

三、实训内容

任务1：请模拟银行科技支行经办人员以及客户的身份进行相应业务处理，包括业务受理、凭证选择与审核、交易处理等，并进行业务关键环节解析。

2022年3月25日，模拟银行科技支行柜台人员经办了如下几笔业务：

（1）开户单位正新电子有限公司是一个商业客户，注册资金为1 000万元人民币，联系人王封，联系人手机号码是13956262505，法定代表人手机号码是18938765617，公司财务人员携带相关证件来开立基本存款账户，并存入现金1 200 000元。公司出纳到本支行购买现金支票和转账支票各一本。公司出纳持本公司现金支票到银行对公业务柜台提取现金18 000元，作为公司备用金用于公司日常现金支付。

（2）开户单位长城集团公司（账号110000102017623）财务人员查询银行对账单，对利息结息金额产生疑问提出复核请求，账户具体信息如表3-3所示，请计算该笔利息。

表3-3 账户明细

日期	业务摘要	借方（支取）	贷方（存入）	余额
20211221	转账支取	113 000		536 000
20220110	转账支取	36 000		500 000
20220302	货款		200 000	700 000
20220321	结息			?

（3）开户单位华林电子商务有限公司财务人员持企业相关资料到模拟银行科技支行，申请注销该公司基本户，并且保留一张账户支票将销户金额全部提现。

任务2：总结汇总对公存款业务处理中较常使用的凭证，对比分析类型和适用范围。

任务3：收集2～3个单位银行结算账户风险案例，结合《人民币银行结算账户管理办法实施细则》进行案例分析并提出对应风险防范措施。

四、总结分析

汇报小组实训成果，小组互评，教师点评。

任务3.3 单位定期存款业务处理

单位定期存款是银行传统负债业务,是指企事业、机关团体等单位将短期闲置资金存入银行,并事先与银行约定存期、利率,到期支取本息的一种存款方式。吸收单位定期存款可为银行带来大额而又较为稳定的资金来源,所以倍受金融机构青睐。本任务以单位定期存款开户、正常到期支取、提前支取或逾期支取为典型业务流程进行学习。

3.3.1 单位定期存款业务概述

1) 存期规定

单位定期存款一般1万元起存,多存不限,存入方式多以从单位活期账户转账存入为主。人民币定期存款通常分为3个月、半年、1年、2年、3年、5年六个利率档次;中资企业外汇定期存款可分为1个月、3个月、6个月、1年、2年五个利率档次。

2) 支取规定

单位定期存款一次存入,到期支取。单位定期存款一般不能提前支取,特殊情况允许提前支取一次,可以全部也可以部分提前支取。

到期时,存款单位不能从定期存款账户中支取现金,定期存款也不能用于转账结算,存款单位只能将其转入活期存款账户或用于转期续存。

3) 账户管理

商业银行对单位定期存款实行账户管理(大额可转让定期存款除外)。

1996年11月后,商业银行对单位定期存款业务只能开具存款开户证实书,原因是之前"单位大额可转让定期存单"伪造、变造现象严重。

单位定期存款开户证实书功能单纯,仅对存款单位开户证实,不得作为质押的权利凭证,不能流通转让。企业单位如需用定期存款做质押,可以以质押贷款为目的申请开立和使用单位定期存单。

单位定期存款开户证实书丧失、密码泄密或印鉴遗失,应持单位正式公函向原存款行办理挂失止付。

单位定期存款可根据各银行单位规定在开户时选择是否设定自动转存。

自动转存是定期存款自动转存的简称,是指客户定期存款到期,银行可自动将到期的存款本金加利息按相同存期转存,不受次数限制。自动转存是银行创新服务与吸引客户的一种新举措,一般在个人储蓄存款中较多使用,对公存款业务会根据各银行规定选择执行。

4) 计息规定

单位定期存款计息一般采取<u>逐笔计息法</u>计息,利随本清。

计息时可按照对年、对月、对日的不同方式计算存期,零头天数按实际天数计算。

计息期为整年(月)的,计息公式为:

利息＝本金×年(月)数×年(月)利率

计息期有整年(月)又有零头天数的,计息公式为:

利息＝本金×年(月)数×年(月)利率＋本金×零头天数×日利率

单位定期存款在存期内按存入日挂牌公告利率计息,遇利率调整不分段计息。

全部提前支取的,按支取日挂牌公告活期存款利率计息;**部分提前支取**的,提前支取的部分按支取日挂牌公告活期存款利率计息,其余部分如不低于起存金额起点的由银行按原存期开具新的证实书,按原存款开户日挂牌公告同档次定期存款利率计息;不足起存金额的则予以清户。

逾期支取的,逾期部分按支取日挂牌公告的活期存款利率计息。

自动转存续存后,按存期为单位计算整年(月)利息,不足一个存期支取的参照逾期支取方式处理;续存期间如遇定期利率调整,按自动转存日定期利率执行。

5) 特殊情况处理

提前支取处理:存款人急需资金时,可向开户银行办理定期存款的提前支取。①全部提前支取的,银行除了按提前支取的规定计付利息,其余核算手续与到期支取相同;②部分提前支取的,银行按规定计算提前支取部分利息,未取部分仍按原存期、原定利率开具新的开户证实书,其余核算手续与到期支取相同。

逾期支取处理:银行除了按规定计算到期利息和逾期利息,其余核算手续与到期支取相同。

行业观察

商业银行定期存款利率对比①

我国的基准利率由中国人民银行颁布,目前执行的基准利率是于2022年9月15日发布的,如1年期定期存款基准利率为1.65%。中国人民银行从2015年10月24日开始取消各家商业银行存款利率上限设置,实行利率双轨制,将利率市场化进一步推进,各家商业银行可根据自身情况实行自主定价。

在当前存款市场中,以平均利率观察各家银行存款利率差异从低到高分别为:国有大型商业银行、全国性股份制银行、城商行农商行、村镇银行、民营银行,总体趋势是规模越大的银行利率越低,有时同一款产品利率差异也很大。(具体参考表 3-4 2021 年年底统计数据)。

纵向比较,各家银行不同地区的分支机构,也会根据自身的实际情况在总行授权的银行官方存款利率权限范围内进行调整,在各个地方的存款利率也会不一样。

---

① 百度知道. 为什么各大银行的定期存款利率差别那么大?[EB/OL]. (2020-10-20)[2023-02-17]. https://zhidao.baidu.com/question/631916277253290124.html.

从国有银行在不同类型的城市利率来看,北京、上海、广州、深圳这些一线城市上浮幅度普遍较大,而二三线城市上浮幅度较小。一般来说,城市越发达,投资理财渠道越多,银行之间的竞争也越大,因此大城市的存款利率要高于中小城市。

表3-4　　　　　相关银行存款利率统计数据(2021年年底)

银行简称	活期利率	1年	2年	3年
中农工建交	0.30%	1.75%	2.25%	2.75%
中国邮政储蓄银行	0.30%	1.78%	2.25%	2.75%
招商银行	0.30%	1.75%	2.25%	2.75%
中国民生银行	0.30%	1.95%	2.35%	2.80%
浦发银行	0.30%	1.95%	2.40%	2.80%
兴业银行	0.30%	1.95%	2.40%	2.80%
平安银行	0.30%	1.95%	2.50%	2.80%
中国光大银行	0.30%	1.95%	2.41%	2.75%
华夏银行	0.30%	1.95%	2.40%	3.10%
广发银行	0.30%	1.95%	2.40%	3.10%
浙商银行	0.30%	1.95%	2.50%	3.10%
渤海银行	0.30%	1.95%	2.65%	3.25%

行业观察

不同规模商业银行存款利率差异原因分析[①]

毫无疑问,在当前存款市场中,各家银行存款利率存在差异已经事实存在,分析其原因主要有以下两方面。

第一,规模越小的银行,揽存更加吃力,只能以提高利率的方式加大筹码。与大银行比较,小银行明显优势不足,主要体现在以下3点。

(1)品牌影响力弱。6大国有银行代表"国家队",资产实力雄厚,不仅是世界500强企业,其中4大国有银行还是全球系统重要性银行,全部进入世界1 000家银行序列,享誉全球,客户认可度极高。这是中小银行所无法比拟的。

(2)辐射区域有限。国有大型商业银行和全国性股份制银行金融服务覆盖全国,网点众多,员工数量庞大,服务客户数能以亿计;而城商行、农商行、村镇银行和民营银行按照监管要求,一般立足于本地服务,不得跨区提供异地金融服务,所以客户基础相当薄弱,储源相对狭窄。

---

① 百度知道.为什么各大银行的定期存款利率差别那么大?[EB/OL].(2020-10-20)[2023-02-17].https://zhidao.baidu.com/question/631916277253290124.html.

（3）金融科技投入不足。国有银行和股份制银行具备强大的财力和人才优势，功能齐全，产品丰富，结算高效。在这方面，小型银行明显投入不足，功能不足，产品单一，结算迟缓，因此对客户吸引力不强。

第二，小银行之所以敢于以更高的利率揽存，而不至于亏损，原因有以下2点。

（1）资金的综合成本低。虽然高息揽存看似抬高了成本，但小银行员工少，网点少，大多小而精，有的银行还大量借助网络平台揽存，大大节约了人工和门店费用，不像大中型银行动则员工数万、数十万，网点几千、几万，因此小银行的综合成本并不高。

（2）贷款利率普遍偏高，小银行仍然可以维持合理的净息差以确保实现利润。以1年期贷款为例，大中型银行一般在基准利率4.35%基础上，上浮不超过50%，而小银行幅度更大，绝大部分超过大中型银行上浮幅度，出现7%~9%的利率非常普遍，尤其是消费信贷，甚至超过10%的利率。所以，尽管揽存利率高，但因为贷款利率高，也就可以顺利实现利润，而不至于亏损，从而就有了提高利率的底气。反观大银行，因为贷款利率受到更多监管和自律，不得擅自大幅提高，所以一旦存款利率太高，则有可能导致亏损。

3.3.2　单位定期存款开户

单位客户开立定期存款账户时，需向银行提交"单位存款存入凭条"，并预留印鉴，银行从其单位活期存款账户中转出预存款项，为其开立定期存款账户，并出具记名式"单位定期存款开户证实书"。

【业务流程及处理】

1）业务流程

单位定期存款开户存入业务流程如图3-24所示。

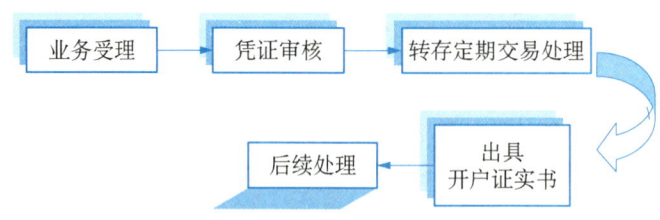

图3-24　单位定期存款开户存入业务流程

2）业务处理

（1）**业务受理**：单位定期存款一般是从结算账户转账存入，需填写单位定期存款开户申请书，同时签发转账支票、填写进账单提交银行。

（2）**凭证审核**：经办人员受理单位提交资料审查内容包括：①开户申请书是否注明存期，是否自动转存，是否加盖单位公章；②转账支票内容是否正确、完整，用途、付款期限是否有效，并复核预留印鉴；③账户是否足额；④进账单填写内容是否与转账支票相符。

(3) 转存定期交易处理: 经办人员审核后,进业务操作系统进行单位定期存款交易操作。转账支票作借方传票、进账单第二联作贷方传票,开户申请书专夹保管作日后支取时核对印鉴用。

(4) 出具开户证实书: 为存款人开具一式三联的单位(定期存款)开户证实书(图 3-25),正联加盖业务公章后交给存款人作为存款证明。银行签发的开户证实书不能作为质押权证,若存款人因办理质押贷款的需要,可以向银行办理开户证实书换单位定期存款存单(图 3-26)。

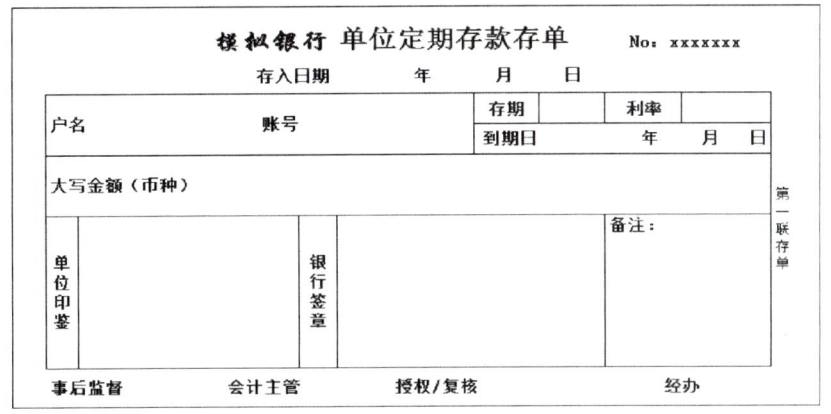

图 3-25　单位(定期存款)开户证实书

图 3-26　单位定期存款存单

(5) 后续处理: 经办人员将开户证实书第三联专夹保管,转账支票和进账单第一联加盖业务清讫章、经办及复核人员名章后与其他记账凭证一并保管。

【课堂案例 3-7】

2021 年 5 月 8 日,开户单位华联商业集团公司(活期存款账号 110000120101651)财务人员携带相关资料及转账支票到模拟银行科技支行办理单位定期存款业务,将基本账户中的 500 万元转为 1 年期整存整取定期存款,并选择自动转存,转账支票如图 3-27 所示。模拟银行科技支行柜员为其办理该笔定期存款业务。

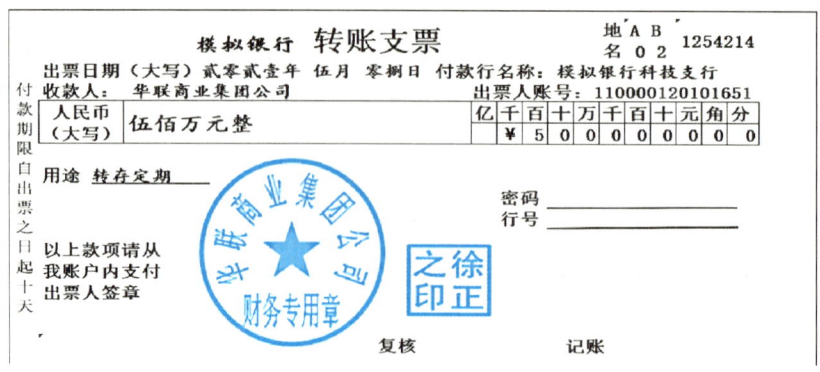

图 3-27 单位定期存款存入业务(转账支票)

【案例解析】

业务内容:单位定期存款开户存入。

关键步骤:

(1)审核转账支票和进账单各要素(图 3-27,图 3-28)。

图 3-28 单位定期存款业务(凭证审核-进账单)

(2)出具(定期存款)开户证实书(图 3-29)。

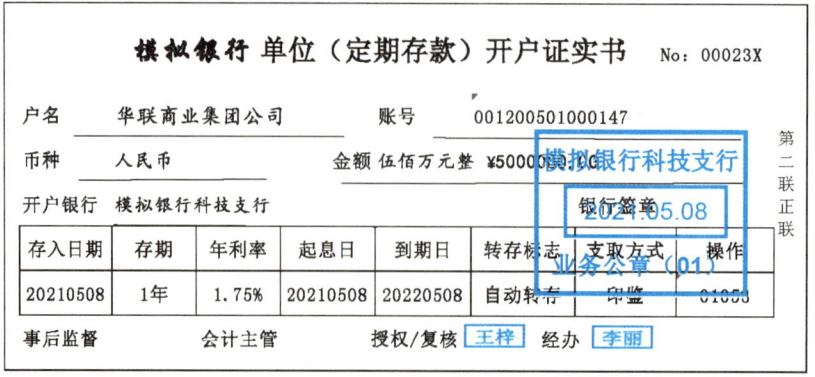

图 3-29 单位定期存款业务(开户证实书)

3.3.3 单位定期存款支取

单位定期存款支取一般分为三种情况:正常到期支取、提前支取和逾期支取。提前部分支取或全部支取需要出具单位公函或书面证明。

【业务流程及处理】

1) 业务流程

单位定期存款支取业务流程如图 3-30 所示。

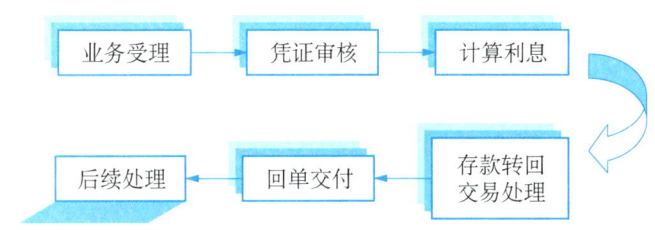

图 3-30　单位定期存款支取业务流程

2) 业务处理

(1) 业务受理: 存款单位支取单位定期存款时,需出具加盖其预留印鉴的单位(定期存款)开户证实书。提前支取的还需提供单位证明。

(2) 凭证审核: 银行经办人员调出专夹保管的原开户证实书卡片联进行要素核对及印鉴核对。

(3) 计算利息: 系统按逐笔计息法自动结息。

(4) 存款转回交易处理: 柜员在两联开户证实书上加盖"结清"戳记,第一联作借方凭证附件,第二联作销户凭证,将相关信息录入业务操作系统进行定期支取转账交易。

(5) 回单交付: 业务回单加盖业务清讫章交付给客户。

(6) 后续处理: 证实书与其他记账凭证一并保管。

【课堂案例 3-8】

承[课堂案例 3-7],情形 1:华联商业集团公司财务人员于 2022 年 5 月 8 日来开户银行申请支取该笔单位定期存款 500 万元,模拟银行科技支行为其办理相关手续。

承[课堂案例 3-7],情形 2:华联商业集团公司财务人员于 2022 年 5 月 28 日来开户银行申请支取该笔单位定期存款 500 万元,模拟银行科技支行为其办理相关手续。

【案例解析】

业务内容:单位定期存款支取。

关键步骤:

(1) 开户证实书要素审核。

(2) 开户证实书印鉴核对。

(3) 计算利息,单位定期存款利息采取利随本清。

情形 1:单位定期存款正常到期支取:

2021.5.8~2022.5.8,存期对年对月对日 1 整年,对照定期开户日 1 年期定期利率执行:

利息＝5 000 000×1.75％×1＝87 500(元)

情形 2：单位定期存款逾期支取：

存期 1 年零 20 天，开户时账户设定自动转存，利息分段计算。

第一个存期(2021.5.8～2022.5.8)，存期对年对月对日 1 整年，对照定期开户日 1 年期定期利率执行：

定期 1 年利息＝5 000 000×1.75％×1＝87 500(元)

存款本息自动转存后(2022.5.8～2022.5.28)逾期 20 日支取，按支取日挂牌活期存款利率 0.3％执行：

逾期利息＝(5 000 000＋87 500)×0.3％/360×20＝847.92(元)

逐笔计息法下利息总额 ＝ 87 500＋847.92 ＝ 88 347.92(元)

任务实训

单位定期存款业务处理

一、实训目的

1. 熟悉单位定期存款业务的相关规定。
2. 熟悉单位定期存款业务开户、支取典型业务环节的处理流程。
3. 掌握单位定期存款业务核心关键环节合规处理及相应风险防范。
4. 培养团队合作精神、总结归纳能力和语言表达能力。

二、实训要求

分组进行：每 3～5 人一组，选出 1 名组长，以小组为单位，模拟银行经办人员及客户身份进行相应业务处理。

三、实训内容

2022 年 3 月 25 日，模拟银行科技支行柜台人员经办如下几笔业务。请模拟银行科技支行经办人员以及客户的身份进行相应业务处理，包括业务审核、交易处理等，并进行业务关键环节解析。

(1) 开户单位东风机械公司(账号 001200101000134)财务人员提交转账支票及三联进账单申请办理单位定期存款，金额为 1 200 万元，存期为 6 个月。

(2) 开户单位正新电子有限公司(账号 001200101000103)提交一张单位定期存款开户证实书和单位证明申请办理支取，开户证实书相关要素：开户日期为 2021 年 1 月 10 日，金额为 600 万元，存期为 1 年，未设定自动转存。

四、总结分析

汇报小组实训成果，小组互评，教师点评。

知 识 考 核

(注:每个项目知识考核设置为撕页式,可用于检验学生对知识点的掌握情况,也可作为课堂点名记录或课堂测试记入平时成绩)

班级_____ 姓名_____ 学号_____ 日期_____ 得分_____

一、单选题(每题 5 分,共 25 分)

1. 某企业客户已开立基本存款账户,因贷款需要在某商业银行新开立账户,该账户不必支取现金,该商业银行正确的做法是( )。
   A. 为该客户开立基本存款账户   B. 为该客户开立企业定期存款账户
   C. 为该客户开立一般存款账户   D. 为该客户开立专用存款客户

2. 单位定期存款的起存金额为( ),期限档次同个人储蓄定期同等。
   A. 1 000 元   B. 5 000 元   C. 1 万元   D. 5 万元

3. 单位活期存款的结息日为( )。
   A. 每月 20 日   B. 每季末月 20 日   C. 每年 6 月 20 日   D. 每年 6 月 30 日

4. ( )是指单位类客户在存入款项时不约定存期,支取时需提前通知银行,并约定支取存款日期和金额方能支取的存款类型。
   A. 单位活期存款   B. 单位定期存款
   C. 单位通知存款   D. 单位协定存款

5. 下列关于存款利率的说法中,错误的是( )。
   A. 存款利率越高,银行的融资成本越高
   B. 存款利率的高低直接决定了存款人的利息收益
   C. 存款利率越高,银行的利润越高
   D. 存款利率的高低直接决定了金融机构的融资成本

二、多选题(每题 5 分,共 25 分)

1. 大额可转让定期存单不同于传统定期存单的特点有( )。
   A. 记名   B. 面额固定
   C. 不可提前支取   D. 可在二级市场流通转让
   E. 利率固定

2. 存款人可以申请开立临时存款账户的情况包括( )。
   A. 设立临时机构   B. 注册验资
   C. 日常周转结算   D. 金融机构存放同业
   E. 异地临时经营活动

3. 下列属于基本存款账户的存款人的有( )。
   A. 居民委员会   B. 外国驻华机构

C. 机关 D. 企业法人
E. 个体工商户

4. 单位保证金存款按照保证金担保的对象不同,可分为(　　)。
   A. 远期结售汇保证金 B. 银行承兑汇票保证金
   C. 期权交易保证金 D. 基金交易保证金
   E. 付款保函保证金

5. 下列商业银行单位存款业务的说法中,正确的有(　　)。
   A. 同一存款客户只能在商业银行开立一个基本存款账户
   B. 单位设立临时机构可以开立存款账户
   C. 一般存款账户可以缴存现金
   D. 存款人对特定用途的资金可以开立专用存款账户
   E. 一般存款账户可以提取现金

三、判断题(每题5分,共25分)

1. 个体工商户可以办理基本存款账户。　　　　　　　　　　　　　　　　(　)
2. 银行工作人员应严格执行支付结算制度,办理支取业务坚持先记账后付款,防止空库、垫款。　　　　　　　　　　　　　　　　　　　　　　　　　　　　(　)
3. 单位定期存款可以提前支取。　　　　　　　　　　　　　　　　　　(　)
4. 存款单位支取定期存款只能以转账方式将存款转入原存入存款账户,不得将定期存款用于结算或从定期存款账户中提取现金。　　　　　　　　　　　　　(　)
5. 单位定期存款可以全部或部分提前支取,但只能提前支取一次。(　)

四、案例分析(每题25分,共25分)

2021年8月11日,江西省高级人民法院公布了一份金融凭证诈骗二审刑事判决书,完整地揭示了银行行长、融资方董事长、资金掮客如何通过"内外勾结"进行存单质押的全过程。其具体做法是:以支付高额好处费的方式吸收大额定期存款,再通过伪造银行凭证及相关业务资料办理银行质押承兑汇票的方式骗取银行资金。

其中,为了伪造单位(定期存款)开户证实书,郑某提前在银行存入1万元定期存款,开出了一份存款证实书。王某再提供一份空白的开户证实书给项某,项某根据存款证实书及存款对应的凭证号伪造单据。在伪造好相关资料后,郑某、曾某、宗某冒充恒凯信公司、卡基诺公司股东办理了2 000万元定期存单全额质押银行承兑业务,并通过贴现实得1 942.62万元。

一审法院认为,王某、顾某等七人使用伪造的单位(定期存款)开户证实书等资料,进行金融票据诈骗活动,数额特别巨大,其行为均已构成金融凭证诈骗罪。

要求:
(1) 请对照对公存款业务处理相关规定,对本案例进行分析,判断哪些业务环节操作错误,正确做法是什么?
(2) 请指出从银行内部管理的角度总结经验教训从哪些方面进行针对性的风险防范管理?

项目实训

对公存款业务处理

一、实训目的

1. 能够运用对公存款业务内容、规定、处理流程和业务风险点。
2. 树立诚实守信、严谨务实的金融职业素养。
3. 典型业务环节关键步骤合规处理及相应风险防范。
4. 培养团队合作精神、总结归纳能力和语言表达能力。

二、实训要求

分组进行：每3～5人一组，选出1名组长，完成实训任务，各小组代表抽查讲解。

三、实训内容

任务1：实训平台完成下列业务处理：

1. 广州濠江文化传播股份有限公司（以下简称广州濠江），是一个商业客户，注册资金为3 500万元人民币，联系人为王远，联系人手机号码为17705633000，法定代表人手机号码为15670323656，公司财务人员携带相关证件来我行开立商业存款活期基本户一个，开户存入现金357 500元。

2. 广州濠江财务人员与我行商定设置协定存款账户，协定利率为2.25%，金额为200 000元，期限6个月。

3. 广州濠江财务人员来我行购买转账支票一本。

4. 因业务往来，广州濠江转账39 000元给广州华商投资管理有限公司。

任务2：请模拟银行科技支行经办人员以及客户的身份进行相应业务处理，包括业务流程、凭证选择、填制和审核、交易处理等，并进行关键业务环节解析。

1. 2021年3月2日，红叶电子有限公司持法人执照、代码证、税务登记证以及法人身份证来行申请开立基本存款账户（账号110000165100935）。

2. 2020年3月12日，达田电器有限公司（账号1100001861009311）缴存营业收入现金32 000元，缴款人为颜真。

3. 开户单位华联商业集团公司（账号110000120101651）签发0025863号现金支票，支取备用金42 000元。

4. 开户单位华联商业集团公司（账号110000120101651）办理活期转定期存款业务，定期存款账号110000120101602，金额200万元，期限1年，自动转存，年利率为3.5%。

5. 承第4题，开户单位华联商业集团公司于2022年7月2日来开户行支取定期存款，支取日挂牌公告的活期存款年利率为0.3%。请计算计息。

四、总结分析

汇报小组实训成果，小组互评，教师点评。

项目 4 支付结算业务处理

【知识目标】
- 熟悉银行支付结算业务基本知识和相关规定
- 掌握银行支票业务内容、规定、处理流程和业务风险点
- 掌握银行承兑汇票业务内容、规定、处理流程和业务风险点
- 了解银行票据业务结算风险与行业监管规定相关内容
- 了解银行资金清算体系基本内容

【能力目标】
- 能够掌握银行支票业务的常规处理及退票等特殊情况处置
- 能够了解银行汇票业务处理流程
- 熟练掌握银行承兑汇票业务的特点、业务流程与风险识别防范
- 能够了解银行资金清算体系的基本情况

【素质目标】
- 遵守银行支付结算业务行业管理规范
- 坚守诚实守信,增强银行从业人员合规经营法治意识
- 培养专业信息搜集、分析、总结归纳的能力
- 培育金融从业人员严谨求实,精益求精的工作态度

■ 银行业务综合技能实务

【知识导图】

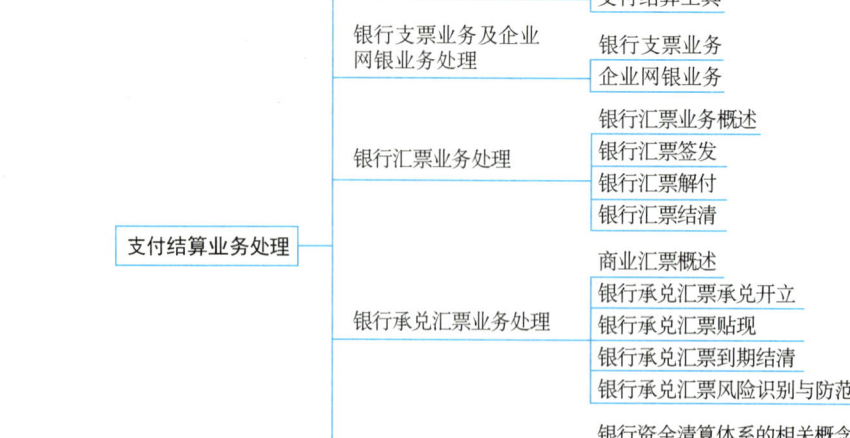

```
                                    ┌─ 银行支付结算工具 ──┬─ 支付结算业务概述
                                    │                      └─ 支付结算工具
                                    │
                                    ├─ 银行支票业务及企业 ─┬─ 银行支票业务
                                    │   网银业务处理         └─ 企业网银业务
                                    │
                                    │                      ┌─ 银行汇票业务概述
                                    ├─ 银行汇票业务处理 ──┼─ 银行汇票签发
                                    │                      ├─ 银行汇票解付
           支付结算业务处理 ────────┤                      └─ 银行汇票结清
                                    │
                                    │                      ┌─ 商业汇票概述
                                    │                      ├─ 银行承兑汇票承兑开立
                                    ├─ 银行承兑汇票业务处理┼─ 银行承兑汇票贴现
                                    │                      ├─ 银行承兑汇票到期结清
                                    │                      └─ 银行承兑汇票风险识别与防范
                                    │
                                    │                      ┌─ 银行资金清算体系的相关概念
                                    └─ 银行资金清算体系概述┼─ 系统内资金汇划清算系统简介
                                                           └─ 跨系统资金汇划清算系统简介
```

案例导入

重塑票据行业[①]

2022年1月14日,中国人民银行和银保监会联合发布了《商业汇票承兑、贴现与再贴现管理办法(征求意见稿)》,从规模和期限上对商业汇票提出一系列要求。这是时隔25年后首次对《商业汇票承兑、贴现与再贴现管理办法》进行修订,结合2015年以来的票据行业乱象、各类频发的案件及相关政策文件和导向来看,票据行业已逐渐被重塑。

《商业汇票承兑、贴现与再贴现管理办法(征求意见稿)》的要点主要有:第一,明确商业汇票范围,包括但不限于纸质或电子形式的银行汇票和商业汇票;第二,提出两道红线要求,出发点应是遏制存贷款虚增和套利空间;第三,缩短商业汇票期限,以减轻中小企业占款压力;第四,规范运营、持牌监管,对承兑人和贴现人提升资质和监管要求。

案例思考: 当前中国票据行业生态有何变化与特点?

案例启示: 重塑票据行业生态,引领市场回归本源。上海票据交易所(以下简称票交所)的成立具有里程碑意义,它标志着全国统一的票据交易市场的形成,中国票据市场由无序生长迈入风险可控、效率提高、市场规范的新阶段。其主要表现为:第一,票据服务实体经济的能力显著提升;第二,票据风险合规意识大幅增强;第三,票据服务的数字化进程加速迭代;第四,票交所开放式平台优势日益明显。

任务 4.1 银行支付结算工具

商业银行除了作为信用中介融通货币资本,还执行着货币经营的支付中介职能。商业银行以存款账户为基础,为客户办理货币结算、存款转移、货币兑换、货币收付等支付结算中间业务,为社会提供丰富的财务支付服务。这一职能的发挥,使银行承担着"社会总出纳""支付中心""整个社会信用链枢纽"的责任,也是银行最古老的职能。

4.1.1 支付结算业务概述

支付结算是指单位、个人在社会经济活动中使用现金、票据(包括支票、本票、汇票)、银行卡和汇兑、托收承付、委托收款等结算方式进行货币给付及其资金清算的行为,其主要功能是完成资金从一方当事人向另一方当事人的转移。支付结算按支付方

[①] 商票圈. 最新!《商票政策法规动态跟踪报告》[EB/OL]. (2022-03-09)[2023-02-17]. https://baijiahao.baidu.com/s?id=1726818413373588188&wfr=spider&for=pc.

式不同分为现金结算和转账结算。

现金结算是指收付双方直接使用现金收付款项的资金清算行为。

转账结算是指通过银行将款项从付款人账户划转到收款人账户的货币给付及其资金清算的行为,其实质是以存款货币的流通代替现金流通。

1) 支付结算方式分类

现行的银行结算方式包括支票、银行汇票、银行本票、商业汇票、汇兑、委托收款、异地托收承付七种,这七种结算方式根据结算地点的不同,可以划分为同城结算方式、异地结算方式和通用结算方式三大类。其中:

(1) **同城结算方式**是指在同一城市范围内各单位或个人之间的经济往来,通过银行办理款项划转的结算方式,具体有支票结算和银行本票结算。

(2) **异地结算方式**是指不同城镇、不同地区的单位或个人之间的经济往来通过银行办理款项划转的结算方式,具体包括银行汇票、汇兑结算和异地托收承付结算。

(3) **通用结算方式**是指既适用于同一城市范围内的结算,又适用于不同城镇、不同地区的结算,具体包括商业汇票和委托收款,其中商业汇票结算方式又可分为商业承兑汇票结算和银行承兑汇票结算。

2) 支付结算原则

支付结算原则是银行和客户在办理支付结算业务时应共同遵守的行为准则。现行的支付结算原则是:"恪守信用,履约付款;谁的钱进谁的账,由谁支配;银行不垫款。"

3) 支付结算基本要求

支付结算的基本要求一般涉及收款人名称、出票日期、金额、签章、更改、伪造与变造,如表 4-1 所示。

表 4-1　　　　　　　　　　支付结算的基本要求

项目	基本要求
收款人名称	单位和银行的名称应当记载全称或规范化简称
出票日期	① 必须使用中文大写,小写银行不受理 ② 日期的中文大写方法应按照汉语语言规律,防止涂改
金额	票据和结算凭证,金额以中文大写和阿拉伯数码同时记载,两者必须一致。两者不一致的票据无效,两者不一致的结算凭证,银行不予受理
签章	① 单位、银行:单位、银行盖章+法定代表人或授权代理人签名或盖章 ② 个人:本人的签名或盖章
更改	金额、日期、收款人名称不得更改,更改的票据无效,更改的结算凭证银行不予受理。其他内容记载人可以更改,并在更改处签章证明
伪造与变造	①伪造是指无权限人假冒他人或虚构他人名义签章的行为。伪造人不承担票据责任,而应追究其伪造票据的法律责任,被伪造人也不承担票据责任 ②变造是指无权更改票据内容的人,对票据上签章以外的记载事项加以改变的行为

4) 支付结算纪律

单位和个人在办理支付结算业务过程中,必须严格遵守的结算纪律如下:

(1) 不准套取银行信用,不准签发空头支票、签章与预留签章不符的支票、支付密码不符的支票和远期支票以及没有资金保证的票据。

(2) 不准签发、取得和转让没有真实交易和债权债务的票据,套取银行和他人资金。

(3) 不准无理拒绝付款,任意占用他人资金。

(4) 不准违反规定开立和使用账户。

银行在办理支付结算业务时,应遵守以下"十不准"结算纪律:

(1) 不准以任何理由压票、任意退票、截留客户和他行资金。

(2) 不准无理由拒绝支付应由银行支付的票据款项。

(3) 不准受理无理拒付、不扣、少扣滞纳金。

(4) 不准违章签发、承兑、贴现票据,套取银行资金。

(5) 不准签发空头银行汇票、银行本票和办理空头汇款。

(6) 不准在支付结算制度之外规定附加条件,影响汇路畅通。

(7) 不准违反规定为单位和个人开立账户。

(8) 不准拒绝受理、代理他行的正常业务。

(9) 不准放弃对企事业单位和个人违法结算纪律的制裁。

(10) 不准逃避向人民银行转汇大额汇划款项。

思政园地

不忘"支付为民"初心,强化建设支付强国使命担当[①]

习近平总书记指出,要提高金融业全球竞争力,扩大金融高水平双向开放。支付结算工作要承担建立更加高水平跨境支付体系的历史使命,不断推进更高层次对外开放,服务于创新型国家建设,服务于形成全面开放新格局。

坚持以人民为中心的发展思想,是做好支付结算工作的根本遵循。支付结算与经济社会发展和人民群众生产生活密切相关,是服务群众的直接手段,关乎人民群众的切身利益,关乎我国参与全球治理体系改革和建设,关乎党的执政形象。做好支付结算工作的重要任务,就是把以人民为中心的发展思想贯穿于支付结算工作始终。

4.1.2 支付结算工具

支付结算工具是用于资金清算与结算过程中的一种载体,可以是授权传递支付指令并能进入金融机构(银行等)账户执行资金划转的证件,也可以是支付发起者合法签署的可用于清算和结算的金融机构认可的资金凭证。

票据法节选1

---

① 旗帜网. 不忘支付为民初心 强化建设支付强国使命担当[EB/OL]. (2019-12-04)[2023-02-17]. http://www.qizhiwang.org.cn/n1/2019/1204/c422373-31489058.html.

2021年票据市场发展回顾[①]

2021年,在宏观经济面临多重压力的情况下,票据市场运行总体平稳,各项业务稳中有增,票据利率总体下降,在推动实体经济发展、促进产业链供应链循环以及降低企业融资成本等方面发挥了积极作用。全年票据市场业务总量为167.32万亿元,同比增长12.87%。其中,承兑金额为24.15万亿元,增长9.32%;背书金额为56.56万亿元,增长19.84%;贴现金额为15.02万亿元,增长11.93%;转贴现金额为46.94万亿元,增长6.41%;回购金额为22.98万亿元,增长14.98%。全年转贴现加权平均利率为2.62%,同比下降9个基点;贴现利率为2.85%,下降13个基点;质押式回购利率为2.15%,上升28个基点。

1) 支付结算工具分类

我国传统使用的人民币非现金支付工具主要包括"三票、一卡、三方式",其中"三票"指支票、本票和汇票,"一卡"指银行卡,"三方式"指汇兑、委托收款、托收承付三种结算方式。

票据和汇兑是我国经济活动中不可或缺的重要支付工具,被广大单位和个人广泛使用,并在大额支付中占据主导地位;银行卡已成为我国个人使用最频繁的支付工具,在小额支付中占据主导地位;银行本票、银行汇票与托收承付使用量越来越少。随着经济的日趋活跃,商业预付卡与国内信用证等其他支付工具也得到快速发展。近年来,随着互联网技术的纵深发展,网上银行、第三方支付等电子化支付方式产生并得到快速发展。我国已形成了以商业汇票和银行卡为主体、以电子支付为发展方向的非现金支付工具体系。

(1) **支票**是由出票人签发的,委托办理支票存款业务的银行或者其他金融机构在见票时无条件支付确定的金额给收款人或者持票人的票据。

(2) **本票**是申请人将款项交存银行,由银行签发的承诺自己在见票时无条件支付确定的金额给收款人或者持票人的票据。银行本票目前已不再流通使用,其特点是见票即付,不予挂失,当场抵用,付款保证程度高;适用范围为同一票据交换区域内;适用对象为单位和个人各种款项结算。

(3) **汇票**包括银行汇票和商业汇票。

银行汇票是指由出票银行签发的,由其在见票时按照实际结算金额无条件付给收款人或者持票人的票据。其特点是见票即付,不予挂失,当场抵用,付款保证程度高;适用范围为同一票据交换区域内;适用对象为单位和个人各种款项结算。目前银行汇票的使用量较少。

---

① 商承宝. 贴票宝:2021年票据市场发展回顾[EB/OL].(2022-01-21)[2023-02-17]. https://baijiahao.baidu.com/s?id=1722566240318592182&wfr=spider&for=pc.

商业汇票是指由出票人签发，委托付款人在指定日期无条件支付确定的金额给收款人或持票人的票据。根据承兑人的不同，商业汇票分为商业承兑汇票和银行承兑汇票。由银行以外的付款人承兑的汇票为商业承兑汇票，由银行承兑的汇票为银行承兑汇票。

（4）信用卡是指由商业银行或者其他金融机构发行的具有消费支付、信用贷款、转账结算、存取现金等全部功能或者部分功能的电子支付卡。信用卡记录持卡人账户相关信息，具备银行授信额度和透支功能，并为持卡人提供相关银行服务的各类介质。信用卡标准英文名为 Credit Card。

根据清偿方式的不同，信用卡可分为贷记卡和准贷记卡。

贷记卡是指发卡银行提供银行信用款时，先行透支使用，然后再还款或分期付款，即"先消费，后存款"，国际上流通使用的大部分都是这类卡。

准贷记卡是指银行发行的一种先存款后消费的信用卡。持卡人在申领信用卡时，需要事先在发卡银行存有一定的款项以备用，持卡人在用卡时需以存款余额为依据，一般不允许透支。

（5）汇兑是指汇款人委托银行将其款项支付给收款人的结算方式。汇兑适用于单位和个人的各种款项的结算。目前多数商业银行对跨行的汇兑业务称为"汇款"业务、同行的汇兑业务称为"转账"业务。

（6）委托收款是指收款人委托银行向付款人收取款项的结算方式。单位和个人凭债券、存单、已承兑的商业汇票等付款人的债务证明办理款项结算，均可使用委托收款结算方式。

（7）托收承付是指根据购销合同由收款人发货后，委托银行向异地付款人收取款项，由付款人向银行承认付款的一种结算方式，1989年8月1日起已停用。

2）票据功能

票据是金融工具的一种，是商业信用的载体。票据具有多种功能，一般可归纳为以下几个方面：汇兑功能、支付功能、结算功能、流通功能、信用功能、融资功能。

票据管理实施办法节选　　票据法节选2

（1）汇兑功能：票据是代替异地输送现金的良好的汇兑工具。特别是汇票出现后，更体现了票据的汇兑功能。汇票汇款，通常是汇款人将款项交付银行，由银行作为出票人将签发的汇票寄往或交汇款人寄往异地，持票人在异地银行凭票据兑取现金或办理转账。这比现金汇兑既方便安全，又节约费用。

（2）支付功能：汇票、本票作为汇兑工具的功能形成后，在交易中票据又形成了支付功能而代替现金使用。以票据作为支付工具，可以节省通货，减少国家的货币发行量，还可以减少不必要的携带和点检现金的麻烦，达到资金运转安全、迅速、准确的目的，从而提高资金的使用效益。

（3）结算功能：在经济交往中，当双方当事人护卫债权人和债务人时，可运用票据进行债务抵销，手续简便、迅速和安全。简单的结算是互有债务的双方当事人各签发一张票据给对方，待两张票据都届到期日即可抵销债务，差额部分，仅一方以现金支付。复杂的结算是通过票据交换制度完成的,即通过票交所,将到期票据相互抵销。

(4) **流通功能**:票据的转让无须通知债务人,而只要票据符合要式就可以交付或以背书方式转让票据权利。背书转让时,背书人对票据的付款负有连带保证责任,背书次数越多,则保证人越多,因而票据的可靠性越强。因此,票据作为流通证券,其流通性几乎与货币不相上下。

(5) **信用功能**:信用功能是票据作为商业信用工具的体现。信用交易中,接受信用双方的权利和义务关系需要通过一定的载体体现出来,这是票据产生的缘由。《票据法》规定了对票据债务人抗辩的种种限制和票据债权人的严密保护,使票据成为一种可靠的信用工具。特别是远期票据,可以使付款人凭信用调剂资金的暂时短缺,使经营活动不受时间障碍而得以及时顺利进行。对收款人来说,票据的信用功能体现在:一是在规定时间内可凭票据兑取现金或转账,使其债权有了保障;二是如票据没有到付款期而需要履行债务,可以将票据背书转让他人。因此,双方的当事人都可以利用票据的信用功能来满足各自需要。此外,对于信用欠佳的人来说,也可利用信用较好的人所签发、承兑或保证的票据进行支付,从而使经济活动得以顺利进行。

(6) **融资功能**:票据未到期时,权利人可向银行办理贴现而融得资金。

行业观察

票据市场服务实体经济情况①

2021年票据市场服务实体经济情况主要表现在以下五个方面:

第一,企业用票保持较快增长,票据服务中小微企业导向突出。2021年,用票企业家数②达到318.89万家,同比增长17.72%;企业用票金额③达到95.72万亿元,同比增长15.75%。同时,在票据市场业务创新加快、银行票据业务服务下沉的情况下,票据业务与中小微企业需求的契合度进一步提高,票据平均面额进一步下降。

第二,重点行业用票保障有力,有效贯彻宏观政策导向。全年来看,全市场共有26个行业④实现用票金额同比增长,覆盖面达86.67%,其中,商务服务、有色金属、建筑装修等7个主要用票行业用票金额合计达54.62万亿元,同比增长16.63%,增速较全市场平均增速高0.88个百分点。同时,基础科学研究、医药生物行业延续上年较快增长势头,用票金额同比分别增长29.93%和17.19%,增速较全市场分别高14.18个百分点和1.44个百分点。

---

① 商承宝. 贴票宝:2021年票据市场发展回顾[EB/OL].(2022-01-21)[2023-02-17]. https://baijiahao.baidu.com/s?id=1722566240318592182&wfr=spider&for=pc.
② 用票企业家数指报告期开展签发(承兑)、背书和贴现业务的企业家数合计数。
③ 企业用票金额指报告期企业票据签发(承兑)、背书和贴现金额合计数。
④ 在《国民经济行业分类(2017)》的基础上,按照最终产品类型对用票企业所属的"行业小类"进行重新归类,最终形成30个新的"行业板块"。

第三，票据服务区域经济协同发展，东部地区用票增长较为突出。2021年，东部地区用票金额为62.34万亿元，同比增长19.23%；中部地区和西部地区用票金额分别为15.75万亿元和13.36万亿元，同比分别增长9.14%和16.35%；东北地区用票金额为4.27万亿元，同比下降5.08%。东部地区，特别是长三角和珠三角地区经济基础好、受疫情影响小，企业生产经营用票恢复较快，叠加多项票据市场产品业务创新在东部地区率先落地，票据业务与区域经济发展的协同性强，东部地区用票规模处于领先地位，在全国各地区的票据业务发展中的示范引领作用也较为明显。

第四，商票信息披露制度顺利实施，有效优化市场生态。

第五，供应链票据业务稳步拓展，发展成效不断显现。供应链票据是票交所落实金融供给侧结构性改革要求、促进产业链供应链有效循环、推动供应链金融创新发展的具体举措。在2020年4月推出供应链票据平台的基础上，票交所于2021年8月对平台核心功能进行了升级，截至2021年年末，共有3 000多家企业登记注册，各项业务金额合计671.63亿元。图4-1所示为2021年各行业用票金额及同比增长情况；图4-2所示为2019—2021年全国不同地区用票金额变化情况。随着供应链票据平台功能的完善以及各类机构参与度的提升，供应链票据在提高企业融资可得性等方面的优势持续显现。截至2021年年末，供应链票据贴现金额和承兑金额的比值为65.96%，供应链票据单笔贴现金额在1 000万元以下的笔数占比为47.96%，面额最小的为891.15元，小额票据贴现融资效率有所提高。

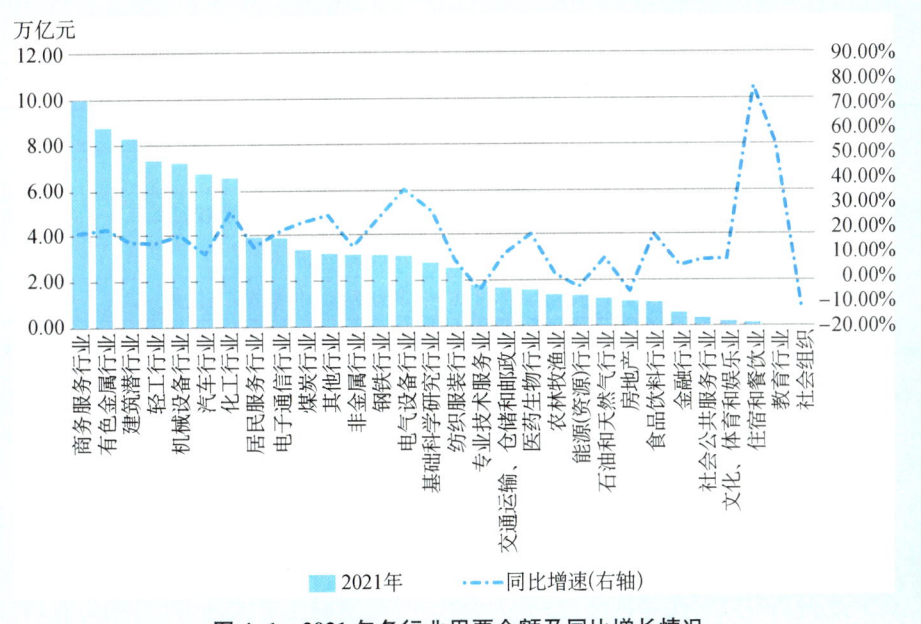

图4-1　2021年各行业用票金额及同比增长情况

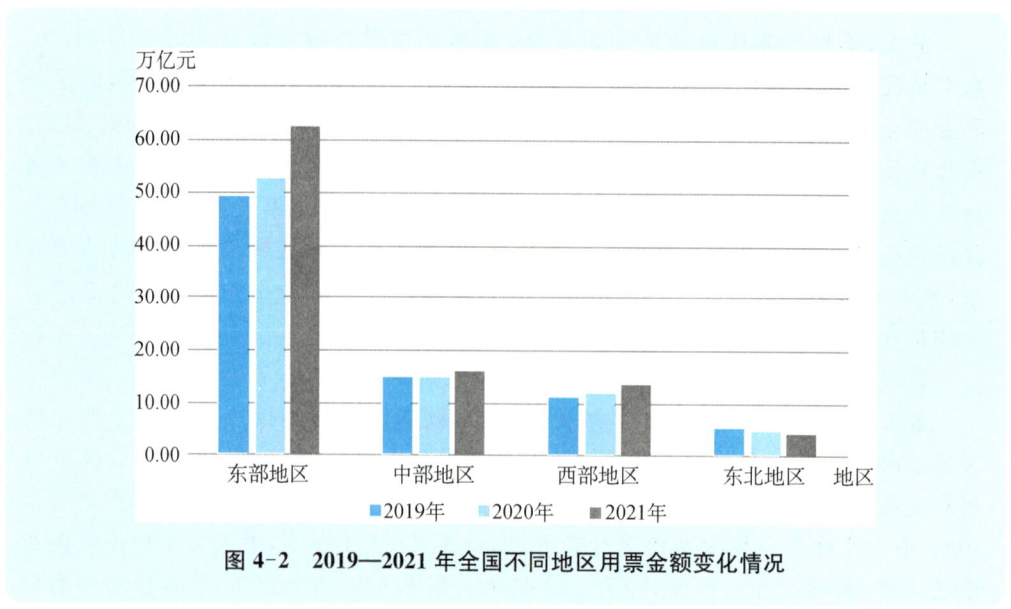

图 4-2　2019—2021 年全国不同地区用票金额变化情况

3）票据当事人

票据当事人是指在票据关系中享有票据权利和承担票据义务的人,分为基本当事人与非基本当事人(表 4-2)。

基本当事人是指在票据作成和交付时就已存在的当事人,是构成票据法律关系的必要主体,包括出票人、收款人和付款人。

非基本当事人是指在票据作成并交付后,通过一定的票据行为加入票据关系而享有一定权利、义务的当事人,包括承兑人、背书人和保证人。非基本当事人是否存在,取决于相应的票据行为是否发生。

表 4-2　票据的基本当事人与非基本当事人

分类	票据当事人	概念
基本当事人	出票人	依法定方式签发票据并将票据交付给收款人的人
	收款人	票据到期后有权收取票据所载金额的人,又称票据权利人
	付款人	由出票人委托付款或自行承担借款责任的人
非基本当事人	承兑人	接受汇票出票人的付款委托同意承担支付票款义务的人
	背书人	在转让票据时,在票据背面签字或盖章并将该票据交付给受让人的票据收款人或持有人
	保证人	为票据债务提供担保的人,由票据债务人以外的他人担当

4）《票据法》中关于票据的基本规定

（1）依据《票据法》中的规定,票据是指出票人依照《票据法》签发,约定自己或委托他人无条件支付一定金额的有价证券,包括汇票、本票和支票。

（2）票据具有以下法律特征:票据为设权证券、票据为要式证券、票据为有价证券、票据为流通证券、票据为文义无因证券、票据为提示返还证券。

（3）票据行为是指引起票据权利义务关系发生的法律行为,是确定票据当事人之间权利义务关系有效成立的重要条件。票据行为是否规范,直接影响着票据权利的行使和票据义务的履行,是票据得以正常使用和流通的关键。具体的票据行为包括出票、背书、承兑、保证、付款。

(4)票据权利是指票据持票人以取得票据金额为目的,凭票据向票据债务人行使的权利。票据权利是由票据行为所产生的,与票据同时存在,不占有票据,就不能行使票据权利。票据权利包括付款请求权和追索权。

(5)票据抗辩是指票据债务人以一定合法的事由而拒绝履行票据义务的行为。票据抗辩所根据的这种合法事由,被称为"抗辩事由";票据债务人依法享有的这种基于抗辩原因而拒绝向债权人履行债务的权利,被称为"抗辩权"。

任务实训

银行支付结算工具

一、实训目的

1. 了解支付结算票据业务分类与现状。
2. 掌握支付结算工具的特点与适用范围。
3. 培养信息搜集和总结归纳能力。
4. 培养团队合作精神、沟通能力和语言表达能力。

二、实训要求

分组进行:每3~5人一组,选出1名组长,进行资料收集讨论,各小组讲解。

三、实训内容

1. 选择国有商业银行、中小股份制商业银行、农村商业银行各一家,登录银行官方网站,对比各家商业银行的支付结算票据业务现状并分析异同点。
2. 收集支付结算工具的相关信息,对比"三票、一卡、三方式"的特点与适用范围等,进行总结提炼。
3. 区分解释以下票据行为:出票、背书、承兑、保证、付款、追索、贴现。

四、总结分析

汇报小组实训成果,小组互评,教师点评。

任务4.2 银行支票业务及企业网银业务处理

在银行支付结算工具中,银行支票是最常见的票据,随着数字金融的快速发展,网上银行的自助金融服务更加便利快捷,取代了很多原来支票的支付功能。本任务将同时从银行支票业务和企业网银业务两方面开展学习。

支票是出票人签发的,委托办理支票存款业务的银行或者其他金融机构在见票时无条件支付确定的金额给收款人或者持票人的票据。支票一经背书即可流通转让,具有通货作用,已成为能替代货币发挥流通手段和支付手段职能的信用流通工具。运用支票进行货币结算,可以减少现金的流通量,节约货币流通费用。

企业网银即企业网上银行,是银行面向企业用户开发的一种网上银行服务,银行在互联网上设立的虚拟银行柜台,为企业或同业机构提供的自助金融服务。客户通过互联网联网或其他公共信息将企业银行的电脑终端与银行网站相连,实现将银行服务直接送到客户办公室的服务系统。相对于个人网银而言,企业网银拥有更高的安全级别,有更多针对企业设置的功能。

4.2.1 银行支票业务

支票分为现金支票、转账支票和普通支票。现金支票只能用于支取现金;转账支票只能用于转账;普通支票可以用于支取现金,也可以用于转账。在普通支票左上角画两条平行线的支票又被称为划线支票,它只能用于转账,不能支取现金。

1) 支票业务相关规定

单位和个人的各种款项结算,均可以使用支票。支票的出票人为在经中国人民银行当地分支行批准办理支票业务的银行机构开立可以使用支票存款账户的单位和个人。

签发支票必须记载下列事项:①表明"支票"的字样;②无条件支付的委托;③确定的金额;④付款人名称;⑤出票日期;⑥出票人签章。支票的金额、收款人名称,可以由出票人授权补记,未补记前不得背书转让和提示付款。签发支票应使用碳素墨水或墨汁填写,支票的金额、日期、收款人不得更改,其他内容更改,须有出票人加盖预留银行印鉴证明(图4-3)。

图 4-3 银行支票票样

出票人签发支票的金额不得超过付款时在付款人(银行)处实有的存款金额,禁止签发空头支票。出票人签发空头支票、签章与预留签章不符的支票、支付密码不符的支票,银行应予以退票,并按票面金额处以5%但不低于1 000元的罚款,持票人有权要求出票人赔偿支票金额2%的赔偿金,对屡次签发的,应停止其签发支票。

支票的提示付款期限自出票日起10天(到期日遇节假日顺延)。持票人可以委托开户银行收款或直接向付款人提示付款。用于支取现金的支票仅限于收款人向付款人提示付款。持票人委托银行收款时,应作委托收款背书。支票丧失时,持票人可以向付款人申请挂失,并向法院申请公示催告或提起诉讼。

2) 转账支票通用审核要点

柜面收到客户递交的转账支票和三联进账单时,应当对支票的合规性、完整性、真实性进行审核,重点审核内容如下:

(1) 支票是否为本行受理的支票,是否为统一规定印制,是否真实,是否在提示付款期内。

(2) 如业务受理网点非账户开户行,该账户是否允许通兑。

(3) 支票必须记载的事项是否齐全,出票金额、出票日期、收款人名称是否更改,其他记载事项的更改是否由原记载人签章证明。

(4) 支票的大小写金额是否一致,与进账单的金额是否相符。

(5) 持票人的名称是否与进账单上的收款人名称一致。

(6) 出票人签章是否符合规定。

(7) 使用支付密码的,支票上需有相应支付密码。

(8) 背书转让的支票是否按规定的范围转让,其背书是否连续,签章是否符合规定,背书使用粘单的是否按规定在粘接处签章,粘单骑缝章为粘单第一背书人,收款人必须做委托背书。

(9) 若受理的是跨交换区域的全国性支票时,还需认真审查支票是否记载银行机构代码并确认支票金额在规定限额(50万元)之内。

3) 票据的背书转让

票据的背书转让是指收款人以转让票据权利为目的在票据背面签章并做必要的记载,所作的一种附属票据行为。

通常在票据的背面,都事先印制好若干背书栏的位置,留出背书人及被背书人的空白,供背书人背书时填写(图 4-4)。

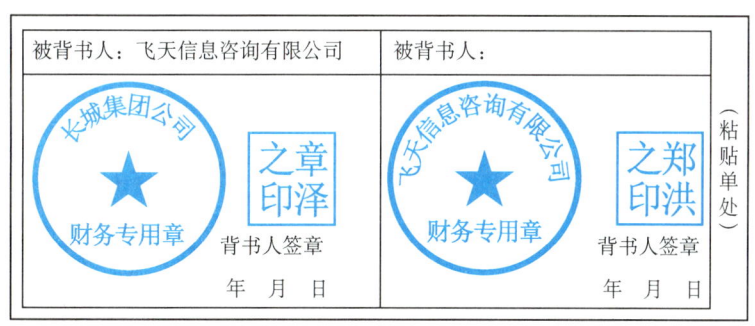

图 4-4 票据的背书

《票据法》一般并不限制进行背书的次数,在背书栏或票据背面写满时,可以加附粘单,粘附于票据凭证之上。粘单的第一记载人,应当在票据和粘单的粘接处签章,粘单上的记载事项与票据上的记载事项具有相同的法律效力。如果粘单上第一记载人没有在粘接处签章,粘单上记载的事项无效(图 4-5)。

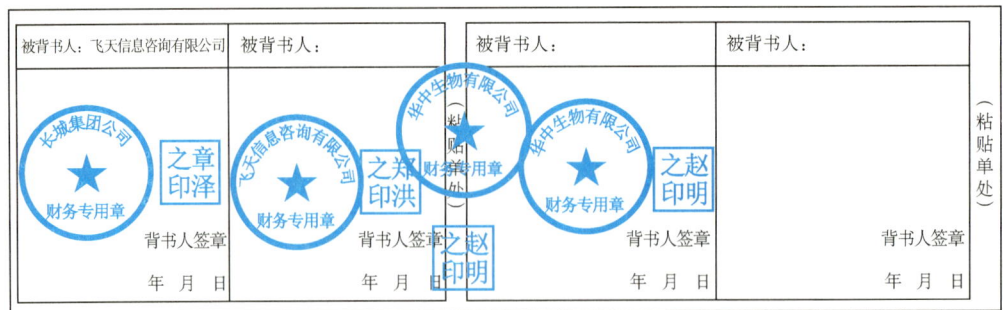

图 4-5 票据的背书(附粘单)

我们在区分票据连续背书的权属时,通常以"之"字形来辨识(图 4-6)。

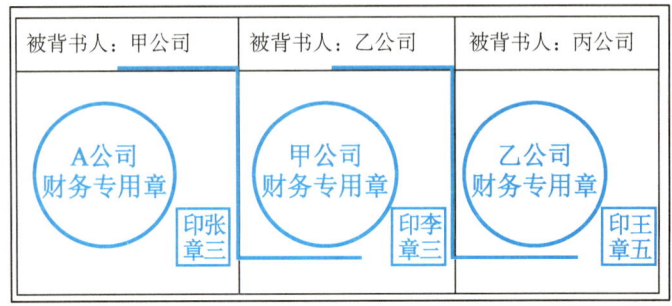

图 4-6 票据的连续背书

出票人在票据上记载"不得转让"字样的,其后手再背书转让的,原背书人对后手的被背书人不承担保证责任。背书不得附有条件,《票据法》规定,背书附有条件的,所附条件不具有票据法上的票据效力。支票可以背书转让,但用于支取现金的支票不能背书转让。

4) 现金支票业务

具体参照项目 3 单位活期存款业务中的单位活期存款账户现金支取业务内容(3.2.4)。

5) 同一行处开户转账支票业务

同一行处开户转账支票业务是指支票出票人与持票人在同一行处开户情况下转账支票付款与收款业务。

对于转账支票的收款人、出票人均为同一行处的开户单位。网点柜面在受理此类支票业务时,根据出票账户是否通兑进行不同的处理:通兑账户视同内部转账进行账务处理;非通兑账户视同跨行转账支票业务处理。同一行处开户转账支票业务流程如图 4-7 所示。

其中,需要注意的是:

(1) 转账支票出票人(付款单位)签发票据之前,应在开户银行备有足额存款,按规定签发支票,并交与持票人(收款单位),持票人应在规定时间持转账支票和填写三联进账单提交开户银行。

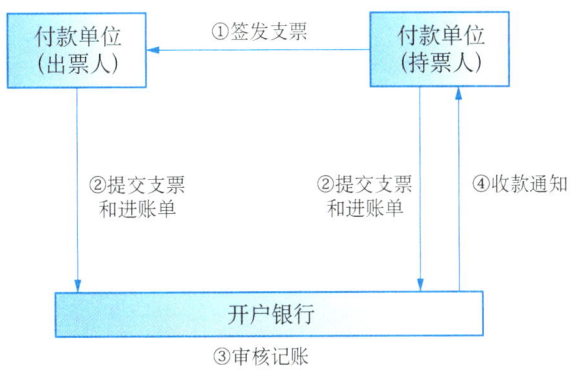

图 4-7 同一行处开户转账支票业务流程

（2）支票及进账单经审查无误后，支票作借方凭证，第一联进账单加盖业务受理章作业务受理证明交持票人，第二联进账单作贷方凭证，第三联进账单加盖业务清讫章作收账通知交收款人。

6）跨行转账支票业务

跨行转账支票业务是指出票人与持票人在不同系统银行开户情况下转账支票业务。

目前，跨行转账支票业务是通过全国支票影像交换系统进行业务处理和资金清算。根据中国人民银行《全国支票影像交换系统业务处理办法（试行）》的规定，影像交换系统处理支票业务的金额上限由中国人民银行规定，并可根据管理需要进行调整；目前全国支票影像交换系统处理单笔金额上限暂定为 50 万元。超过 50 万元的支票，持票人（收款企业）只能向付款人开户银行人办理提示支票付款业务。

7）支票的影像传输

支票的影像传输需要依靠支票影像交换系统。支票影像交换系统是指运用影像技术将实物支票转换为支票影像信息，通过计算机及网络将影像信息传递至出票人开户银行提示付款的业务处理系统。它是中国人民银行继大、小额支付系统建成后的又一重要金融基础设施。

影像交换系统定位于处理银行机构跨行和行内的支票影像信息交换，其资金清算通过中国人民银行覆盖全国的小额支付系统处理。它的建立为客户提供了极大的便利。

支票影像业务的处理分为影像信息交换和业务回执处理两个阶段，即：①支票收款人开户银行通过影像交换系统将支票影像信息发送至出票人开户银行提示付款；②出票人开户银行审核无误后将款项通过小额支付系统支付给收款人开户银行。具体的支票影像交换传输系统架构图如图 4-8 所示。

在支票影像交换系统中，"提出行"是指持票人开户的银行业金融机构，"提回行"是指出票人开户的银行业金融机构。

8）支票的退票业务处理

支票退票业务操作流程如图 4-9 所示。

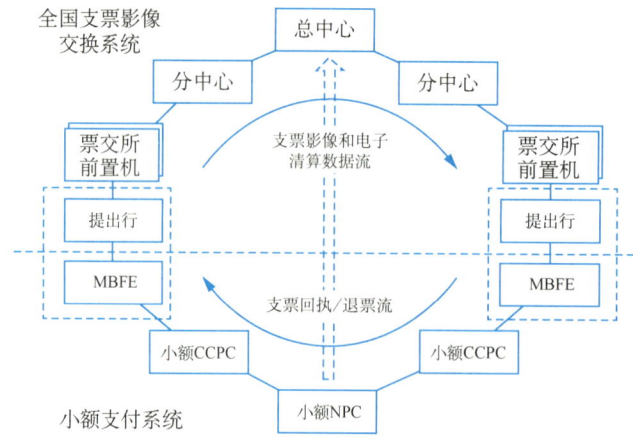

图 4-8 支票影像交换传输系统架构图

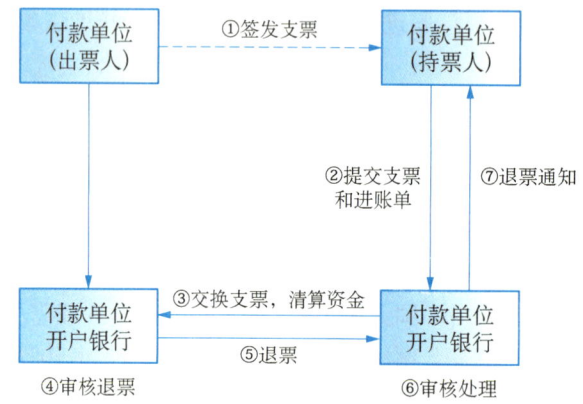

图 4-9 支票退票业务操作流程

其中,需要注意的是:

(1) 出票人开户行收到支票,经审查如发现问题需退票的,应填制一式三联支票退票通知书(图 4-10),加盖业务公章后附支票,划退持票人开户行。

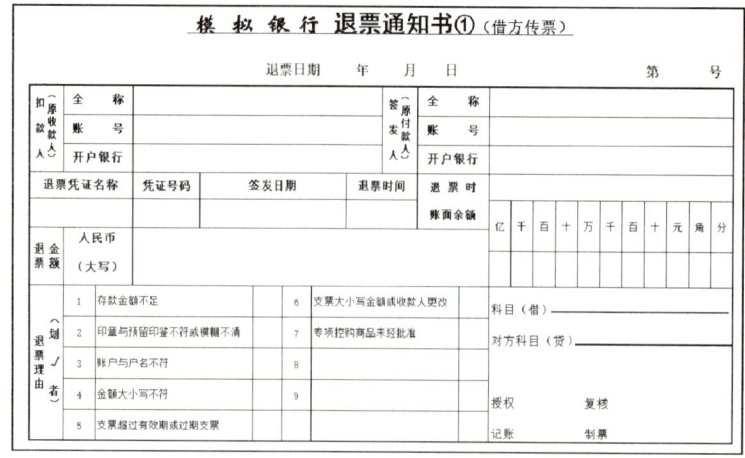

图 4-10 支票退票通知书

(2)持票人开户行收到退票通知时,应在相关记账凭证上加盖业务清讫章及经办人员名章,作为办理业务的凭证与其他凭证一起装订保管,并将一联退票通知书连同支票退还持票人,通知退票。

9)支票挂失处理

持票人(这里也称失票人)到付款行挂失时,应提交两联挂失止付通知书(图4-11)。付款行按规定审核无误并确未付款的,方可受理。第一联挂失止付通知书加盖业务公章作为受理回单交给失票人;第二联挂失止付通知书登记支票挂失登记簿后专夹保管,并在出票人账户账首明显处用红笔注明"×年×月×日第×号支票挂失止付"字样,凭以控制付款。

图4-11 银行挂失止付通知书

《票据法》中关于票据丧失的补救措施包括挂失止付、公示催告、提起诉讼。

(1)**挂失止付**。挂失止付是指失票人将丧失票据的情况通知付款人并由接受通知的付款人暂停支付的一种方法。挂失止付的票据应是记载付款人或可以确定付款人及其代理付款人的票据,如支票、现金银行汇票等。挂失止付一般只是失票人丧失票据后可采取的一种临时性防范措施。

(2)**公告催示**。公告催示是指在票据丧失后,失票人申请法院以公告的方法通知不确定的利害关系人限期申报权利,逾期未申报者,则权利失效,而由法院通过除权宣告所丧失票据无效的一种制度或程序。公示催告的期限由法院决定,公示催告期间转让票据权利的行为无效。

(3)**提起诉讼**。提起诉讼是指丧失票据的失票人直接向人民法院提起诉讼,要求法院判令付款人向其支付票据金额的活动。失票人在向法院提起诉讼时,应提供有关书面证明,以证明其对票据的所有权。

10)空头支票的行政处罚规定

依据《中华人民共和国行政处罚法》《票据管理实施办法》的有关规定,由中国人民银行及其分支机构实施对签发空头支票出票人的行政处罚。

商业银行发现出票人有签发空头支票行为的,应立即填制空头支票报告书(以下简称报告书),将支票和其他足以证明出票人违规签发空头支票的资料复印并签章后作报告书附件,于当日至迟次日(节假日顺延)报送当地人民银行分支行支付结算管理部门。人民银行收到报告书之日起3个工作日内进行核实,并作出是否进行行政处罚的决定。

签发空头支票事实清楚、证据确凿的,中国人民银行及其分支机构应作出行政处罚。行政处罚决定由主管行长授权支付结算管理部门负责人批准。作出行政处罚决定后,应编制《中国人民银行行政处罚决定书》(以下简称《决定书》)通知举报行。

商业银行在收到《决定书》之日起5个工作日内填写《决定书》中出票人名称、违规事实、罚款金额等内容,送达出票人,并填制送达回证。送达情况应在当日至迟次日(节假日顺延)报告人民银行。罚款代收机构应根据《决定书》决定的罚款金额收取罚款。对逾期缴纳罚款的出票人,人民银行可每日按罚款数额的3‰加处罚款或填写《中国人民银行强制执行申请书》,向人民法院申请强制执行。罚款代收机构应将所收罚款就地全额缴入中央国库。

4.2.2 企业网银业务

企业网银即企业网上银行,是指银行在互联网上设立的虚拟银行柜台,为企业或同业机构提供的自助金融服务(企业网银业务界面如图4-12所示)。客户通过互联网或其他公共信息将企业银行的电脑终端与银行网站相连,实现将银行服务直接送到客户办公室的服务系统。

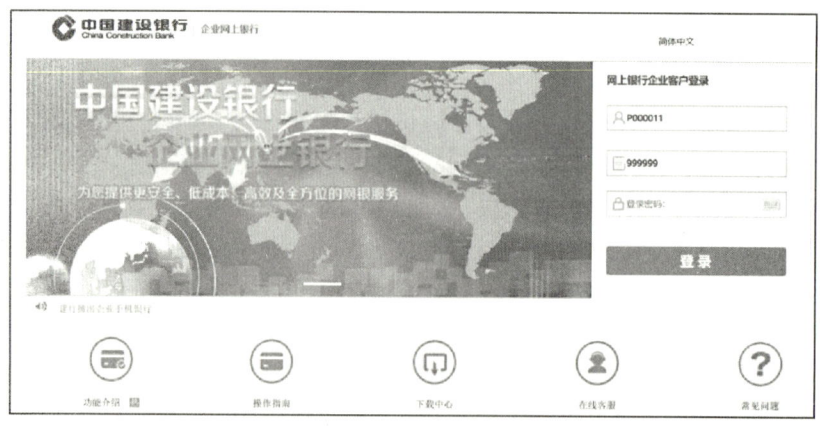

图4-12 企业网银业务界面

网上企业银行采用数字交易方式,即以数字证书方式产生的数字签名为付款票据的有效合法印鉴,并在网上企业银行业务中使用数字签名作为支付的有效印鉴;甲方根据乙方在其账户上的电讯指示进行交易和记录并以此制作借记凭证。甲乙双方均认可网上企业银行业务中采取数字证书方式的合法性、有效性和安全性。

企业网银业务的特点:企业网银是一种全新的服务模式,与传统银行比具有安全可靠、操作方便、服务快捷,不受时间和空间的限制,使银行节约资金、降低成本、增加收益、增强竞争力。

企业可以根据自身需要灵活设置人员角色、交易权限以及授权级别,帮企业提升财资管理能力,为客户提供个性化金融服务解决方案。

企业网银提供的服务:银行通过在互联网上的站点,企业客户可以自助办理账务查询、转账汇款(内部转账、对外支付)、电子对账、代发工资、投资理财、外汇交易、电子汇票、票据池、现金管理、集团公司资金调拨、非税缴款、水电煤缴款等业务。

信息技术的发展为商业银行拓宽金融服务领域、提升服务质量、降低服务成本、强化内部管理等提供了新的实践思路。在这种新形势下,网上企业银行除了要担负起传统网上金融服务的经营职能,更将成为新经济模式下银企合作的纽带,其新型的服务和营运模式,也将在银行以提升资本和成本的使用效率为核心的二次转型战略中发挥更重要的作用。

任务实训

银行支票业务及企业网银

一、实训目的
1. 熟悉银行支票业务处理及特点。
2. 了解企业网银业务适用范围。
3. 培养信息搜集和总结归纳能力。
4. 培养团队合作精神、沟通能力和语言表达能力。

二、实训要求
分组进行:每3~5人一组,选出1名组长,分岗位模拟完成实训任务,各小组讲解。

三、实训内容

任务1:填制及审核相关业务凭证

(1) 华宇电子有限公司(账号110000136215246)提交进账单和转账支票1份,金额为180 000元,支票系同城工商银行海滨支行开户单位宜佳乐广告公司(账号2301001204562966820)3天前签发,支付购货款,审核无误予以处理。后该支票因印鉴不符被退票。

(2) 柜台受理支票业务,系本行开户企业达能贸易有限公司(账号110000256301528)2天前签发,支付本市建设银行城南支行开户企业飞天信息咨询有限公司(账号30012001030024657315)货款,金额为740 000元,支票号码为055268101,经查该单位存款余额为210 000元,立即办理退票手续。

任务2:完成实训平台模拟业务处理

(1) 2021年3月10日,广州盛风建材有限公司出纳开出一张金额为118 000元的转账支票,用来支付广州市文化旅游集团有限公司的旅游费用。根据上述背景情况,审核出票是否正确并选择不符点。

(2) 企业网银业务:广州风力有限公司财务人员张果(身份证号为440101199507218199),手机号码15998561187,来我行办理企业网银签约,并关联其公司基本户,签约类型为专业版网银,客户为VIP会员;柜员将张果设置为操作员,权限为管理操作员;张果的 USBKey 为 8144236921,单笔限额 1 000 000 元,日累计限额 500 000 元,柜员为其办理企业网银正式绑定业务。

四、总结分析

汇报小组实训成果,小组互评,教师点评。

任务 4.3 银行汇票业务处理

银行汇票是指由出票银行签发的,由其在见票时按照实际结算金额无条件付给收款人或者持票人的票据。由其在见票时可按照实际结算金额无条件支付给收款人或持票人,具有使用灵活、票随人到、兑现性强等特点,适用于先收款后发货或钱货两清的商品交易。目前银行汇票业务量在票据结算业务量中占比较低,本任务做基本了解学习。

4.3.1 银行汇票业务概述

1) 银行汇票结算方式的特点

银行汇票结算方式具有以下特点。

知识拓展—银行本票汇票支票的对比

(1) 适用范围广。银行汇票是 2000 年之前异地结算中被较为广泛采用的一种结算方式。这种结算方式不仅适用于在银行开户的单位、个体经济户和个人,而且适用于未在银行开立账户的个体经济户和个人。凡是各单位、个体经济户和个人需要在异地进行商品交易、劳务供应和其他经济活动及债权债务的结算,都可以使用银行汇票。并且银行汇票既可以用于转账结算,也可以用于支取现金。

(2) 票随人走,钱货两清。实行银行汇票结算,购货单位交款,银行开票,票随人走;购货单位购货给票,销售单位验票发货,一手交票,一手交货;银行见票付款,这样可以减少结算环节,缩短结算资金在途时间,方便购销活动。

(3) 信用度高,安全可靠。银行汇票是银行在收到汇款人款项后签发的支付凭证,因而具有较高的信誉,银行保证支付,收款人持有票据,可以安全及时地到银行支取款项。而且,银行内部有一套严密的处理程序和防范措施,只要汇款人和银行认真按照汇票结算的规定办理,汇款就能保证安全。一旦汇票丢失,如果确属现金汇票,汇款人可以向银行办理挂失,填明收款单位和个人,银行可以协助防止款项被他人冒领。

(4) 使用灵活,适应性强。实行银行汇票结算,持票人可以将汇票背书转让给销货单位,也可以通过银行办理分次支取或转让,还可以使用信汇、电汇或重新办理汇票转汇款项,因而有利于购货单位在市场上灵活地采购物资。

(5) 结算准确,余款自动退回。一般来讲,购货单位很难准确确定具体购货金额,因而出现汇多用少的情况是不可避免的。在有些情况下,多余款项往往长时间得不到清算从而给购货单位带来不便和损失。而使用银行汇票结算则不会出现这种情况,单位持银行汇票购货,凡在汇票的汇款金额之内的,可根据实际采购金额办理支付,多余款项将由银行自动退回。这样可以有效地防止交易尾欠的发生。

2) 银行汇票相关规定

与银行汇票一般业务处理的相关规定如下:

(1) 签发银行汇票必须记载事项。汇票上未记载下列规定事项之一的,汇票无效:①表明"银行汇票"的字样;②无条件支付的承诺;③出票金额;④付款人名称;⑤收款人名称;⑥出票日期;⑦出票人签章(汇票专用章、经办人员名章)。

(2) 银行汇票的签发和解付。银行汇票的签发和解付只能由中国人民银行和商业银行参加"全国联行往来"的银行机构办理。跨系统银行签发的转账银行汇票的解付,应通过同城票据交换将银行汇票和解讫通知提交同城的有关银行审核支付后抵用。省、自治区、直辖市内和跨省、市的经济区域内,按照有关规定办理。在不能签发银行汇票的银行开户的汇款人需要使用银行汇票时,应将款项转交附近能签发银行汇票的银行办理。

(3) 银行汇票一律记名。所谓记名,是指在汇票中指定某一特定人为收款人,其他任何人都无权领款;但如果指定收款人以背书方式将领款权转让给其指定的收款人,其指定的收款人即有领款权。

(4) 银行汇票无起点金额限制。根据《票据法》和《票据管理实施办法》,中国人民银行总行对银行结算办法进行了全面的修改、完善,形成了《支付结算办法》。当下执行的《支付结算办法》取消了银行汇票金额起点500元的限制。

(5) 银行汇票的付款期为1个月。付款期是指银行汇票从签发之日起到办理兑付之日止的时期。从签发日开始,不论月大月小,统一到下月对应日期止的一个月,如签发日为3月5日,则付款期到4月5日止。如果到期日遇节假日可以顺延。银行汇票的有效期限是自出票起2年内,在2年之内,收款人或者持票人都可以持汇票向出票银行请求付款,付款人不得以超过付款期为理由拒绝付款。逾期的汇票,兑付银行将不予办理。

3) 银行汇票票样

银行汇票一式四联,具体票样如图4-13所示。

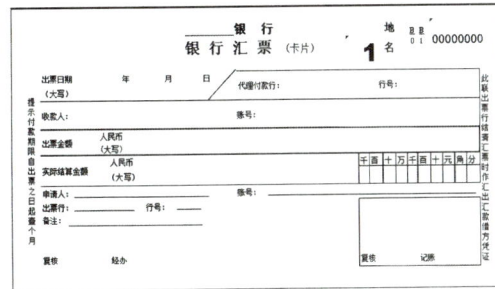 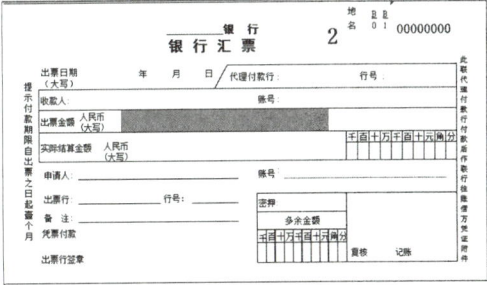

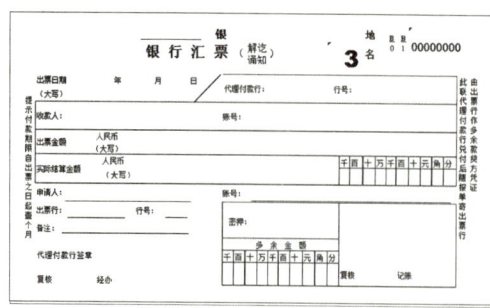 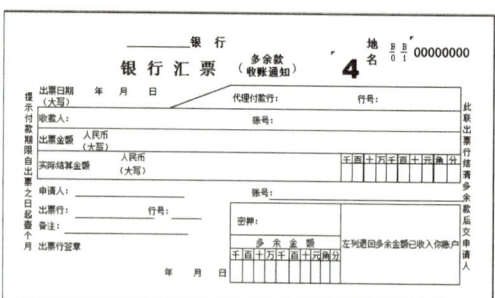

图 4-13 银行汇票票样

第一联为卡片,为承兑行支付票款时作付出传票。

第二联为银行汇票,与第三联解讫通知一并由汇款人自带,在兑付行兑付汇票后此联做银行往来账付出传票。

第三联为解讫通知,在兑付行兑付后随报单寄签发行,由签发行做余款收入传票。

第四联为多余款通知,并在签发行结清后交汇款人。

4) 银行汇票的结算流程

银行汇票的结算过程包括出票银行出票、代理付款行解付和出票银行结清三个阶段,银行汇票结算流程如图 4-14 所示。

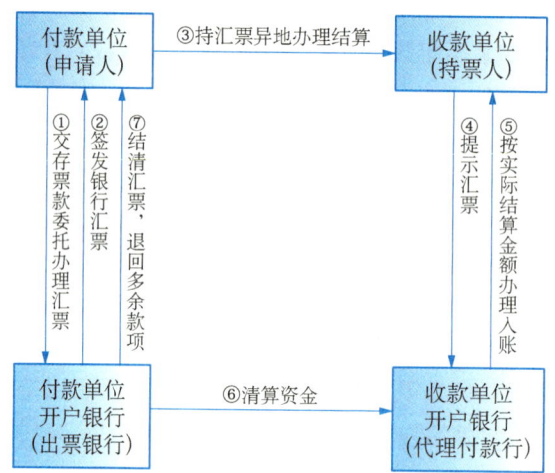

图 4-14 银行汇票结算流程

4.3.2 银行汇票签发

银行汇票的签发和解付,只能由中国人民银行和商业银行参加"全国联行往来"的银行机构办理。签发银行受理"银行汇票委托书",经过验对"银行汇票委托书"内容和印鉴,并在办妥转账或收妥现金之后,即可向汇款人签发转账或支取现金的银行汇票。

【业务流程及处理】
1）业务流程
银行汇票出票银行签发业务操作流程如图4-15所示。

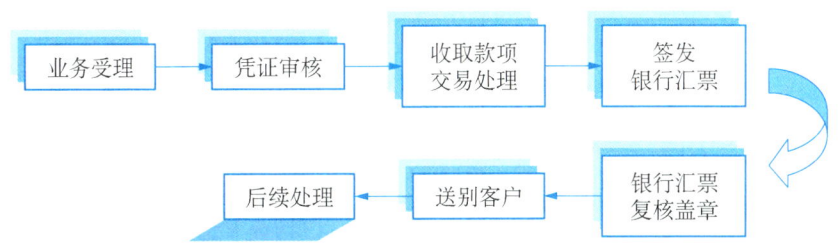

图 4-15　银行汇票出票银行签发业务操作流程

2）业务处理

(1) 业务受理：申请人填写"业务委托书"提交签发银行。委托书一式三联，第一联为借方凭证，第二联为贷方凭证，第三联为回单。

(2) 凭证审核：出票行经办人员受理开户单位提交的三联业务委托书，应认真审查委托书填写的以下内容：委托书要素填写是否齐备；申请日期、收款人账号户名及出票金额等重要事项是否涂改；金额填写是否规范，大小写是否一致；加盖的印鉴章与该单位预留印鉴是否一致等。

(3) 收取款项交易处理：出票行经办人员审查凭证无误，收取款项。经办人员以委托书第一联作借方凭证，第二联作贷方凭证，将相关信息录入业务处理系统办理转账。

(4) 签发银行汇票：出票行经办人员转账完毕后，签发银行汇票。

出票行签发银行汇票时，出票日期和金额必须大写；签发转账银行汇票的，一律不得填写代理付款行名称，申请书注明"不得转让"外字样的，应在银行汇票备注栏内注明。

(5) 银行汇票复核盖章：签发的银行汇票经复核无误并按相关业务规定编制密押后，由印章管理工作人员在银行汇票第二联上加盖汇票专用章并由授权的经办人签名或盖章。

(6) 送别客户：汇票第二联连同第三联解讫通知联一并交申请人、送别客户。

(7) 后续处理：出票行经办人员在相关记账凭证上加盖业务清讫章及经办人员名章，作为办理业务的凭证与其他凭证一起装订保管。银行汇票第一联卡片加盖经办、复核名章，逐笔登记汇出汇款明细账后与银行汇票第四联一并专夹保管。同时销记重要空白凭证登记簿。

4.3.3　银行汇票解付

银行汇票解付是指代理付款行收到汇票后，先审查凭证、检查印鉴，再核对密押，办理相应的款项结算手续。

【业务流程及处理】

1)业务流程

代理付款行解付银行汇票业务操作流程如图 4-16 所示。

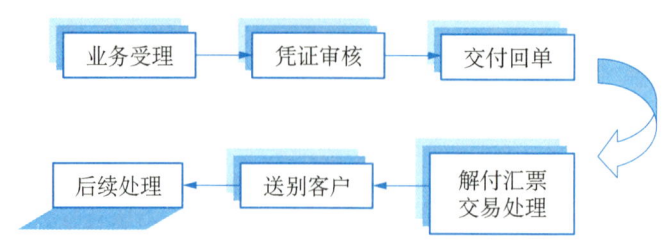

图 4-16 代理付款行解付银行汇票业务操作流程

2)业务处理

(1) 业务受理:持票人应根据银行汇票内容填写三联进账单连同银行汇票、解讫通知一并提交开户银行。

(2) 凭证审核:代理付款行经办人员收到凭证后应认真审查以下有关内容:①汇票和解讫通知的号码、内容是否一致,有无涂改;②汇票是否真实,是否统一规定印制的凭证,是否超过提示付款期限;③汇票填明的持票人是否在本行开户,与进账单上的名称是否一致;④汇票必须记载的事项是否齐全,出票金额、实际结算金额、出票日期、收款人名称等是否更改,其他记载事项的更改是否由原记载人签章证明;⑤出票行的签章是否符合规定,加盖的汇票专用章是否与印模相符;⑥出票金额大小写是否一致;⑦汇票的实际结算金额是否在出票金额以内,与进账单金额是否一致,多余金额结计是否正确;⑧持票人是否在背面签章;⑨背书转让汇票背书是否连续。

知识拓展——银行汇票逾期付款及退款处理

(3) 交付回单:经审查无误后,银行经办人员将进账单第一联加盖业务受理章作业务受理证明交持票人。

(4) 解付汇票交易处理:代理付款行经办人员将审核无误的进账单第二联作贷方凭证,将相关信息录入业务处理系统办理转账。进账单第三联加盖业务清讫章作收账通知交持票人。

(5) 送别客户:经办人员将有关单据整理好,确认无误后送别客户。

(6) 后续处理:代理付款行经办人员在相关记账凭证上加盖业务清讫章及经办人员名章,作为办理业务的凭证与其他凭证一起装订保管,同时按规定将汇票解付信息通知出票行。

4.3.4 银行汇票结清

银行汇票出票银行根据汇票的实际结算情况,如有多余款项或因汇票超过付款期等原因而退回时,进行票据资金结算退回汇票申请人。

【业务流程及处理】

1)业务流程

银行汇票出票银行结清业务流程如图 4-17 所示。

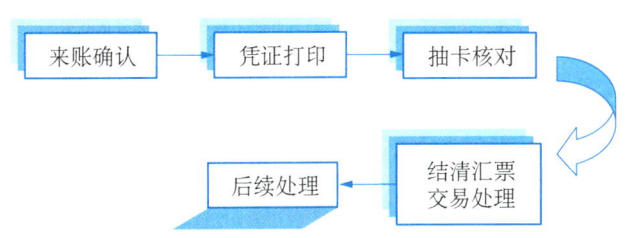

图 4-17 银行汇票出票银行结清业务流程

2)业务处理

(1)来账确认:出票行收到代理付款行通过行内系统或中国人民银行支付清算系统发来的付款信息。

(2)凭证打印:经办人员审核无误后打印资金汇划补充凭证。

(3)抽卡核对:出票行经办人员根据打印的补充报单,抽出专夹保管的汇票卡片,经核对确属本行签发,报单金额与实际结算金额相符,多余金额结计正确无误后,分别情况处理。

(4)结清汇票交易处理:①银行汇票部分付款。出票行经办人员应在汇票卡片的实际结算金额栏填写实际结算金额,将多余金额填写在多余款收账通知的多余金额栏内,汇票卡片作借方凭证,资金汇划补充凭证作借方凭证附件;银行汇票第三联解讫通知作多余款转账贷方凭证;将相关信息录入业务处理系统办理转账。②银行汇票全额付款。出票行经办人员应在汇票卡片的实际结算金额栏填入全部金额,在多余款收账通知的多余金额栏填写"－0－",汇票卡片作借方凭证,资金汇划补充凭证与多余款收账通知作借方凭证附件,将相关信息录入业务处理系统办理转账。

(5)后续处理:出票行经办人员在相关记账凭证上加盖业务清讫章及经办人员名章,作为办理业务的凭证与其他凭证一起装订保管,将第四联多余款收账通知加盖业务清讫章作收账通知交申请人,同时销记汇出汇款账。

【课堂案例 4-1】

模拟银行科技支行的开户单位长城集团公司(账号 110000102017623)于 2021 年 6 月 20 日提交业务委托书申请签发银行汇票支付货款,金额为 290 000 元,收款人为模拟银行湛江海港支行开户单位中仪电器有限公司(账号 2003600248956200)。经办人员按规定为其办理银行汇票签发业务。

【案例解析】

业务内容:银行汇票签发。

关键环节:

(1)申请人填写"业务委托书"提交签发银行,凭证要素审核(图 4-18)。

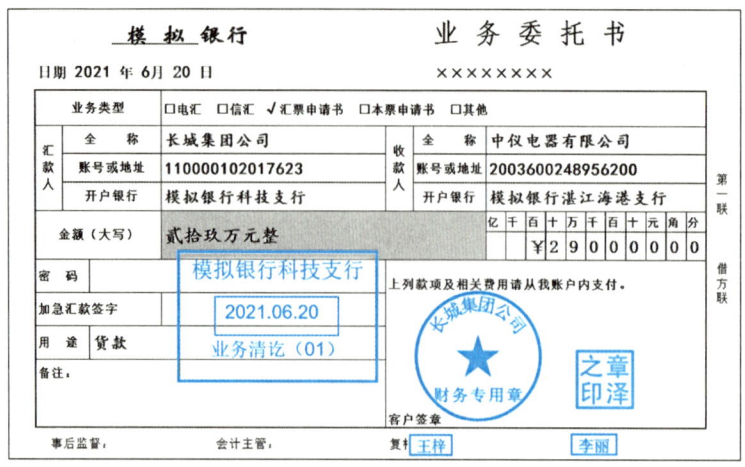

图 4-18 银行汇票签发环节(业务委托书)

(2)出票行收取款项,会计核算为:

借:单位活期存款——长城集团公司户　　　　　　290 000
　　贷:汇出汇款　　　　　　　　　　　　　　　　　　290 000

(3)出票行签发银行汇票(图 4-19)。

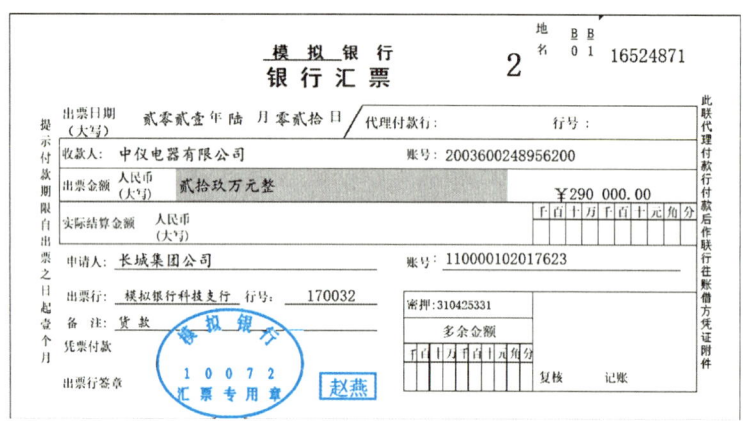

图 4-19 银行汇票签发环节(银行汇票出票)

【课堂案例 4-2】

模拟银行湛江海港支行开户单位中仪电器有限公司(账号 2003600248956200)于 2021 年 6 月 27 日提交进账单和 16524871 号两联银行汇票申请兑付,汇票金额为 290 000 元,进账单及实际结算金额为 286 000 元。汇票系模拟银行科技支行(行号 170032)2021 年 6 月 20 日签发,汇票申请人为模拟银行科技支行开户单位长城集团公司(账号 110000102017623)。模拟银行湛江海港支行经办人员按规定为其办理解付手续。

【案例解析】

业务内容:银行汇票解付。

关键环节：

(1) 持票人(中仪电器)提交进账单、银行汇票及解讫通知一并提交开户银行(湛江海港支行)申请兑付(图4-20,图4-21)。

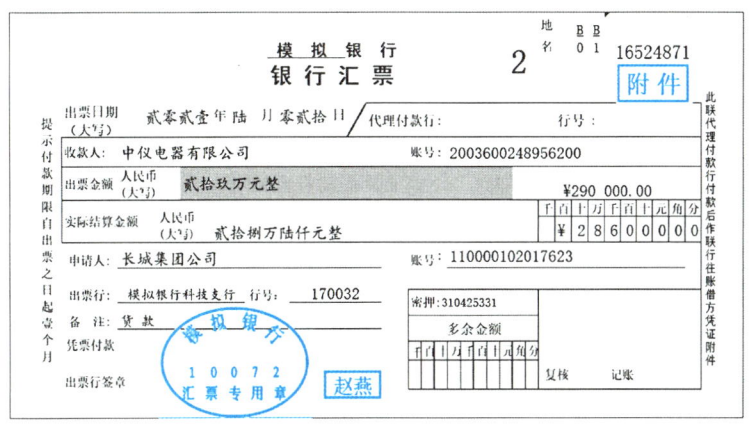

图4-20 银行汇票结清环节(汇票第二联)

图4-21 银行汇票申请兑付环节(填制进账单)

(2) 湛江海港支行作为代理付款行审核凭证各要素,代理付款行按实际结算金额兑付汇票交易,会计核算为：

借：清算资金往来　　　　　　　　　　　　　　　　　　286 000
　　贷：单位活期存款——中仪电器有限公司户　　　　　　286 000

(3) 代理付款行经办人员将进账单第三联加盖业务清讫章作收账通知交持票人。

【课堂案例4-3】

2021年6月28日,模拟银行科技支行(行号170032)经办人员收到模拟银行湛江海港支行(行号170056)发来的汇票解讫借报信息。汇票系本行开户单位长城集团公司(账号110000102017623)于2021年6月20日申请签发,支付模拟银行湛江海港支行开户单位中仪电器有限公司(账号2003600248956201)货款,汇票金额为290 000元,报单金额为286 000元。模拟银行科技支行经办人员按规定办理银行汇票结清手续。

【案例解析】

业务内容:银行汇票结清。

关键环节:

(1)出票行收到汇票解讫付款信息,审核无误后打印资金汇划补充凭证(图4-22)。

图4-22　银行汇票结清环节(汇票解讫借报信息)

(2)出票行经办人员在汇票卡片上填写实际结算金额并作借方凭证,资金汇划补充凭证作借方凭证附件,汇票部分付款(图4-23)。会计核算为:

借:汇出汇款	290 000
贷:清算资金往来	286 000
单位活期存款——长城集团户	4 000

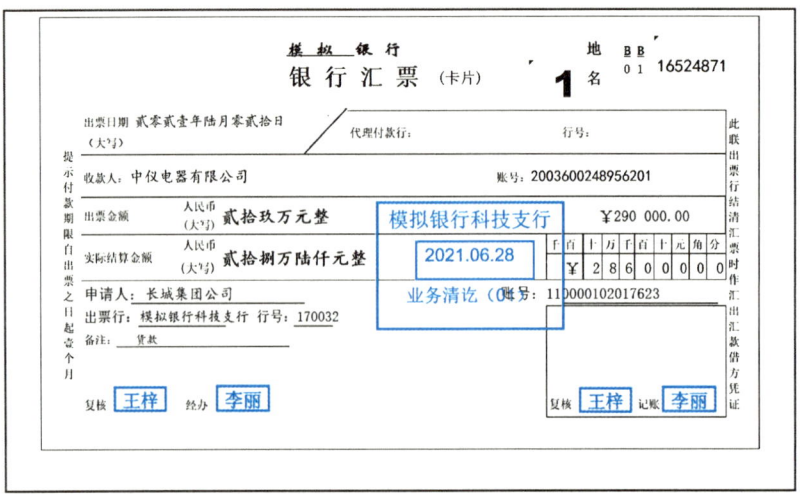

图4-23　银行汇票结清环节(汇票卡片联)

（3）出票行经办人员将第四联多余款收账通知加盖业务清讫章作收账通知交原汇票申请人长城集团公司（图4-24）。

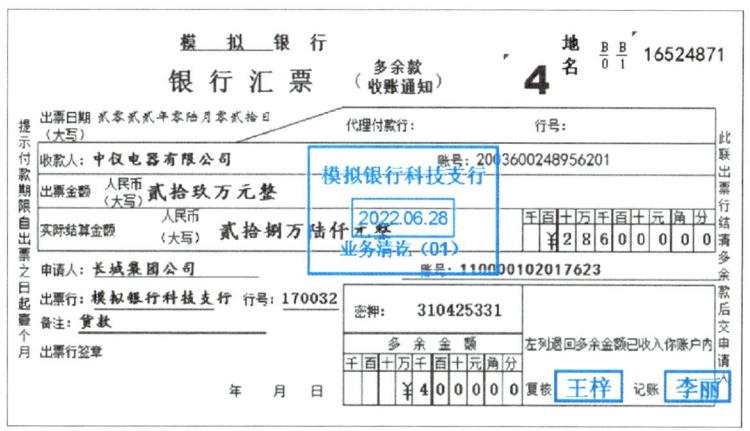

图4-24　银行汇票结清环节（多余款项退还原汇票申请人）

任务实训

银行汇票业务处理

一、实训目的

1. 熟悉银行汇票业务的基础知识与相关结算规定。
2. 熟悉银行汇票签发、兑付、结清等典型环节的处理流程。
3. 掌握银行汇票业务核心关键环节合规处理及相应的风险防范。
4. 培养团队合作精神、沟通能力和语言表达能力。

二、实训要求

分组进行：每3～5人一组，选出1名组长，以模拟银行经办人员以及客户身份进行相应业务处理。

三、实训内容

任务1：请模拟柜员填制和审核相应银行票据

2022年3月13日，模拟银行科技支行柜台人员经办了如下业务：开户单位华宇电子有限公司（账号110000136215246）提交业务委托书，申请签发银行汇票，金额为372 300元，支付货款，收款人为模拟银行河源新城支行开户单位利和进出口贸易公司（账号320100056028903）。本行审核后予以签发银行汇票（号码2350098）。

2022年3月16日，模拟银行河源新城支行（行号200516）开户单位利和进出口贸易公司（账号320100056028903）提交进账单和两联银行汇票（号码2350098），进账单及实际结算金额为370 000元，汇票系模拟银行科技支行（行号10072）3日前签发，该行审核后予以兑付。

2022年3月16日，银行科技支行柜台收到模拟银行湖州支行（行号01238）银行汇票解付借报信息（号码2350098），报单金额为370 000元，经抽卡核对无误，予以结清。

任务 2：实训平台模拟处理

广州丰力汽车设备有限公司向自己的开户银行申请签发了汇票一张。票据金额为 21 000 元，现转标识为转账，转让标识必须为不可再转让，付款类型为有卡折支付，手续费收费方式为转账，收款人是广州裕达投资管理有限公司，代理付款行行号为 105584000193；10 天之后，因票据填写有误，票据被强行退回给出票人，挂失止付编号是 1221。

四、总结分析

汇报小组实训成果，小组互评，教师点评。

任务 4.4　银行承兑汇票业务处理

银行承兑汇票是商业汇票的一种。商业汇票从 20 世纪 80 年代在我国重新使用以来，极大地方便了企业的经济交往，促进了市场经济的发展。商业汇票包括银行承兑汇票和商业承兑汇票，其中银行承兑汇票业务占据商业汇票业务量的 80% 以上，具有非常广泛的使用范围。

随着我国经济的快速增长，央行为支持中小金融机构和中小企业发展，促进货币市场成长，采取了一系列措施推动票据市场发展，我国票据业务发展呈现出以下特点：一是票据业务持续发展，市场规模迅速扩大，达到万亿市场级别。二是票据本身的融资功能被逐步发现，签发和贴现商业票据等票据融资业务已成为中小企业最重要的短期直接融资渠道，有助于以市场方式缓解中小企业融资难问题；票据作为企业间、银企间的融资工具，兼具结算和融资功能，被广泛使用。三是银行承兑汇票仍是票据市场的最主要工具。全年银行承兑汇票累计签发量、当月签发量、未到期余额、贴现量均占商业汇票总额的 97% 以上。可见，在万亿级别的中国票据市场中，银行承兑汇票作为主要流通票据，市场需求非常大。

本任务以银行承兑汇票的业务处理作为学习重点，但在这之前会先介绍商业汇票的有关概念。

4.4.1　商业汇票概述

商业汇票是由出票人签发，委托付款人在指定日期无条件支付确定的金额给收款人或持票人的票据。在银行开立账户的法人以及其他组织之间，必须具有真实的交易关系和债权债务关系，才能使用商业汇票。

签发商业汇票必须记载以下内容，欠缺以下事项之一的，商业汇票无效：表明"商业汇票"的字样；无条件的支付委托；确定的金额；付款人名称；出票日期；出票人签章。

商业汇票必须经过承兑。商业汇票的承兑人为付款人。根据承兑人的不同，商业汇票分为商业承兑汇票和银行承兑汇票。由银行以外的付款人承兑的汇票为**商业承兑汇票**，由银行承兑的汇票为**银行承兑汇票**。

行业观察

2021年票据市场承兑金额平稳增长[①]

在宏观经济面临多重压力、企业生产经营困难增加的情况下，票据的延期支付功能更加契合银企诉求，推动承兑业务保持平稳增长。2021年，全市场承兑金额为24.15万亿元，同比增长9.32%。其中，银行承兑汇票（以下又称银票）承兑20.35万亿元，增长10.19%；商业承兑汇票（以下又称商票）承兑3.80万亿元，增长4.85%。分机构类型看，全年国有银行承兑金额同比增长12.96%，高于全市场银票承兑金额增速2.77个百分点；股份制银行承兑金额同比增长10.79%，高于全市场平均增速0.60个百分点；城商行和农村金融机构承兑金额增速分别为8.49%和6.93%，较全市场平均增速分别低1.70个和3.26个百分点。国有银行和股份制银行的带动作用较为明显。

有关2019—2021年全市场票据承兑金额变化及不同类型机构银行承兑汇票承兑金额变化情况如图4-25和图4-26所示。

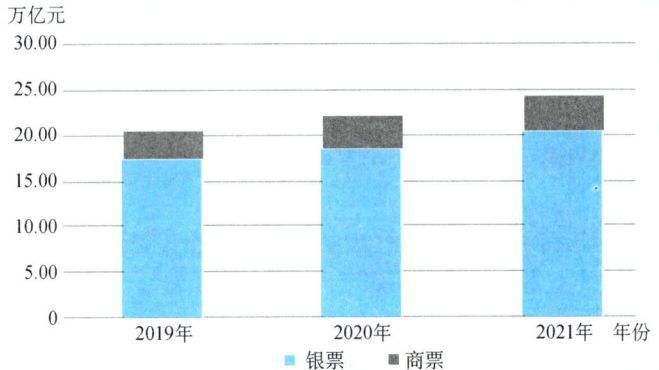

图4-25　2019—2021年全市场票据承兑金额变化

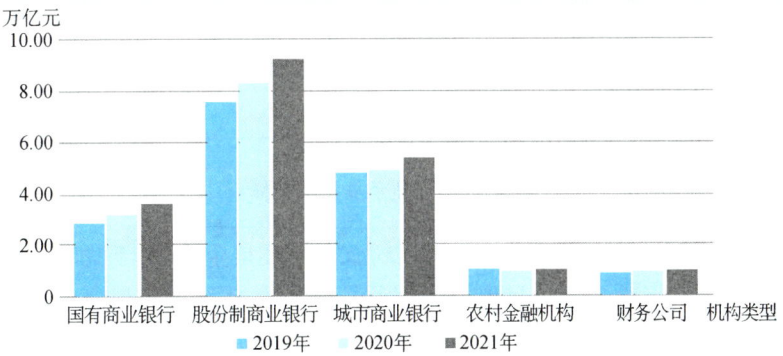

图4-26　2019—2021年不同类型机构银行承兑汇票承兑金额变化

[①] 商承宝.贴票宝：2021年票据市场发展回顾[EB/OL].(2022-01-21)[2023-02-17].https://baijiahao.baidu.com/s?id=1722566240318592182&wfr=spider&for=pc.

商业汇票可以在签发时向付款人提示承兑后使用,也可以在汇票出票后先使用再向付款人提示承兑。付款人应当在自收到提示承兑的汇票之日起3日内承兑或拒绝承兑。付款人拒绝承兑的,必须出具拒绝承兑的证明。付款人承兑商业汇票,不得附有条件,承兑附有条件的,视为拒绝承兑。

商业汇票的付款期限最长不得超过6个月。商业汇票可以背书转让。商业汇票的提示付款期限,自汇票到期日起10日。持票人应在提示付款期内通过开户银行委托收款或直接向付款人提示付款。商业汇票的持票人在汇票未到期前需用资金的,可持未到期的商业汇票向开户银行申请贴现,贴现银行也可继续进行再贴现和转贴现。

1) 商业承兑汇票的特点与相关规定

商业承兑汇票,可由付款人签发并承兑,也可由收款人签发交由付款人承兑。商业承兑汇票的付款人在到期日无力支付票款的,银行不必代付款项,只需将票据退回给收款人,由购销双方自行处理。商业承兑汇票是一式三联:卡片联、汇票、存根联(图4-27)。

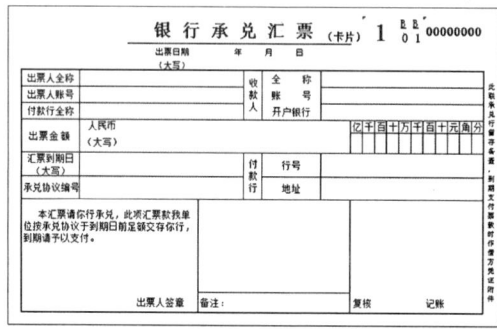

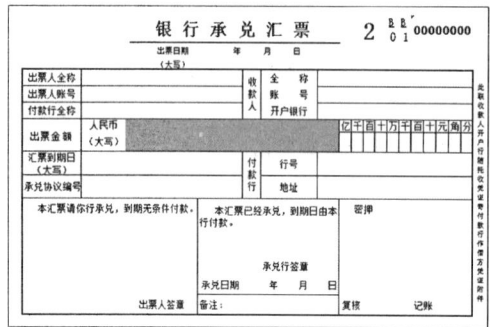
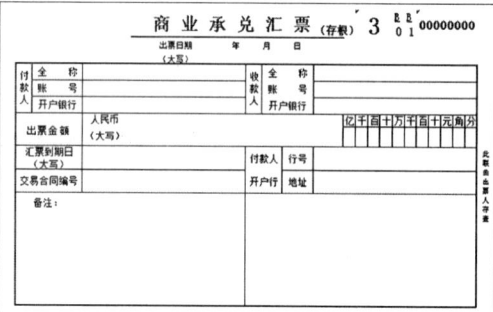

图4-27 商业承兑汇票票样

与银行承兑汇票相比,商业承兑汇票的付款人一般是企业,由于我国的商业信用体系尚未完全建立,商业承兑汇票贴现较银行汇票难度大,不容易被持票人接受。如果银行在商业承兑汇票后加具保贴函,持票人得到银行贴现的承诺,可以在票据未到期前,通过向银行申请贴现提前融通资金。票据到期后,由银行向承兑人提示付款。因此,附加保贴函后的商业承兑汇票的被接受度大大提高,基本功能上可视同银行承兑汇票,可作为企业用于支付的资金融通的重要信用工具。

商业承兑汇票的出票人,为在银行开立存款账户的法人以及其他组织,应与付款人具有真实的委托付款关系。出票人不得签发无对价的商业汇票用以骗取银行或其他票据当事人的资金。

商业承兑汇票托收、付款与收款业务处理流程请参考之后介绍的银行承兑汇票业务处理全流程，此处不详细介绍。

2）电子商业汇票

(1) 电子商业汇票的概念与分类。

除了传统的纸质商业汇票，中国人民银行利用依托电子商业汇票系统推出了电子商业汇票业务。

电子商业汇票是指出票人依托电子商业汇票系统，以数据电文形式制作的，委托付款人在指定日期无条件支付确定的金额给收款人或者持票人的票据。按照承兑人的不同，电子商业汇票又分电子商业承兑汇票和电子银行承兑汇票。

电子商业承兑汇票由银行、财务公司以外的法人或其他组织承兑，其付款人为承兑人。

电子银行承兑汇票由银行或财务公司承兑（图 4-28）。

显示日期

电子银行承兑汇票

出票日期　　　　票据状态

汇票到期日　　　　票据号码

出票人	全　称		收票人	全　称	
	账　号			账　号	
	开户银行			开户银行	
出票保证信息	保证人名称：		保证人地址：		保证日期：
出票金额	人民币（大写）				亿 千 百 十 万 千 百 十 元 角 分
承兑人信息	全　称		开户行行号		
	账　号		开户行名称		
交易合同号			承兑信息	出票人承诺：本汇票请予以承兑，到期无条件付款	
能否转让				承兑人承兑：本汇票已经承兑，到期无条件付款	
				承兑日期	
承兑保证信息	保证人名称：		保证人地址：		保证日期：
评级信息（由出票人、承兑人自己记载，仅供参考）	出票人	评级主体：		信用等级：	评级到期日：
	承兑人	评级主体：		信用等级：	评级到期日：

图 4-28　电子银行承兑汇票

(2) 电子商业汇票的相关规定与期限。

电子商业汇票必须在中国人民银行批准建立的电子商业汇票系统中签发并流转，即电子商业汇票的出票、承兑、背书、保证、提示付款和追索等业务，必须通过电子商业汇票系统办理。

电子商业汇票为定日付款票据，付款期限自出票日起至到期日止，最长不得超过 1 年。

(3) 电子商业汇票的优点及与纸票的区别。

与纸质商业汇票相比，电子商业汇票具有以数据电文形式签发、流转，并以电子签名取代实体签章两个突出的特点。

电子商业汇票的优点包括以下几点：

第一，提高票据业务的透明度和时效性，优化票据业务的管理手段和水平，全程跟踪票据业务办理的各个环节，有利于对票据业务进行汇总统计和实时监测，防范票据业务风险。

第二，推行电子商业汇票能克服纸质票据易遗失、损坏和遭抢劫的缺点。电子商业汇票存储在系统中，通过可靠的安全认证机制能保证其唯一性、完整性、安全性，降低纸质票据携带和转让的风险。

第三，能抑制假票、克隆票犯罪。电子商业汇票使用经过安全认证的电子数据流和可靠的电子签名，能够抑制假票和克隆票犯罪。

第四，推行电子商业汇票后，银行及有关单位能节省成本，提高票据的标准化水平，简化交易过程，提高交易效率。

第五，有助于统一的票据市场的形成，促进金融市场的连通和发展。

电子商业汇票与纸质商业汇票的区别如表4-3所示。

表4-3　　　　　　　　　电子商业汇票与纸质商业汇票的区别

特点	电子商业汇票	纸质商业汇票
存储介质	数据电文	实物纸张
最长期限	12个月	6个月
单张最高金额	10亿元	1 000万元
办理速度	少于10分钟	数小时
办理渠道	网银或现金管理系统客户端	银行柜台
安全性	高	低，易伪造、变更
签章方式	符合《中华人民共和国电子签名法》的电子签章	预留印鉴等实体签章
传递方式	网络传输，实时快速	人工传递，速度慢成本高
记载方式	计算机录入，信息自动核对	手工书写，操作风险高

(4) 电子商业汇票出票操作流程。

电子商业汇票出票操作流程如图4-29所示。

电子商业汇票通过采用电子签名和可靠的安全认证机制，能够保证其唯一性、完整性和安全性，降低了票据被克隆、变造、伪造以及丢失、损毁等各种风险。电子商业汇票的出票、保证、承兑、交付、背书、质押、贴现、转贴现、再贴现等一切票据行为均在电子商业汇票系统上进行，可大大提升票据流转效率，降低人力及财务成本，有效提升金融和商务效率。

(5) 企业申请办理电子银行承兑汇票的条件包括：①申请企业在承兑行开立结算账户；②承兑行与企业双方签订电子商业汇票业务服务协议；③企业填写电子商业汇票业务申请表，申请开办电子票据业务；④承兑行为企业开通业务功能，并制作数字证书；⑤承兑行与企业双方根据业务种类签订相应协议。

3) 银行承兑汇票的概念与特点

银行承兑汇票是由付款人委托银行开立的一种延期支付票据，票据到期银行具有见票即付的义务；票据最长期限为6个月，票据期限内可以进行背书转让(图4-30)。

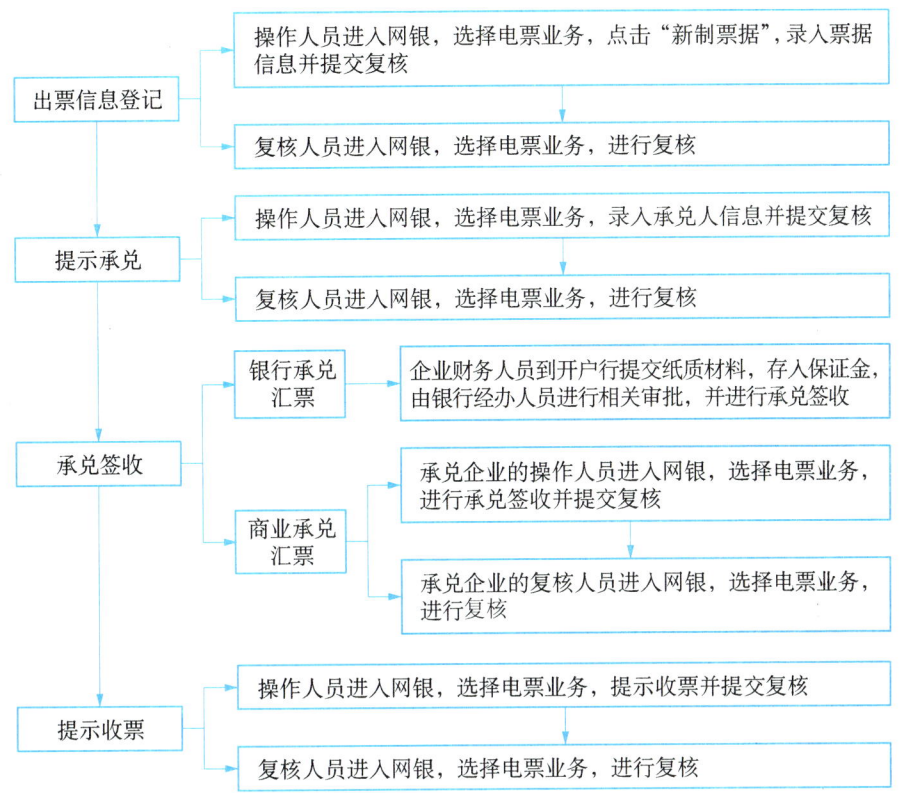

图 4-29 电子商业汇票的出票操作流程

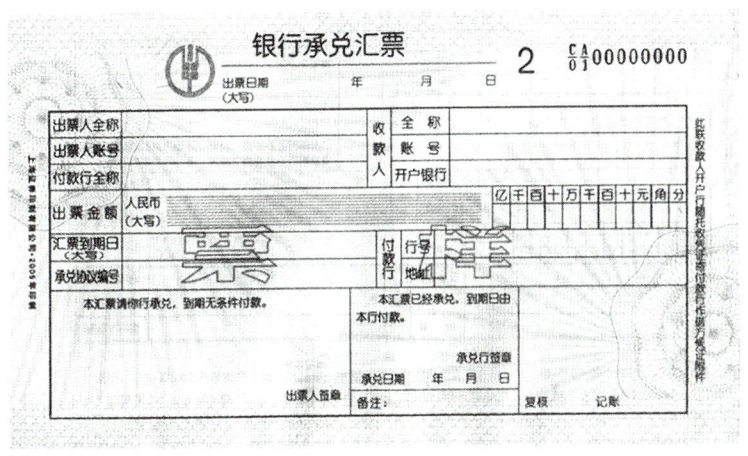

图 4-30 银行承兑汇票票样

银行承兑汇票的特点如下:

信用好,承兑性强。银行承兑汇票经银行承兑到期无条件付款,等于是把企业之间的商业信用转化为银行信用。对企业来说,收到银行承兑汇票,就如同收到了现金。

流通性强,灵活性高。银行承兑汇票可以背书转让,也可以申请贴现,不会占压企业的资金。对于卖方来说,对现有或新的客户提供远期付款方式,可以增加销售额,提高市场竞争力。对于买方来说,利用远期付款,以有限的资本购进更多货物,最大限度地减少对营运资金的占用与需求,有利于扩大生产规模。

节约资金成本。对于实力较强,信誉级别较高的企业,只需交纳规定的保证金,按照授信业务流程就能申请开立银行承兑汇票,用于进行正常的购销业务,待付款日期临近时再将资金交付给银行。相对于贷款融资,银行承兑汇票可以明显降低财务费用。

4) 银行承兑汇票的相关规定与申请条件

银行承兑汇票由银行承兑,由在承兑银行开立存款账户的存款人签发。如果在票据到期日,付款人无力支付票款,银行必须先兑付给持票人,再向付款人追回票款。银行承兑汇票为一式三联:卡片联、汇票、存根联。

银行由于要担保,会对委托开立银行承兑汇票的单位有一定要求,一般情况下会要求企业存入与票据金额等值的保证金至票据到期时解付,也有些企业向银行存入票据金额百分之几十的保证金,但必须由银行向企业做银行承兑汇票授信并在授信额度范围内使用信用额度,如果没有银行授信企业等单位是没有开立银行承兑汇票资格的。

银行承兑汇票的出票人需要具备的条件包括:①在承兑银行开立存款账户的法人以及其他组织;②与承兑银行具有真实的委托付款关系;③能提供具有法律效力的购销合同及其增值税发票;④有足够的支付能力,良好的结算记录和结算信誉;⑤与银行信贷关系良好,无贷款逾期记录;⑥能提供相应的担保,或按要求存入一定比例的保证金;⑦出票人有良好的信用保证。

若使用银行系统签收电子银行承兑汇票,可以通过企业网银核实具体票据信息。持票人超过提示付款期但未超过票据到期日 2 年提示付款的,在做出合理书面说明后,承兑行可按规定付款。持票人超过票据到期日 2 年提示付款的,承兑行可拒付票款。

5) 银行承兑汇票结算流程

银行承兑汇票按其票据生命周期划分,可分为承兑开立、贴现、到期结清三个阶段,结算全流程如图 4-31 所示,贴现业务流程如图 4-32 所示。

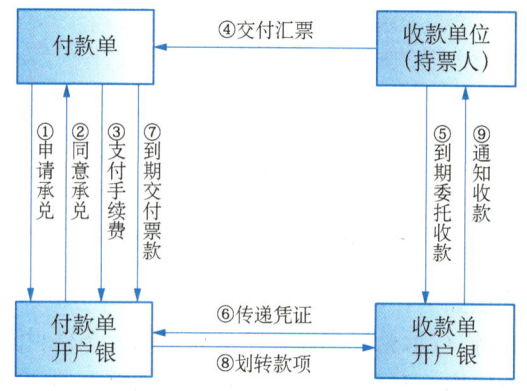

图 4-31　银行承兑汇票结算流程

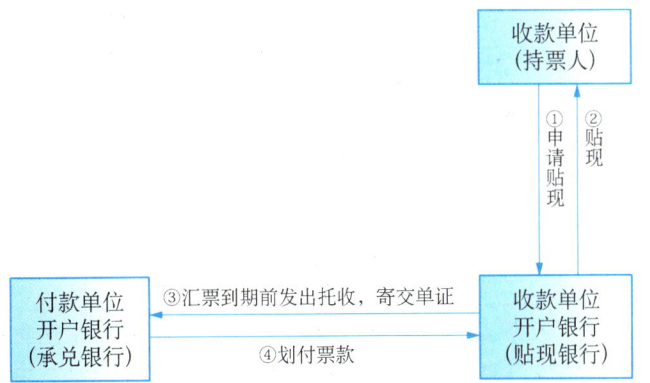

图 4-32　银行承兑汇票贴现业务流程

4.4.2　银行承兑汇票承兑开立

经济活动中交易双方经过协商，签订商品交易合同，并在合同中注明采用银行承兑汇票进行结算，付款企业向开户银行提交申请签发银行承兑汇票。出票银行按授信业务进行资料审查和审批，签妥银行承兑协议，收取相应承兑手续费，办理承兑出票。

【业务流程及处理】

1）业务流程

银行承兑汇票承兑业务流程如图 4-33 所示。

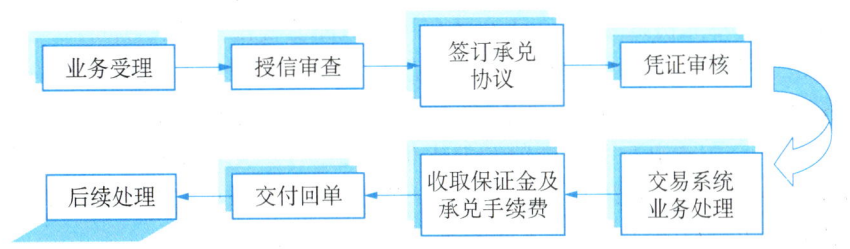

图 4-33　银行承兑汇票承兑业务流程

2）业务处理

(1) 业务受理： 在承兑银行开立存款账户的法人及其组织之间应根据真实的业务交易背景申请签发银行承兑汇票，银行承兑汇票为一式三联：第一联为卡片，由承兑行留存备查，到期支付票款时作借方凭证附件；第二联为汇票，由持票人开户行随委托收款凭证寄付款行作借方凭证附件；第三联为存根，由出票人存查(图 4-34)。

(2) 授信审查： 承兑银行授信部门工作人员受理业务后，应按规定流程对申请企业进行资格审核，银行承兑汇票出票人需要具备的条件：①在承兑银行开立存款账户的法人以及其他组织；②与承兑银行具有真实的委托付款关系；③能提供具有法律效力的购销合同及其增值税发票；④有足够的支付能力，良好的结算记录和结算信誉；⑤与银行

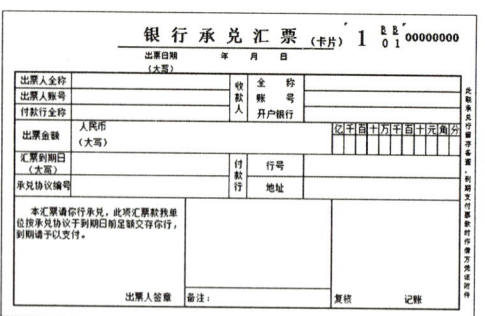
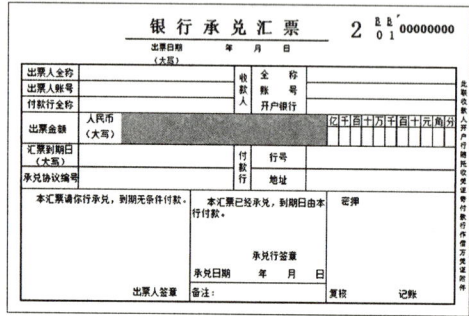
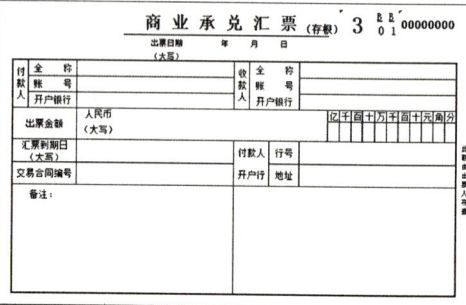

图 4-34　银行承兑汇票票样

信贷关系良好,无贷款逾期记录;⑥能提供相应的担保,或按要求存入一定比例的保证金;⑦出票人有良好的信用保证。

(3) 签订承兑协议: 由出票人或持票人提示承兑时,承兑银行授信部门应按照支付结算办法和有关规定审查出票人的资信状况,同意后即可与出票人签署银行承兑协议。银行审核完银行承兑协议之后,在银行承兑协议上加盖银行公章或合同章。

纸质银行承兑汇票的承兑期限最长不超过 6 个月,电子银行承兑汇票的承兑期限最长不超过 1 年。承兑申请人在银行承兑汇票到期未付款的,按规定计收逾期罚息。

(4) 凭证审核: 承兑行会计部门经办人员接到银行承兑汇票申请和承兑协议审核无误后,在第一、第二联汇票上注明承兑协议编号,在第二联汇票"承兑人签章"处加盖汇票专用章并由授权的经办人签名或盖章,按规定编制密押。

(5) 交易系统业务处理: 经办人员在交易系统进行业务处理。

(6) 收取保证金及承兑手续费: 承兑行会计部门经办人员按照承兑协议规定向出票人分别先收取保证金,再收取承兑手续费,编制收费凭证,将相关信息录入业务处理系统办理转账。

按照银行承兑协议的规定,付款单位办理承兑手续应向承兑银行支付手续费,由开户银行从付款单位存款户中扣收。按照现行规定,银行承兑手续费按银行承兑汇票的票面金额的 0.5‰计收,每笔手续费不足 10 元的,按 10 元计收。

会计核算为:

借:单位活期存款——申请人户

　贷:保证金存款——申请人户

　　　手续费收入

(7) 交付回单：承兑行经办人员账务处理完毕，由出票人申请承兑的，将第二联汇票和承兑协议交给出票人；由持票人提示承兑的，将第二联汇票交给持票人，承兑协议交给出票人。

(8) 后续处理：承兑行经办人员在有关记账凭证上加盖业务清讫章及经办人员名章，作为办理业务的凭证与其他凭证一起装订保管，同时根据第一联银行承兑汇票卡片填制银行承兑汇票表外科目收入凭证，登记表外科目登记簿的表外记账处理为：收入：银行承兑汇票。

思政园地

加强法律风险防范，营造法治营商环境①

随着票据在不同主体之间的流转，汇票纠纷产生的原因分布于出票、承兑、背书、贴现、质押、付款、追索七个环节。各环节的行为主体要注重在真实的交易背景下依照法律法规审慎履行义务，积极行使票据权利。

(1) 在出票环节，应当审查出票行为的有效条件以及票面信息的规范性。

(2) 在承兑环节，应当及时提示承兑，未按照规定期限提示承兑的，持票人丧失对其前手的追索权。

(3) 在背书环节，持票人可以将汇票权利背书转让，接收人应当审查是否记载了背书信息，背书信息是否连续以及是否存在禁止背书的情形。

(4) 在贴现环节，应当审查票据对应的基础交易真实性。

(5) 在质押环节，应当记载"质押"字样以及在票据上签章。

(6) 在付款环节，持票人应当按照期限提示付款，付款人应当履行审查义务，恶意或者有重大过失付款的，自行承担责任。

(7) 在追索环节，持票人可以自由选择追索对象行使追索权，不受承担票据债务顺序的限制，也可以选择前手中任何一人、多人或者全部债务人行使追索权。追索权是持票人享有的第二顺序权利，在付款请求权被拒绝或者法定情形出现时才可以行使。

规范票据市场是营造法治营商环境的要求。在我国迈入新阶段贯彻新理念构建新格局和经济高质量发展的进程中，中国票据市场应加强顶层设计，推动票据法规与时俱进修改，加强监管统一协调，更积极地发展票据信用，发展供应链、产业链金融的票据应用，精准服务乡村振兴、民营企业、中小微企业和普惠小企业、先进制造业、绿色经济发展。

---

① 澎湃网. 一张银行承兑汇票引起的关联纠纷[EB/OL]. (2022-02-16)[2023-02-17]. https://m.thepaper.cn/baijiahao_16729806.

行业观察

银行承兑汇票承兑环节主要风险点

银行承兑汇票承兑环节风险点主要表现如表 4-4 所示。

表 4-4　　　　银行承兑汇票承兑环节风险点

企业存在欺诈行为套取银行资金	伪造票据
	业务办理中"票据掉包"
	提供虚假交易合同
银行内部管理、操作风险	出票申请人资格审查不严
	违反操作流程办理业务
	放松授信审查条件
	银行内部人员工作失职

【课堂案例 4-4】

2021 年 6 月 12 日,模拟银行科技支行开户单位华联商业集团公司(账号 110000120101651)签发银行承兑汇票 1 份申请承兑,金额为 400 万元(30% 为保证金,70% 为房产抵押),期限是 6 个月,收款人为工行南宁市延安支行(行号 30219)开户单位宏源贸易有限公司(账号 1102044000000008263),银行承兑汇票手续费为 0.5‰。经办人员按规定为其办理承兑手续(承兑汇票号码 29075156)。

【案例解析】

业务内容:银行承兑汇票承兑开立。

关键环节:

(1) 承兑银行与出票人签署银行承兑协议(图 4-35)。

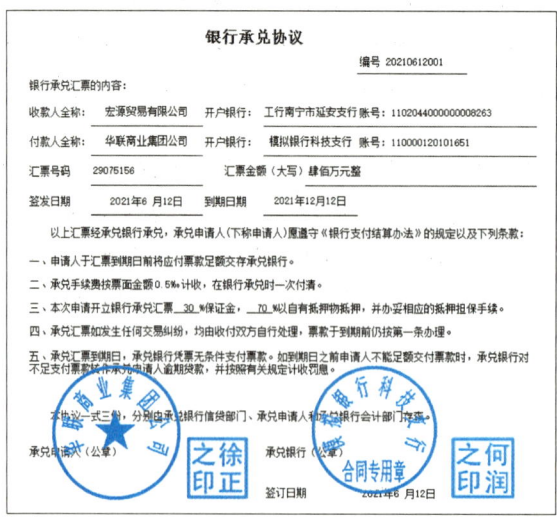

图 4-35　银行承兑协议

(2) 承兑银行进行凭证审核与汇票盖章,签发银行承兑汇票(图4-36,图4-37)。

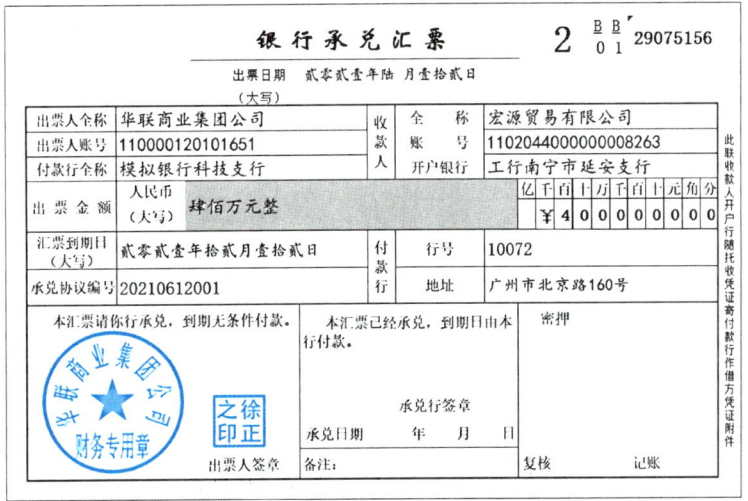

图4-36 承兑银行签发环节-出票

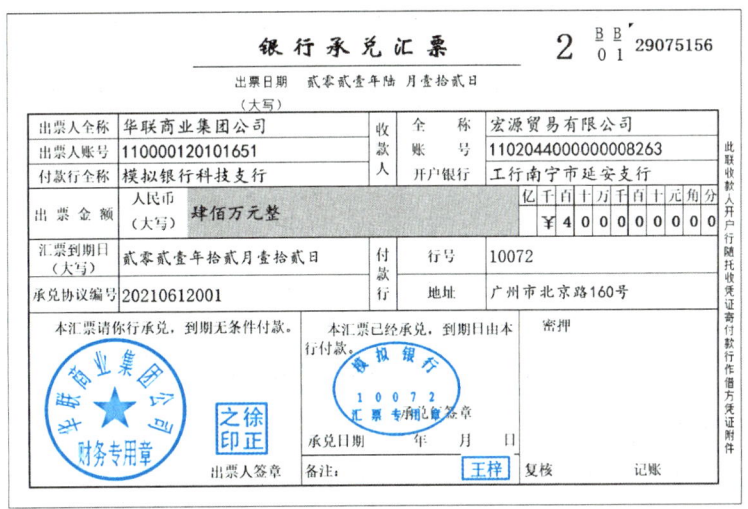

图4-37 银行承兑汇票签发环节-出票行完章

(3) 兑银行收取保证金,按0.5‰计收承兑手续费,编制收费凭证(图4-38,图4-39)。

会计核算为:

借:单位活期存款——华联商业集团公司户　　　　　　　1 200 000
　　贷:保证金存款——华联商业集团公司户　　　　　　　1 200 000
借:单位活期存款——华联商业集团公司户　　　　　　　2 000
　　贷:手续费收入　　　　　　　　　　　　　　　　　　2 000

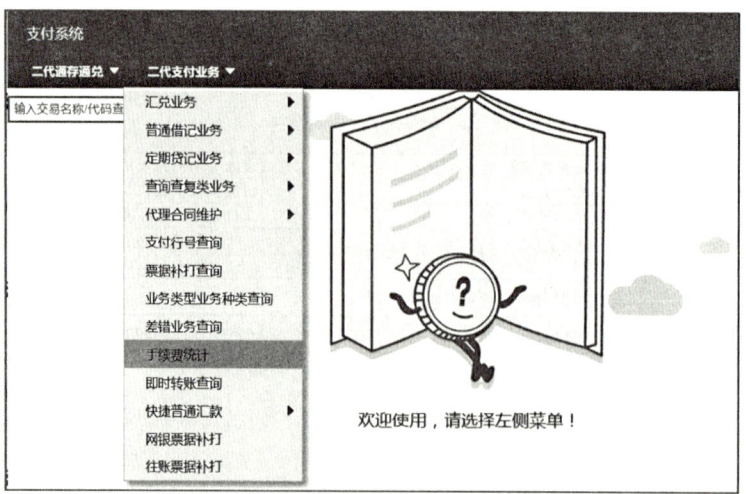

图 4-38 收取承兑手续费交易接界面

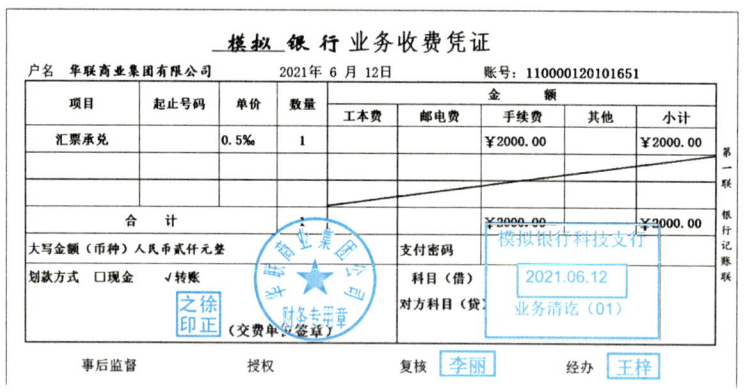

图 4-39 收取承兑手续费凭证

（4）承兑银行经办人员填制银行承兑汇票表外科目收入凭证（图 4-40）。
同时应进行表外科目记账，在备查簿上登记为：收入：银行承兑汇票 4 000 000。

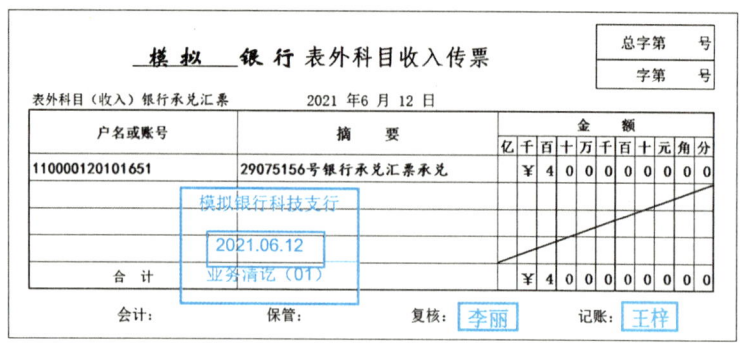

图 4-40 承兑银行表外科目收入记账凭证

4.4.3 银行承兑汇票贴现

<u>贴现</u>是指持票人持未到期的商业汇票向银行融通资金的一种信用行为。持票人将未到期的商业汇票向银行申请贴现,银行从汇票金额中扣除自贴现日至汇票到期前一日止的利息,将差额支付给持票人,它是银行向持票人融通资金的一种方式。贴现申请人申请贴现时,必须在贴现银行开立存款账户。

这里以银行承兑汇票为例介绍贴现业务处理。

1) 银行承兑汇票贴现的条件

汇票持票人向商业银行或其他经人民银行批准的金融机构申请办理贴现,应具备以下条件:

(1) 经工商行政管理机关(或主管机关)核准登记的企(事)业法人、其他经济组织、个体工商户,并依法从事经营活动。

(2) 持票人资信状况良好。

(3) 与出票人(或直接前手)之间具有真实合法的商品或劳务交易关系,并对票据贸易背景的真实性负责。

(4) 持有尚未到期且合乎法定要式、要式完整的银行承兑汇票。

(5) 在贴现银行开立存款账户。

知识拓展——票据贴现与转贴现再贴现的区别

2) 办理银行承兑汇票贴现的资料

持票人申请办理汇票贴现须提交的资料如下:

(1) 银行承兑汇票贴现申请书。

(2) 经持票人背书的尚未到期且合乎法定、要式的汇票。

(3) 经年检的营业执照或事业单位法人证书、组织机构代码证、贷款卡、法定代表人身份证和经办人身份证。

(4) 持票人与出票人(或直接前手)之间签订的真实、合法的商品或劳务交易合同原件,或其他能够证实商品或劳务交易关系真实性的书面证明。

(5) 持票人与出票人(或直接前手)之间发生商品或劳务交易的增值税发票或普通发票原件。

 行业观察

从边缘地带到监管中心,司法视角解读"贴现"[①]

现行的《商业汇票管理办法》第五条对贴现的定义作出了明确:贴现是指持票人在商业汇票到期日前,贴付一定利息将票据转让至具有贷款业务资质法人的行为。尽管现行《商业汇票管理办法》对贴现的定义较1997年颁布的《商业汇票承兑、贴现

---

① 商票圈. 最新!《商票政策法规动态跟踪报告》[EB/OL]. (2022-03-09)[2023-02-17]. https://baijiahao.baidu.com/s?id=1726818413373588188&wfr=spider&for=pc.

与再贴现管理办法》(以下简称旧《办法》)中的表述作出了一定的调整,但仍然保留贴现行为的实质定义。旧《办法》第二条:商业汇票的持票人在汇票到期日前,为了取得资金贴付一定利息将票据权利转让给金融机构的票据行为,是金融机构向持票人融通资金的一种方式。同时,《贷款通则》第九条中表示:票据贴现,系指贷款人以购买借款人未到期商业票据的方式发放的贷款。可见,贴现的本质是,向持票人购买未到期的商业票据,并收取一定利息的行为,而商业票据是该交易行为的标的。

【业务流程及处理】

3)业务流程

银行承兑汇票贴现发放业务流程如图4-41所示。

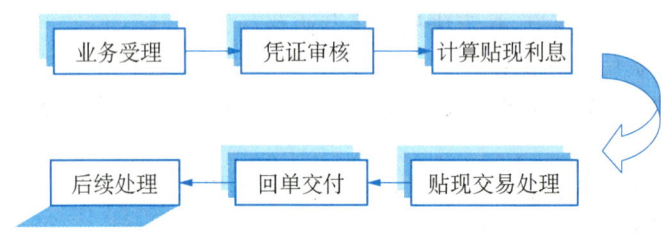

图4-41 银行承兑汇票贴现发放业务流程

4)业务处理

(1) **业务受理**:贴现申请人在贴现凭证第一联上加盖预留银行印鉴,连同汇票一并送交银行。会计部门审核票据真实、背书连续、企业签章有效后,交信贷管理部审批,银行信贷部门按照信贷管理办法和支付结算办法的有关规定进行审查,符合条件的,在贴现凭证上加盖专用印章后送交会计部门。

知识拓展——贴现款到期未能收回的处理

(2) **凭证审核**:会计部门收到贴现凭证和汇票后,应认真审查:①贴现凭证上是否有信贷部门的签章;②贴现凭证上各项是否填写正确、无误;③贴现凭证第一联上的印鉴是否与预留银行印鉴一致;④贴现汇票是否真实;⑤贴现汇票是否有背书;⑥贴现凭证的填写与汇票相关要素是否相符等。

对于贴现的票据,会计人员应作为抵质押品入库保管,并定期检查。

(3) **计算贴现利息**:经审核凭证无误后,计算贴现利息和实付贴现金额。

贴现利息按票面金额、贴现期限和贴现率计算,具体计算公式为:

$$贴现利息 = 汇票金额 \times 贴现天数 \times (月贴现率 \div 30)$$

贴现天数从贴现之日起到汇票到期前一日止,按实际天数计算。

实付贴现金额是贴现银行在汇票金额中扣除贴现利息后实际支付给贴现申请人的金额,计算公式为:

$$实付贴现金额 = 汇票金额 - 贴现利息$$

计算好后，在贴现凭证有关栏填上贴现率、贴现利息和实付贴现金额。

(4) 贴现交易处理：经办人员以贴现凭证第一联作贴现科目借方传票，第二联、第三联分别作贴现申请人账户贷方传票和利息收入贷方传票，将相关信息录入操作系统办理转账。

(5) 回单交付：第四联贴现凭证加盖业务清讫章交给贴现申请人作收账通知。

(6) 后续处理：银行经办人员在贴现凭证第一、第二、第三联上分别加盖业务清讫章和经办人员名章后作为办理业务的凭证与其他凭证一并装订保管第五联贴现凭证和汇票按到期日顺序排列，专夹保管。等汇票快到期时，办理汇票托收。

【课堂案例 4-5】

2021 年 4 月 5 日，模拟银行科技支行为在本行开户的中仪电器有限公司（账号 200360024895621）办理一笔编号为 012453 银行承兑汇票贴现，该票据出票日期是 1 个月前，到期日是出票后 5 个月，月贴现率是 4.17‰，金额是 2 000 000 元，出票人华中生物有限公司（账号 200200102003578），承兑人广西南宁工商银行分行（行号 46310）。经办人员按规定为其办理贴现发放手续。

【案例解析】

业务内容：银行承兑汇票贴现发放。

关键环节：

(1) 贴现凭证填制与要素审核（图 4-42）。

模拟银行 贴现凭证（代申请书） 1

申请日期 2021年4月5日 第 号

贴现汇票	种类	银承	号码 12453	持票人	全称	中仪电器有限公司
	出票日	2021年3月5日			账号	200360024895621
	到期日	2021年8月5日			开户银行	模拟银行科技支行
汇票承兑人	名称	华中生物有限公司	账号 200200102003578		开户银行	广西南宁工商银行
汇票金额	人民币（大写）	贰佰万元整			千百十万千百十元角分	¥ 2 0 0 0 0 0 0 0 0
贴现率	4.17‰	贴现利息	¥ 3 3 9 1 6 0 0		实付贴现金额	¥ 1 9 6 6 0 4 8 0 0
附送承兑汇票申请贴现，请审核。 中仪电器有限公司 财务专用章　徐之印正 持票人盖章		银行审批	模拟银行科技支行 合同专用章 负责人　信贷员		科目（借） 对方科目（贷） 复核 李丽　王梓	

模拟银行科技支行 2021.04.05 业务清讫（01）

此联银行作贴现借方凭证

图 4-42 贴现凭证（代申请书）第一联

(2) 中仪电器有限公司银行承兑汇票的贴现利息计算为：

$$贴现利息 = 2\ 000\ 000 \times 122 \times (4.17‰ \div 30) = 33\ 916（元）$$

$$实付贴现金额 = 2\ 000\ 000 - 33\ 916 = 1\ 966\ 084（元）$$

贴现业务会计核算为：

借：贴现　　　　　　　　　　　　　　　　　2 000 000
　　贷：单位活期存款——中仪电器有限公司　　1 966 084
　　　　利息收入——贴现利息收入　　　　　　　 33 916

行业观察

票据融资业务增长有力，创新产品运用广泛深入[①]

2021年贴现金额增长较快，在有效信贷需求相对不足、票据贴现成本优势明显的情况下，银企双方更加倚重票据贴现开展融资，推动贴现金额保持较快增长。2021年，全市场贴现金额为15.02万亿元，同比增长11.93%。其中，银票贴现金额为13.80万亿元，增长11.43%；商票贴现金额为1.22万亿元，增长17.98%。分机构类型看，国有银行、城商行贴现金额同比分别增长14.96%和13.66%，较全市场平均增速分别高3.03个百分点和1.734个百分点；股份制银行和农村金融机构贴现金额同比分别增长10.97%和2.81%，较全市场平均增速分别低0.96个百分点和9.12个百分点。具体2019—2021年全市场票据贴现金额变化及不同类型机构票据贴现金额变化情况如图4-43和图4-44所示。

随着系统功能不断完善、市场认知度持续提升等，"贴现通"业务保持较快增长势头，在便利企业贴现、降低融资成本方面发挥了积极作用。截至2021年年末，"贴现通"累计服务企业1.40万家，累计达成贴现意向突破1 000亿元，同比增长195.95%。同时，线上化、智能化的"秒贴"类贴现业务创新在更大范围内得到推广运用，使得更

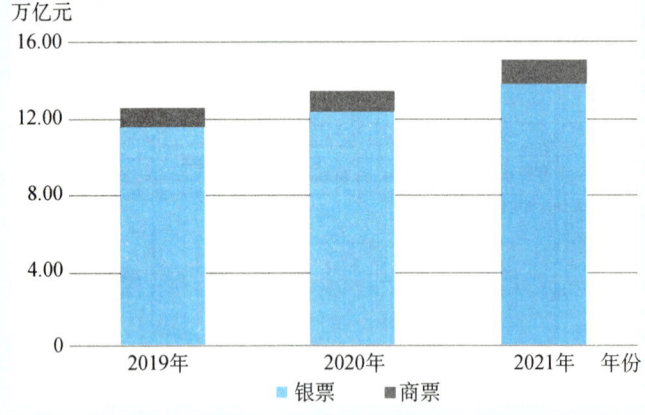

图4-43　2019—2021年全市场票据贴现金额变化

[①] 商承宝. 贴票宝：2021年票据市场发展回顾[EB/OL].（2022-01-21）[2023-02-17]. https://baijiahao.baidu.com/s?id=1722566240318592182&wfr=spider&for=pc.

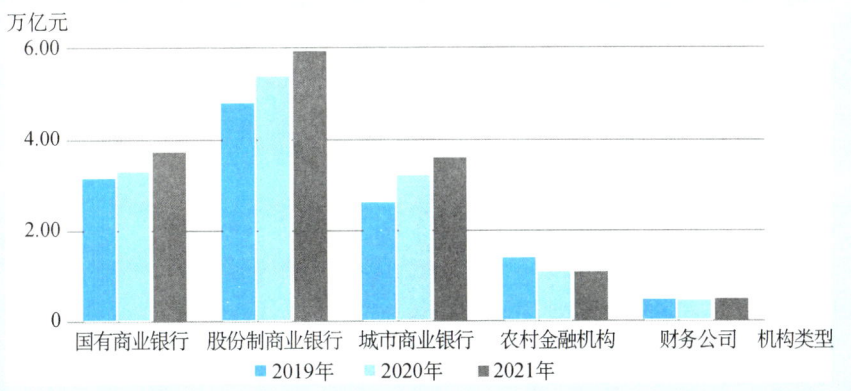

图 4-44　2019—2021 年不同类型机构票据贴现金额变化

多企业能够享受到"线下不用跑,资金秒到账"的票据贴现服务。此外,在大力发展贴现业务的同时,商业银行积极开展票据质押融资业务,年末全市场票据质押余额达到 1.12 万亿元,同比增长 9.70%,有效盘活企业票据资产,助力企业解决资金周转难题。

4.4.4　银行承兑汇票到期结清

银行承兑汇票一般是 6 个月期限。票据到期日,出票银行应根据承兑协议向出票人收取票款;到期时由持票人向开户银行提交委托收款(持票人可以是票据背书最后一手的收款企业,也可以是票据贴现或转贴现后的贴现银行);出票银行在票据到期日之后的见票当日,按照委托收款的付款手续划转资金。

【业务流程及处理】

此环节流程需根据不同情况进行业务处理,以下将介绍各情景下的业务处理过程。

1) 银行承兑汇票到期托收业务处理

银行承兑汇票到期托收,由持票人直接向开户行提交托收凭证和银行承兑汇票原件即可。

贴现银行对贴现到期的商业汇票,作为收款人应于汇票到期前,匡算邮程,提前填写委托收款凭证,委托收款凭证凭据名称栏分别注明"商业承兑"或"银行承兑"字样。

(1) 业务受理与凭证审核:收款人开户行经办人员受理持票人提交的托收凭证以及所附的银行承兑汇票,应认真审查:①汇票是否是统一印制的凭证;②提示付款期限是否超过;③汇票上填明的持票人是否在本行开户;④出票人、承兑人的签章是否符合规定;⑤汇票必须记载的事项是否齐全,出票日期、出票金额、收款人名称是否更改,其他记载事项的更改是否有记载人签章证明;⑥是否记载委托收款背书,背书转让的汇票其背书是否连续,签章是否符合规定;⑦托收凭证的记载事项是否与汇票记载的事项相符,第二联上是否加盖收款单位印章;⑧所附单证是否与凭证所填一致。

各项内容审核无误,托收凭证第一联加盖业务受理章后退给收款人,送别客户。

(2) 发出托收:审查无误,收款行经办人员在托收凭证各联上加盖"银行承兑汇票"戳记,将第一联托收凭证单独保管,并登记发出委托收款结算凭证登记簿,第三联加盖"结算专用章"后,连同第四、第五联及收款依据一并寄付款人开户行。

知识补充——
清算资金
往来科目

知识补充——
应解汇款科目

知识补充——
委托收款业务
无款支付及拒
绝付款处理

知识补充——
银行承兑汇票
出票人账户无款
或不足支付处理

知识拓展——
银行承兑汇票
挂失处理

2) 银行承兑汇票到期扣款与款项划付业务处理

银行承兑汇票到期,承兑行扣收款项与划付款项业务流程如图4-45所示。

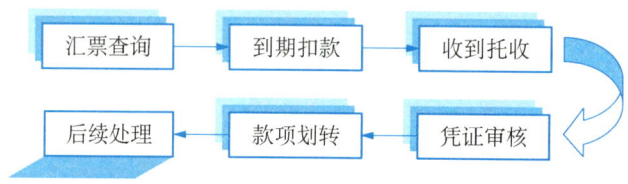

图4-45 承兑行扣收款项与划付款项业务流程

(1) 汇票查询:承兑银行经办人员应每天查看汇票的到期情况,对到期汇票、应于到期日(法定休假日顺延)向出票人收取票款,专户存储。

(2) 到期扣款:承兑银行经办人员办理转账时应填制两联特种转账借方传票、一联特种转账贷方传票,并在"转账原因"栏注明"根据××号汇票划转票款",将该笔汇票金额及开票保证金部分从出票人存款账户划出。将相关信息录入业务处理系统办理转账。会计核算为:

借:单位活期存款——申请人户

　　保证金存款——申请人户

　　贷:应解汇款——申请人户

(3) 收到托收:承兑银行经办人员接到持票人开户行寄来的托收凭证及汇票。

(4) 凭证审核:经办人员抽出专夹保管的汇票卡片和承兑协议副本,审查各项内容:①银行承兑汇票是否是统一印制的凭证,是否有规定的防伪标记;②银行承兑汇票上的汇票专用章与印模是否一致;③该承兑汇票是否为本行承兑,与留存的第一联卡片的号码、记载事项是否相符;④承兑汇票是否做出委托背书,背书转让的汇票其背书是否连续,签章是否符合规定;⑤托收凭证的记载事项是否与汇票的记载事项相符,第三联上是否加盖收款结算专用章等。

(5) 款项划转:凭证审核无误后,承兑银行经办人员于汇票到期日或到期日之后的见票当日,按照委托收款的付款手续,将相关的信息录入业务处理系统办理转账。会计

核算为:

　　借:应解汇款——申请人户
　　　　贷:清算资金往来

同时,会计人员应编制表外科目记账凭证,销记表外科目登记簿,记为"付出:银行承兑汇票"。

(6) 后续处理: 转账后,承兑银行经办人员在相关记账凭证上加盖业务清讫章及经办人员名章,作为办理业务的凭证与其他凭证一起装订保管,同时按规定依据第四联托收凭证将款项划转信息通知收款行。

该类业务可能存在特殊情况:如果承兑银行存在合法抗辩事由拒绝支付的,应自接到商业汇票次日起 3 日内,作成拒绝付款证明连同银行承兑汇票邮寄持票人开户银行转交持票人。

银行承兑汇票的出票人于汇票到期日未能足额交存票款时,承兑银行除了凭票向持票人无条件付款,还要对出票人尚未支付的汇票金额按照每天 0.5‰ 计收利息。申请人风险敞口不足额部分转为逾期贷款。

3) 银行承兑汇票款项划回业务处理

银行承兑汇票到期款项划回收款业务流程如图 4-46 所示。

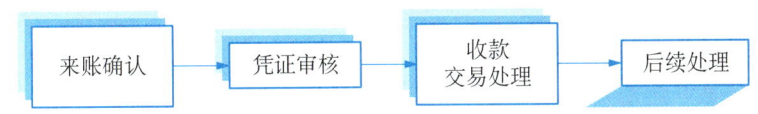

图 4-46　银行承兑汇票到期款项划回收款业务流程

(1) 来账确认: 收款人开户行经办人员收到付款人开户行通过行内系统或中国人民银行支付清算系统发来的划款信息即贷报信息,进行来账确认。

(2) 凭证审核: 审核无误后打印资金汇划补充凭证,并将留存的第一联托收凭证抽出,认真进行核对。

(3) 收款交易处理: 凭证经核对无误后,收款行经办人员在第二联托收凭证上填注转账日期,以资金汇划补充凭证作转账贷方传票,托收凭证作为附件,将相关信息录入业务处理系统办理转账。转账后,将一联资金汇划补充凭证加盖业务清讫章作收账通知送交收款人。

会计核算为:

　　借:清算资金往来
　　　　贷:单位活期存款——**公司户

如果为已贴现票据,此时会计核算为:

　　借:清算资金往来
　　　　贷:贴现——银行承兑汇票户

(4) 后续处理: 收款行经办人员在相关记账凭证上加盖业务清讫章及经办人员名章,作为办理业务的凭证与其他凭证一起装订保管,同时销记发出委托收款凭证登记簿。

【课堂案例4-6】

2021年12月12日,宏源贸易有限公司到其开户银行工行南宁市延安支行,提交到期银行承兑汇票和托收凭证申请办理托收,承兑汇票号码为29075156,金额为400万元,该汇票系2021年6月12日签发,模拟银行科技支行承兑,出票人为其开户单位华联商业集团公司。经办人员按规定办理托收手续。

2021年12月12日,模拟银行科技支行柜台经办人员根据承兑汇票到期台账记录,到期收取本行开户单位华联商业集团公司银行承兑汇票款项(承兑汇票号码29075156),金额280万元。

2021年12月15日,收到工行南宁市延安支行寄来的托收凭证(承兑汇票号码29075156),模拟银行科技支行经办人员按规定办理承兑汇票款项划付手续。

2021年12月15日,工行南宁市延安支行收到模拟银行科技支行贷报信息,金额为400万元,系号码为29075156的银行承兑汇票托收款项划回,柜台经办人按规定办妥收款手续。

【案例解析】

业务内容:银行承兑汇票正常到期结清。

关键环节:

(1) 12月12日汇票到期,承兑银行进行汇票查询,并填制特种转账贷方传票扣款(图4-47),会计核算为:

借:单位活期存款——华联商业集团公司户   2 800 000
    保证金存款——华联商业集团公司户   1 200 000
  贷:应解汇款——华联商业集团公司户   4 000 000

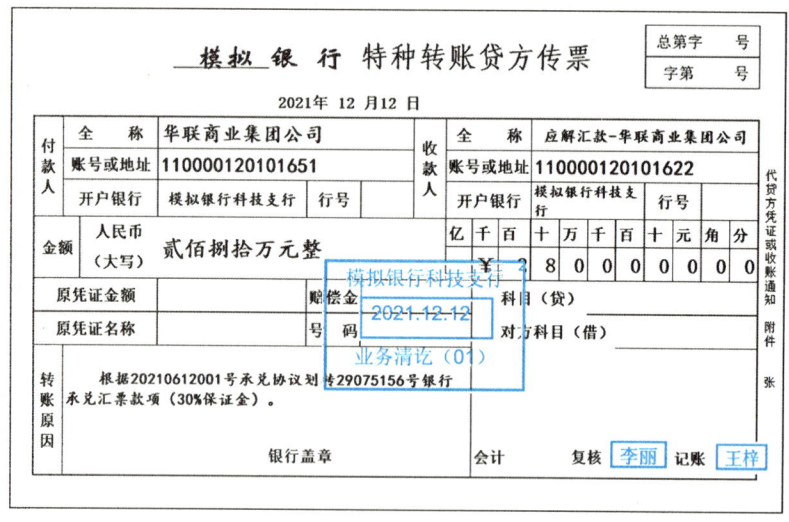

图4-47 银行承兑汇票到期结清-编制特种转账贷方传票

(2) 12月15日承兑银行于汇票到期日之后的见票当日,进行款项划转,会计核算为:

借：应解汇款——华联商业集团公司户　　　　　　　　　4 000 000
　　贷：清算资金往来　　　　　　　　　　　　　　　　　　4 000 000

同时编制表外科目记账凭证，销记表外科目登记簿（图4-48），记为"付出：银行承兑汇票"。

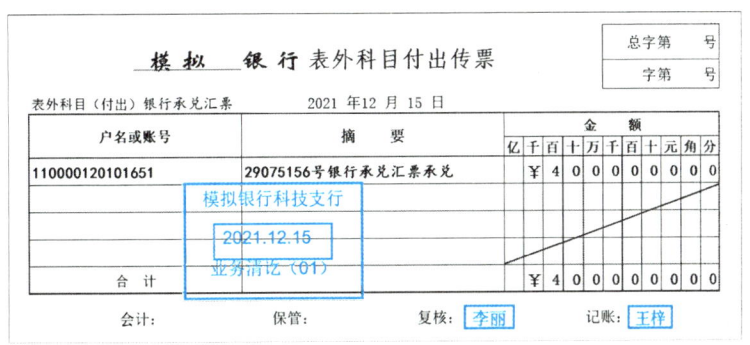

图4-48　银行承兑汇票到期结清-表外科目付出传票

（3）收款行为收款单位进行收款交易处理，会计核算为：
借：清算资金往来　　　　　　　　　　　　　　　　　　4 000 000
　　贷：单位活期存款——宏源贸易有限公司户　　　　　　4 000 000

【课堂案例4-7】

2021年4月5日，模拟银行科技支行为在本行开户的中仪电器有限公司（账号200360024895621）办理一笔012453银行承兑汇票贴现，该票据出票日期是1个月前，到期日是出票后5个月，月贴现率是4.17‰，金额是2 000 000元，出票人华中生物有限公司（账号200200102003578），承兑人广西南宁工商银行分行（行号46310）。2021年8月6日，模拟银行科技支行收到付款人开户行划回的全额款项，模拟银行按规定办理贴现款到期收回手续。

【案例解析】

业务内容：银行承兑汇票贴现收回。
关键环节：
（1）贴现银行寄送托收凭证，做委托收款。
（2）贴现银行收回贴现款项，会计核算为：
借：清算资金往来　　　　　　　　　　　　　　　　　　2 000 000
　　贷：贴现——银行承兑汇票户　　　　　　　　　　　　2 000 000

4.4.5　银行承兑汇票风险识别与防范

银行承兑汇票以其银行信用而成为市场经济的准货币，成为企业资金融通的必须要素，更是银行增强服务功能、实现资产多元化的内在要求。但银行在实际经办、操作过程中还存在着一些风险。表4-5所示为银行承兑汇票业务合规管理风险点。

知识拓展—
商业承兑汇票
兑付其他情况
处理

表 4-5　　　　　　　　　银行承兑汇票业务合规管理风险点

工作环节/工作角色	任务要点	具体合规要点
承兑环节(主体银行:承兑银行)		
企业财务岗	提出开票申请	1. 开票申请书填制
承兑行授信审批岗	审查提供资料是否齐全合规	2. 提供资料齐全
		3. 贸易背景真实性审核要素
	签订承兑协议	4. 承兑协议关键要素
承兑会计部分主办柜员	签发银行承兑汇票	5. 银行承兑汇票票面要素
		6. 银行承兑汇票签章
	收取承兑手续费	7. 手续费计算
	承兑交费处理	8. 会计核算
承兑行会计部门业务主管	业务复核	9. 复核承兑交易及交付票据
票据贴现发放环节(主体银行:贴现银行)		
贴现企业财务岗	填制并提交贴现申请资料	1. 贴现凭证填制
贴现银行主办柜员	票据真实有效性审查	2. 汇票票面要素及贴现凭证审查
贴现银行业务主管	业务复核	3. 复核提交的贴现票据及凭证
贴现银行主办柜员	收取贴现利息	4. 贴现利息计算
	贴现交易处理	5. 会计核算
贴现银行业务主管	业务复核	6. 复核贴现交易及交付票据
票据到期结清环节(不同主体银行)		
托收业务环节(主体银行:托收银行)		
持票企业财务岗	填制并提交托收申请资料	1. 托收凭证填制
托收银行主办柜员	票据真实有效性审查	2. 汇票票面要素及背书审查
托收银行业务主管	业务复核及发出托收	3. 复核提交的托收票据及凭证
到期扣未与款项划付业务环节(主体银行:承兑银行)		
承兑银行主办柜员	汇票到期扣款	4. 汇票到期扣划交易处理
承兑银行会计主管	业务复核	5. 复核到期扣款业务
承兑银行主办柜员	款项划付交易处理	6. 汇票票面要素及背书审核
		7. 款项划付交易处理
承兑银行会计主管	业务复核	8. 复核款项划付交易
款项划回业务处理(主体银行:收款银行)		
收款行主办柜员	收款交易处理	9. 收款交易处理
收款行业务主管	业务复核	10. 复核收款交易

有关银行承兑汇票的业务环境风险有以下几类。

1) 伪造、变造和克隆银行承兑汇票

随着犯罪分子利用高科技手段制假水平的提高,"克隆汇票"达到以假乱真的地步。在票面真假鉴别能力不高,缺少先进防伪仪器的情况下,银行工作人员仅凭肉眼观察鉴定银行承兑汇票真实性存在很大风险。

2) 恶意公示催告

申请人将汇票转让给对方,待对方履行合同义务后,以被盗、遗失或灭失为由在到期日前恶意申请公示催告,请求法院作出除权判决。银行承兑汇票受让人因不知银行承兑汇票已被公示催告而未能及时申报权利,损害了善意持票人的权益。

3) 贴现交易诈骗

贴现申请人持银行承兑汇票到银行贴现,取得资金后立即向法院恶意申请挂失。由于信息不对称,在银行承兑汇票到期前银行很难获悉该银行承兑汇票已有风险。银行承兑汇票到期,托收资金难到账,贴现行蒙受极大损失。

4) 银行工作人员和企业财务人员工作失误,造成潜在风险

银行承兑汇票上都有明确而规范的记载事项,但在办理贴现的过程中,经常发现因银行工作人员责任心不强、违规操作,造成出票行填写的出票日期、到期日、出票人全称及签章等要素不规范,对企业所提供资料的真实性审查不严,导致汇票取得的合法性存在风险。同时,企业在背书转让过程中,由于财务人员的有关金融知识、银行承兑汇票知识欠缺,经验不够丰富,造成背书人签章不到位、重叠或模糊不清、被背书人全称填写与印章不符,以及背书转让与签章不连续现象。这些因素都可能影响汇票到期承兑结算,造成潜在风险。

5) 银行承兑汇票业务的风险防范措施

银行承兑汇票业务的风险防范措施主要包括以下方面:

(1) 加强学习,提高素质,规范操作,加快推进 ECDS 平台普及使用。组织信贷人员、会计人员学习《银行承兑汇票法》《支付结算办法》及相关的银行承兑汇票业务知识,提高审票、验票、识假防诈的技能和风险防范意识。

(2) 慎重办理银行承兑汇票业务,加强岗位制约,严控银行承兑汇票业务操作流程中的风险。首先,要坚持查询制度,真正做到笔笔必查,查必彻底。鉴于承兑行对贴现行的查询只做原则性的查复,贴现行对电函查询只能作为鉴别银行承兑汇票真伪的参考。因此,不论是当地汇票还是异地汇票,不论金额大小都要实行双人实地查询,把风险降到最低限度。其次,对初次申请银行承兑汇票贴现的企业,银行必须要求其按规定提供完整的相关资料,审查其资信状况,审查其与前手是否存在真实的商品交易关系。杜绝没有真实交易的贴现业务。

(3) 严格会计信件的寄发、交接管理。对会计信件的寄发和交接要按有关规定办理,实行专人负责。严禁临时工、保安人员和其他无关人员接收会计函件,以防丢失。

(4) 注意信息的收集,建立全国业内统一的银行承兑汇票丧失信息发布平台,加强承兑汇票的防伪反诈。密切关注各类经济、金融资讯平台上有关银行承兑汇票业务的信息和国家政策,以及有关的遗失声明和人民法院的止付通告,提高风险防范意识。

(5) 加强银行内部管理,有效防范操作风险。一是注重操作风险测评,完善内部控制制度,查找风险点和风险管理薄弱点。二是对操作风险进行监测,选择具有前瞻性的关键风险指标预测操作风险的变化方向。三是对操作风险实行控制,定期评估现有规章制度的有效性。

思政园地

银行承兑汇票洗钱风险防范

银行承兑汇票因方便使用的特性而受到欢迎,但也因为这样的优点,使银行承兑汇票常被不法分子用来从事犯罪交易甚至成为洗钱渠道。

银行承兑汇票的洗钱风险可从"开立"及"贴现"两个环节分析,单从申请承兑汇票的开立层面来看,如果用来开具银行承兑汇票的担保品,如存款资金、各类资产、承兑资金等,是来源于上游犯罪的所得,因为银行很难察觉,就有可能让银行涉及一定程度的洗钱风险。

从贴现环节来看,如果持有银行承兑汇票的公司,最后通过虚构贸易背景的交易,向银行贴现承兑汇票,除了客户本身会构成非法经营罪,对银行来说,也会因无法掌握客户可能的虚构交易问题而带来洗钱风险。

任务实训

银行承兑汇票业务处理

一、实训目的

1. 熟悉银行承兑汇票业务的基础知识与相关结算规定。
2. 熟悉银行承兑汇票承兑开立、贴现流通、到期结清等典型环节的处理流程。
3. 掌握银行承兑汇票业务核心关键环节合规处理及相应的风险防范。
4. 培养团队合作精神、沟通能力和语言表达能力。

二、实训要求

分组进行:每 3~5 人一组,选出 1 名组长,分岗位模拟进行相应业务处理。

三、实训内容

任务 1:按承兑业务典型流程模拟业务处理。

各组分岗位模拟进行相应业务处理,包括业务受理、凭证选择与审核、业务流程处理等,并进行业务关键环节风险点解析。

1. 2021 年 12 月 10 日,模拟银行科技支行(行号 10072)开户单位长城集团公司(账号 110000102017623)签发银行承兑汇票 1 份申请承兑、金额为 600 万元(40% 为保证金,60% 为信用担保),期限为 6 个月,收款人为农业银行杭州西湖支行(行号 230246)开户单位弘业有限公司(账号 426700230511254)。模拟银行经办人员按规定为其办理承兑手续(票号 2380087)。请模拟银行工作人员进行出票和凭证要素审核。

2. 承第 1 题:2022 年 6 月 10 日,农业银行杭州西湖支行开户单位弘业有限公司(账号 426700230511254)提交托收凭证和银行承兑汇票(票号 2380087)申请办理托收,农业银行杭州西湖支行经办人员按规定办理托收手续。

3. 承第 1 题:2022 年 6 月 10 日,模拟银行科技支行根据承兑协议到期收取银行承兑汇票款项(票号 2380087),企业存款足额支付。2022 年 6 月 12 日,收到收款行发来的托收凭证,模拟银行科技支行经办人员按规定办理承兑汇票款项收取与款项划付手续。

4. 承第1题承兑业务:2022年6月10日,模拟银行科技支行根据承兑协议到期收取银行承兑汇票款项(票号2380087),该汇票为本行开户单位账户存款只有120万元。2022年6月12日,收到收款行发来的对应托收凭证,模拟银行科技支行经办人员按规定凭票向持票人无条件付款。

5. 2022年3月25日,模拟银行科技支行开户单位国美电器有限公司(账号001200102002607)持由北京市工行(行号20021)承兑的0077281号银行承兑汇票申请贴现,该汇票金额100万元,出票日为2022年1月19日,到期日是2022年7月19日,出票人为北京园正工贸公司(账号001200102000078),贴现率为4.17‰,模拟银行科技支行审查后予以办理贴现。

6. 2022年1月20日,模拟银行科技支行开户单位启攀电子有限公司(账号001200102004507)持由同城工行(行号28642)承兑的0076257号银行承兑汇票申请贴现,该汇票金额120万元,出票日为2021年12月8日,到期日是2022年6月8日,出票人为奇正外贸公司(账号001200102002656),贴现率为4.17‰,模拟银行科技支行审查后予以办理贴现。

7. 承第5题,2022年7月20日,模拟银行科技支行收到付款人开户行划回的全额款项,模拟银行按规定办理贴现款到期收回手续。

8. 承第6题,2022年6月8日,模拟银行科技支行收到付款行提交的付款人拒绝付款证明、汇票和委托收款凭证,且贴现申请人存款账户无款,模拟银行按规定办理相应手续。

任务2:互动讨论以下问题。

1. 银行承兑汇票到期,如果银行拒付,持票人应向谁追索?
2. 银行承兑汇票出票人账户无款或不足支付,怎么办?
3. 银行承兑汇票能否进行挂失?挂失时,有什么具体的业务规定,经办柜员应该如何操作处理?
4. 导致商业汇票不能承兑的原因有哪些?
5. 区分银行承兑汇票的几个时效期限,对应的票据权利有哪些变化?
(1) 付款期限——不超过6个月。
(2) 票据权利期限——2年。
(3) 提示付款期限——10天(自汇票到期日起)。
(4) 拒绝承兑期限——3日内。
(5) 追索权期限——6个月。
(6) 再追索权期限——3个月。
(7) 公示催告申请有效期——3日内。
(8) 公示催告期限——不少于60日。
(9) 除权判决申请期限——自公告期满1个月内。
6. 贴现款到期未能收回,银行该如何处理?

7. 商业汇票的持票人向银行办理贴现业务必须具备哪些条件?
8. 贴现票据背书不连续会产生什么后果?
9. 相对于商业承兑汇票,为什么办理银行承兑汇票贴现的风险更小?
10. 贴现利率是如何确定的?有关贴现市场利率的规定是怎样的?
11. 银行承兑汇票业务的风险有哪些?如何防范?

四、总结分析

汇报小组实训成果,小组互评,教师点评。

任务4.5 银行资金清算体系概述

一般而言,支付活动的过程包括交易、清算和结算。清算和结算均是清偿收付双方债权、债务关系的过程及手段。在支付活动中,同行内账户资金往来直接结算便可,而涉及不同行之间账户资金往来的,则需先清算再结算。

支付结算是指某银行系统内的一种账务结算,它只限于本系统,指银行对自己所有账户(对公和个人)进行的核算业务,包括现金存取、转账收付、汇兑业务、中间业务、代理业务,存款、贷款、票据业务等。

资金清算是指银行间的资金结算业务,包括人行资金清算、同业资金清算和系统内资金清算(习惯称联行业务)。

4.5.1 银行资金清算体系的相关概念

1) 系统内资金汇划清算与跨系统资金汇划清算

系统内资金汇划清算是指商业银行内部各行处之间由于办理结算、款项缴拨、内部资金调拨等业务引起的资金账务往来,该业务往来通过由计算机网络组成的资金汇划清算系统进行办理。传统上也称"联行往来",按照信息传递媒体的不同,分为手工联行和电子联行。商业银行自1999年起正式以资金汇划清算系统取代了原来的手工联行往来制度。

跨系统资金汇划清算是指各商业银行之间依托中国人民银行现代化支付系统(CNAPS)实现跨行资金汇划清算。

2) 支付清算体系与中国支付清算体系

支付清算体系是一个国家的金融基础设施,由央行主导,大体可以分为"结算—清算"二级制的支付体系。银行与商户、消费者之间为结算关系,由银行、非金融支付公司等向客户提供服务,也就是所谓的支付业务。银行之间构成清算关系,其实就是对跨行交易而产生的银行间债务债权进行定期净轧(如每日),从而结清债务债权。两个层次交易完成后,支付环节才算真正完成。清算银行自身接入清算系统,非金融支付公司则以自己开户的备付金托管行代理,接入清算系统。

中国支付清算体系有两套：中国银行业现代支付清算系统和第三方支付清算系统。其中，中国银行业现代支付清算系统以中国现代化支付系统和银行业金融机构系统内支付系统为核心构成。简单来说，当客户通过银行账户办理转账支付或取现时，使用的是中国银行业现代支付清算系统；当客户在电子商城等进行网上购物，运用支付宝等支付手段，则使用的是第三方支付清算系统。

4.5.2　系统内资金汇划清算系统简介

系统内资金汇划清算系统是商业银行办理结算资金和内部资金汇划与清算的工具。目前我国各商业银行都在该系统上自成体系。它承担了汇兑、托收承付、委托收款、商业汇票、银行汇票、信用卡、内部资金划拨及其他经总行批准的汇划业务，同时办理有关的查询、查复。

1) 资金汇划系统的组成

资金汇划系统是由汇划业务经办行、清算行、总行清算中心以及计算机网络组成。

（1）**经办行**是具体办理结算资金和内部资金汇划业务的支行（或分理处）。汇划业务的发出行是发报经办行；汇划业务的接收行是收报经办行。

（2）**清算行**是在总行清算中心开立备付金存款账户，办理其辖属行处汇划款项清算的分行，包括直辖市分行、总行直属分行及二级分行（含省分行营业部）。省分行在总行开立备付金户，只办理系统内资金调拨和内部资金利息汇划。

（3）**总行清算中心**是办理系统内各经办行之间的资金汇划、各清算行之间的资金清算及资金拆借、账户对账等账务的核算和管理的部门。

2) 资金汇划清算系统的基本做法

资金汇划清算系统的基本做法是"实存资金，同步清算，头寸控制，集中监督"。

（1）**实存资金**是指以清算行为单位在总行清算中心开立备付金存款账户，用于汇划款项时资金清算。经办行与清算行之间的资金清算比照处理。

（2）**同步清算**是指发报经办行通过其清算行经总行清算中心将款项汇划至收报经办行，同时，总行清算中心办理清算行之间的资金清算，清算行办理经办行之间的资金清算。

（3）**头寸控制**是指各清算行在总行清算中心行开立的备付金存款账户，必须保证有足够的存款，总行清算中心对各行汇划资金实行逐笔即时清算。清算行备付金存款不足，可向总行借款。

（4）**集中监督**是指总行清算中心对汇划往来数据发送、资金清算、备付金存款账户资金情况和银行间查询查复情况进行管理和监督。

3) 资金汇划系统办理汇划业务基本规定

通过资金汇划系统办理汇划业务的基本规定包括汇划数据实时发送、各清算行控制进出、总行中心即时处理、汇划资金按时到达。

"**汇划数据实时发送**"是指发报经办行录入汇划数据后，全部实时发送至发报清算行。

"**各清算行控制进出**"是指清算行辖属所有经办行的资金汇划、查询查复全部通过清算行进出，清算行控制辖属经办行的资金清算。

“总行中心即时处理”是指总行清算中心对发报清算行传输来的汇划数据即时传输至收报清算行。实时业务由收报清算行即时传输到收报经办行，批量业务由收报清算行次日传输到收报经办行。总行清算中心当日更新各清算行备付金存款。

“汇划资金按时到达”是指本行的汇划资金能够做到实时业务及时到达经办行，批量业务次日到达经办行。

4）资金汇划清算业务专用工具

资金汇划清算业务专用工具主要包括：联行行号、联行专用章、联行密押、资金汇划往来的基本凭证及对应设置的会计科目和账户。

资金汇划清算业务使用的基本凭证是“资金汇划补充凭证”（图 4-49），由收报行接收来账数据后打印，是账务记载的依据和款项已入账的通知资金汇划补充凭证是重要空白凭证，必须按规定领用和保管，并纳入表外科目核算，该凭证分为“资金汇划（借方）补充凭证”和“资金汇划（贷方）补充凭证”。

________银行　资金汇划补充凭证

年　月　日

发报日期		业务种类	
发报流水号		收报流水号	
发报行行号		发报行名称	
收报行行号		收报行名称	
收款人账号		收款人名称	
收款人地址			
付款人账号		付款人名称	
付款人地址			
货币种类金额		人民币	
附言：			
网点号	交易码	流水号	柜员号

授权：　　复核：　　记账：

第一联　银行记账凭证

图 4-49　资金汇划往来凭证

资金汇划（借方）补充凭证为一式两联：一联作有关科目借方凭证；另一联作有关科目的凭证或附件。

资金汇划（贷方）补充凭证为一式两联：一联作有关科目贷方凭证；另一联作收款通知。

5）资金汇划清算业务设置的科目

“清算资金往来”科目：该科目反映各经办行通过电子汇划系统发出报单和收到报单时的资金汇划往来与清算情况。该科目属于资产负债共同类。汇划业务结束，该科目余额结转“系统内上存款项”，进行资金实时清算。

“系统内上存款项”科目：该科目反映各清算行存放在总行以及各经办行存放在清算行的清算备付金。该科目属于资产类，余额反映在借方。

“系统内款项存放”科目：该科目反映总行收到的各清算行上存的清算备付金存款。

该科目属于负债类,余额反映在贷方。

6) 系统内资金汇划与清算业务流程

系统内资金汇划与清算业务流程如图 4-50 所示。

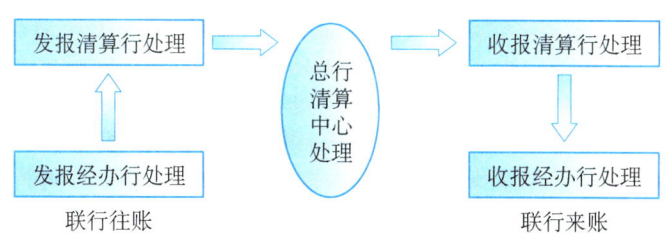

图 4-50 系统内资金汇划与清算业务流程

4.5.3 跨系统资金汇划清算系统简介

跨系统资金汇划清算系统,具有代表性的是中国现代化支付系统。中国现代化支付系统(CNAPS)主要提供商业银行之间跨行的支付清算服务,是按照我国支付清算需要,利用现代化计算机技术和通信网络开发建设的,能够高效、安全处理各银行办理的异地、同城各种支付业务及其资金清算和货币市场交易资金清算的应用系统。它包括大额实时支付系统(Hvps)、小额批量支付系统(BEPS)、全国支票影像交换系统(CIS)、电子商业汇票系统(ECDS)、境内外币支付系统(CFXPS)、网上支付跨行清算系统(JBPS,即超级网银)、银联清算系统七个业务应用系统,形成了比较完整的跨行支付清算服务体系(图 4-51)。

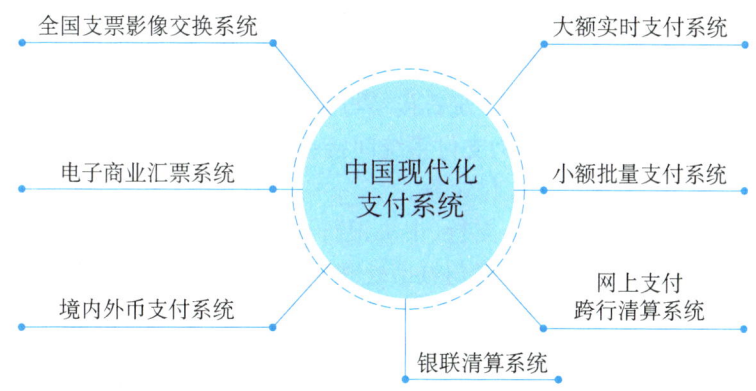

图 4-51 中国现代化支付系统

中国现代化支付系统主要提供商业银行之间跨行的支付清算服务,是为商业银行之间和商业银行与中国人民银行之间的支付业务提供最终资金清算的系统,是各商业银行电子汇兑系统资金清算的枢纽系统,是连接国内外银行重要的桥梁,也是金融市场的核心支持系统。

中国现代化支付系统是集金融支付、支付资金清算、金融经营管理和货币职能于一体的现代化支付清算系统,它将商业银行为客户提供金融服务的下层支付服务系统与中央银行为商业银行提供支付资金清算服务的上层服务系统通过中国国家金融网络(CNFN)有机地结合在一起。它是适合我国国情的、综合的、安全的金融服务系统,是我国全面实现金融电子化的奠基石。

目前,中国现代化支付系统第二代已于2013年10月上线运行。与第一代人民币跨行支付系统相比,第二代支付系统能为银行业金融机构提供灵活的接入方式、清算模式和更加全面的流动性风险管理手段,实现网银互联,支撑新兴电子支付的业务处理和人民币跨境支付结算,实现本外币交易的对等支付(PVP)结算。同时,系统还将具备健全的备份功能和强大的信息管理与数据存储功能,建立高效的运行维护机制,进一步强化安全管理措施,并逐步实现支付报文标准国际化。

以下着重介绍大额实时支付系统、小额实时支付系统,以及两者的区别。

1) 大额实时支付系统

大额实时支付系统简称"大额支付系统"(high value payment system,HVPS),是中国人民银行按照我国支付清算需要,利用现代计算机技术和通信网络开发建设,处理同城和异地、商业银行跨行之间和行内的大额贷记及紧急小额贷记支付业务、人民银行系统的贷记支付业务及即时转账业务等的应用系统。它是中国现代化支付系统的重要应用系统和组成部分,在我国支付系统中占有重要地位。对中央银行更加灵活、有效地实施货币政策和实施货币市场交易的及时清算具有重要作用。

知识拓展—
大额实时支付
系统大事记

该系统的处理方式为"支付指令实时传输,逐笔实时处理,全额清算资金";特点是"快速、高效、安全"。

(1) 大额实时支付系统的结构。

大额实时支付系统的结构包括两级处理中心:国家处理中心和城市处理中心(省会、直辖市、大部分首府城市和深圳市在内的城市共32个)。

商业银行省级分行作为支付系统直接参与者通过前置机系统与支付系统城市处理中心连接,商业银行营业网点作为支付系统间接参与者通过各自行内系统经前置机系统连接大额实时支付系统处理支付业务。

中国人民银行地市以上中心支行(中央银行会计集中核算系统 ABS)、库(国家金库会计核算系统 TBS)、直接参与者与城市处理中心直接连接,通过城市处理中心处理其支付清算业务。

中国人民银行县(市)支行间接参与者通过各自系统经中心支行(库)连接大额实时支付系统处理支付业务。

中央结算公司等特许参与者与大额实时支付系统国家处理中心连接,办理支付交易的即时转账业务。

(2) 大额实时支付系统的功能。

高效的资金清算功能。 大额支付系统采取与直接参与者直接连接的方式,实现了贷记支付业务从付款银行到收款银行全过程的自动化处理,实行逐笔发送、实时清算,一笔支付业务不到1分钟即可到账。

全面的流动性管理功能。大额支付系统对直接参与者提供联机头寸查询、日间透支限额、自动质押融资机制、设置清算窗口等系统功能,商业银行可随时查询和预测其头寸的变化情况,并根据需要及时筹措资金,完成支付业务的最终清算。

健全的风险防范功能。系统实行全额实时清算资金,不足支付的交易作排队处理,并采取债券质押与资金融通相结合的自动质押融资机制。系统禁止隔夜透支,日终仍不足支付的交易,可由中国人民银行提供高额罚息贷款,切实防范支付风险。

适度集中的清算账户管理功能。大额支付系统对商业银行的清算账户采取"物理上集中摆放,逻辑上分散管理"的方式,即各商业银行在中国人民银行当地分支行开设的清算账户物理上在 NPC 集中存储,日间处理跨行的资金清算;逻辑上由中国人民银行当地分支行进行管理,日终 ABS 下载清算账户数据,进行账务平衡。清算账户适度集中管理,既有利于提高支付清算效率,又有利于防范支付风险。

灵活的系统管理功能。大额支付系统设置接入管理功能,可满足各银行灵活接入系统的需要:①设置了业务控制功能,可对不同参与者发起和接收的支付业务进行控制;②设置了队列管理功能,参与者可对排队业务进行次序调整;③设置了清算账户控制管理功能,中国人民银行可对严重违规或发生信用风险的直接参与者的清算账户实施部分金额控制、借记控制直至关闭。

(3) 大额实时支付系统的作用。

首先,大额实时支付系统实现了与各银行业金融机构行内支付系统、中央债券综合业务系统、银行卡支付系统、人民币同业拆借和外汇交易系统等多个系统以及中国香港、澳门人民币清算行的连接,为银行业金融机构及金融市场提供了安全高效的支付清算服务。

第二,大额实时支付系统成功取代了全国电子联行系统,解决了"天上三秒,地下三天"资金汇划速度较慢的现状,在国民经济尤其是现代金融体系中发挥着巨大作用。在现代支付体系中,大额实时支付系统是金融基础设施的核心系统,是连接社会经济活动及其资金运行的"大动脉""金融高速公路"。

第三,大额实时支付系统加速了社会资金周转,畅通货币政策传导,密切各金融市场有机联系,促进金融市场发展,防范支付风险,维护金融稳定等方面正在发挥重要的作用。

第四,大额实时支付系统给银行和广大企事业单位以及金融市场提供快速、高效、安全的支付清算平台,最大的特点是实时清算,实现了跨行资金清算的零在途。

(4) 大额实时支付系统的业务范围。

一般大额支付业务,是指由付款银行发起,逐笔实时发往国家处理中心,国家处理中心清算资金后,实时转发收款银行的业务,包括汇兑、托收承付划回、中国人民银行(库)办理的资金汇划等。

即时转账支付业务,是指实时转账支付的有关业务。

城市商业银行银行汇票业务,是指支付系统为支持中小金融机构结算和通过而专门设计的支持城市商业银行银行汇票资金的移存和兑付的资金清算业务。

(5) 大额实时支付系统业务的处理周期。

在支付系统正常运行情况下,一笔支付业务从支付系统发起到支付系统接收行的时间为实时到达。例如：收款客户的开户行运用大额支付系统，付款客户在营业日当日下午17:00前办理的大额支付业务都可实现实时到达收款行，实现全国支付清算资金每日0在途。

(6) 大额支付业务操作的流程。

一般大额支付业务操作流程如图4-52所示。

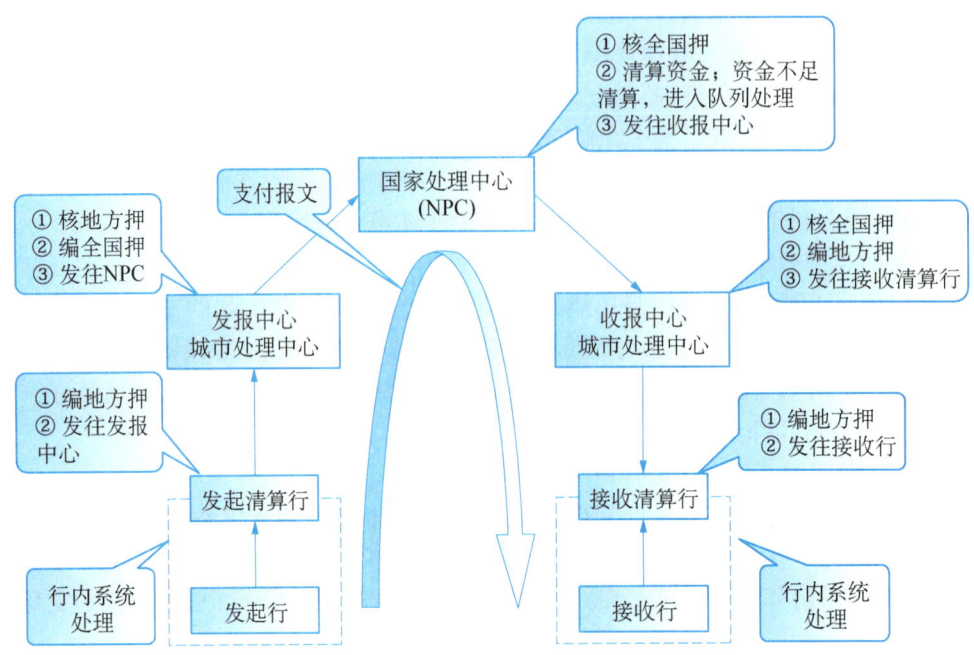

图4-52　一般大额支付业务操作流程

2) 小额批量支付系统

小额批量支付系统简称"小额支付系统"(bulk electronic payment system, BEPS)，是继大额实时支付系统之后中国人民银行建设运行的又一重要应用系统，是中国现代化支付系统的主要业务子系统和组成部分。系统主要处理同城和异地纸凭证截留的借记支付业务和小额贷记支付业务，支付指令批量发送，轧差净额清算资金，旨在为社会提供低成本、大业务量的支付清算服务。小额支付系统实行7×24小时连续运行，能支撑多种支付工具的使用，满足社会多样化的支付清算需求，成为银行业金融机构跨行支付清算和业务创新的安全高效的平台。2005年1月，系统应用软件开发工作正式启动；2006年6月，该系统在全国成功推广运行。

(1) 小额支付系统的结构。

小额支付系统是以国家处理中心(NPC)为核心，以城市处理中心(CCPC)为接入节点的两层星型结构，并与大额支付系统在同一支付平台上运行。

中央银行会计核算系统(ABS)、国家金库会计核算系统(TBS)、同城清算系统通过城市处理中心(CCPC)接入小额支付系统。商业银行、清算组织等机构通过前置机系统(MBFE)与支付系统CCPC连接。国债、银联、外汇、城商行汇票处理系统不接入小额支付系统,只处理大额支付业务。

(2) 小额批量支付系统的功能特点。

能够支撑各种支付工具的应用。 小额支付系统除了传统的款项汇划业务,还能办理财税库横向联网业务、跨行通存通兑业务、支票圈存和截留业务、公用事业收费、工资、养老金和保险金的发放等业务。

实行 7×24 小时连续运行。 系统为对网上支付、电话纳税等服务提供支持,同时为满足法定节假日的支付活动需要,实行的是"全时"服务,即 7×24 小时连续运行。

(3) 小额批量支付系统的业务种类。

小额支付系统支持 6 类业务,即普通贷记业务、普通借记业务、定期贷记业务、定期借记业务、实时贷记业务、实时借记业务,条件成熟时也会陆续开办其他业务种类。

普通贷记业务, 是指付款人通过其开户银行办理的主动付款业务,主要包括规定金额以下的汇兑、委托收款(划回)、托收承付(划回)、网上银行支付等业务。2010 年 5 月以前,小额支付系统处理贷记业务的金额上限为 2 万元,即只有金额不超过 2 万元的贷记支付业务可以通过小额支付系统处理,对金额超过 2 万元的业务应通过大额实时支付系统处理。自 2010 年 5 月 4 日起,小额支付系统普通贷记和定期贷记业务金额上限将由 2 万元调整到 5 万元。

普通借记业务, 是指收款人通过其开户银行向付款人开户银行主动发起的收款业务,包括人民银行机构间的借记业务、国库借记汇划业务、支票截留业务等。

定期贷记业务, 是指付款人开户银行依据当事各方事先签订的合同(协议),定期向指定的收款人开户银行发起的批量付款业务,如代付工资、养老金、保险金、国库各类款项的批量划拨等,其特点是单个付款人同时向多个收款人发起付款指令。定期贷记业务也受金额上限的控制。

定期借记业务, 是指收款人开户银行依据当事各方事先签订的合同(协议),定期向指定的付款人开户银行发起的批量收款业务,如收款人委托其开户银行收取水、电、煤气等公用事业费用,其特点是单个收款人向多个付款人同时发起收款指令。

实时贷记业务, 是指付款人委托其开户银行发起的,将确定款项实时划拨到指定收款人账户的业务,主要包括国库实时缴税、跨行个人储蓄通存等业务。

实时借记业务, 是指收款人委托其开户银行发起的,从指定付款人账户实时扣收确定款项的业务,主要包括国库实时扣税、跨行个人储蓄通兑等业务。

(4) 小额批量支付系统的处理流程。

小额系统的基本业务处理流程是"24 小时连续运行,逐笔发起、组包发送,实时传输,双边轧差,定时清算"。

24 小时连续运行: 小额系统实行 7×24 小时连续运行,系统每一工作日运行时间为前一自然日 16:00 至本自然日 16:00。

逐笔发起、组包发送: 发起行逐笔发起小额业务,组包后经 CCPC 或 NPC 实时传输至接收行。

双边轧差: 同行业务在 CCPC、异地业务在 NPC 逐包按收款清算行或付款清算行双边轧差,并在规定时点提交清算账户管理系统(SAPS)清算。CCPC、NPC 每日 16:00

小额系统日切后进行当日最后一场轧差清算,日切后的业务则纳入次日每一场轧差清算处理。

定时清算:小额系统轧差净额的清算日为国家法定工作日,清算时间为 8:30—17:00,如遇节假日,小额系统仍可继续轧差和转发业务但所有轧差净额暂不进行资金清算。小额业务统一在节假日后的第一个法定工作日进行清算。

3) 大、小额支付系统之间的区别

(1) 开放时间不同。大额支付系统是工作日的 8:30—17:00,在节假日经常会收到银行通知说某些业务暂停了。小额支付系统全年无休,7×24 小时工作。

知识拓展——大小额支付系统之间的区别

(2) 业务处理不同。大额支付系统是每笔交易都实时发送、实时清算,所以基本上能实时到账,跨行资金零在途。小额支付系统是在收集若干笔交易后打一个包统一处理,定时清算。所以,用小额支付系统转账经常要几分钟甚至半个小时才能到账,银行间头寸交割也是非实时的。

(3) 金额不同。大额支付系统没有金额限制,小额系统支持的单笔金额上限是 5 万元。

总体来讲,大额支付系统侧重于资金转移的时效性,主要用于资本市场、货币市场交易和大额贸易资金结算。小额支付系统对数据吞吐量要求较高,主要用于小额贸易支付和个人消费服务。

任务实训 ①

银行资金清算体系认知互动讨论

1. 银行对不同的客群和不同的场景,做了不同的渠道。最常接触主要是银行柜台、手机网银、POS 机和 ATM 机,这四种渠道的业务分别是采用哪些清算系统来实现跨行交易的?

2. 大额实时支付系统与小额批量支付系统各有什么特点?

3. 大额实时支付系统对企业资金管理有什么意义?

4. 2013 年 10 月 6 日,中国人民银行的第二代支付系统正式投产运行,其中包括 2010 年就推出的网上支付跨行清算系统(又称"超级网银")。超级网银有何特点?

5. 银联清算系统与中国人民银行大、小额支付系统的关系是怎样的?

6. 现代社会商业行为的交易最终都体现在银行账户间的资金划拨上,因此一个国家的支付清算系统是最基础的工程。关于这个系统:

(1) 信息流如何传递?

(2) 资金流如何清算?

---

① 本任务的内容仅需学习者了解即可,因此"任务实训"区别于其他任务,设置为互动讨论的形式。

知 识 考 核

（注：每个项目知识考核设置为撕页式，可用于检验学生对知识点的掌握情况，也可作为课堂点名记录或课堂测试记入平时成绩）

班级_____ 姓名_____ 学号_____ 日期_____ 得分_____

一、单选题（每题5分，共25分）

1. 下列属于负责制定统一的支付结算法律制度的是（　　）。
   A. 中国人民银行总行　　　　　　　B. 中国银行总行
   C. 国家政策性银行　　　　　　　　D. 商业银行总行
2. 填写支票的金额要求是（　　）。
   A. 10元以上　　　　　　　　　　　B. 100元以上
   C. 1 000元以上　　　　　　　　　 D. 没有金额起点
3. 银行汇票的背书转让金额以（　　）为准。
   A. 出票金额　　　　　　　　　　　B. 实际结算金额
   C. 实际交易金额　　　　　　　　　D. 转让金额
4. 商业汇票的提示付款期限，自汇票到期日起（　　）内。
   A. 2个月　　　B. 1个月　　　C. 15日　　　D. 10日
5. 银行承兑汇票到期出票人不能足额付款，其不足款项记入（　　）科目。
   A. 短期贷款　　B. 其他应收款　C. 逾期贷款　　D. 营业外支出

二、多选题（每题5分，共25分）

1. 票据结算业务包括（　　）。
   A. 委托收款　　B. 本票　　　C. 支票　　　D. 银行汇票
   E. 商业汇票
2. 票据和结算凭证上的（　　）不得更改。
   A. 金额　　　　B. 付款人名称　C. 出票日期　　D. 收款人名称
   E. 签发日期
3. 下列（　　）情况银行应退票。
   A. 出票人签发空头支票
   B. 签章与预留银行签章不符的支票
   C. 使用支付密码地区，签发支付密码错误的支票
   D. 代出票人送交的支票
   E. 收款人账号姓名不符
4. 持票人持银行汇票二、三联及进账单请求付款时，营业柜台应认真审查（　　）。

A. 汇票和解讫通知是否齐全,其号码和记载的内容是否一致
B. 汇票是否为统一规定印制的凭证,是否真实,是否超过提示付款期限
C. 汇票持票人是否在本行开户,持票人名称是否为该持票人,与进账单上的名称是否相符
D. 出票行的签章是否符合规定,加盖的"汇票专用章"是否清晰
E. 汇票持票人身份

5. 银行办理支付结算时,必须遵守以下纪律( )。
A. 不准以任何理由压票、任意退票、截留挪用客户和他行资金
B. 不准无理拒绝支付应由银行支付的票据款项
C. 不准受理无理拒付、不扣或少扣滞纳金、罚金
D. 不准违章签发、承兑、贴现票据,套取银行资金
E. 不准在结算制度之外规定附加条件,影响汇路畅通

三、判断题(每题 5 分,共 25 分)

1. 银行汇票的实际结算金额可以与汇票金额不符。 ( )
2. 票据出票日期小写的,银行不予受理;大写日期未按要求规范填写的,银行可予受理,但由此造成损失的,由出票人自行承担。 ( )
3. 在填写支票、本票、汇票的日期时,在填写月、日时,月为壹、贰和壹拾的以及日为壹至玖和壹拾、贰拾和叁拾的,应在其前面加"零";日为拾壹至拾玖的应在前面加"壹"。 ( )
4. 票据背书不能附有条件,背书附有条件的,所附条件不具有票据上的效力。 ( )
5. 贴现、转贴现的期限最长不超过 6 个月。 ( )

四、案例分析题(每题 25 分,共 25 分)

2020 年 2 月 11 日,民生银行长沙分行积极响应国家号召,关心为疫情提供民生保障的企业,对步步高战略民企服务团队快速反应,在了解到客户有对外支付货款需求后,第一时间上门收集业务资料,同时协调分行相关部室全力配合,精诚合作,在客户指定日期前成功签发银行承兑汇票 1 533 万元,帮助企业解决了采购防疫物资和民生物资的资金问题,缓减了企业成本压力。

请自主查阅相关资料,结合所学知识,试分析:

(1)企业是如何使用银行承兑汇票来降低经营成本的?收到银行承兑汇票的企业急需现金周转会怎么处理?

(2)银行办理银行承兑汇票业务的常规流程?常见的票据业务有哪些?

(3)银行经常提到为社会提供优质支付结算服务,银行支付结算业务和工具包括哪些呢?

(4)银行的资金清算体系是如何运作来保障企业资金支付到账效率?

项目实训

银行支付结算业务处理

一、实训目的

1. 熟悉银行支付结算业务的相关规定及处理流程。
2. 正确选择和使用支付结算工具,培养提升金融服务意识和专业素养。

二、实训要求

分组进行:每3~5人一组,选出1名组长,收集信息讨论,分组汇报。

三、实训内容

任务1:在对银行支付结算业务形成了一定认知的基础上,通过调研、讨论,撰写一份银行支付结算业务分析报告。

(1) 登录中国人民银行网站(http://www.pbc.gov.cn/),了解我国近年来银行支付体系运行总体情况,并分析互联网时代支付体系的变革。

(2) 登录上海票据交易所网站(http://www.shcpe.com.cn/),查找目前票据市场交易相关数据,了解近年来我国的票据业务市场运行情况,并分析我国票据业务发展现状与趋势。

任务2:实训平台模拟票据业务操作处理。

恒力房地产开发有限公司购买了一批原材料,货款总金额为3 400 000元。供需双方商定货款以银行承兑汇票方式结算。2021年10月10日,恒力房地产开发有限公司向其开户银行申请签发一张出票金额为3 400 000元,期限为3个月的银行承兑汇票。2021年10月20日,该汇票经银行承兑并签订承兑协议,承兑手续费5‰,恒力房地产开发有限公司将此银行承兑汇票提交给武汉市盛华建材有限公司;武汉市盛华建材有限公司在汇票到期前持票前往汇票签发行查询该汇票,发现该银行承兑汇票出票人签章有问题,经持票人与出票人协商,双方同意将该银行承兑汇票作退票处理并重新签发银承汇票给收款人。

重要提示:签发汇票时注意汇票到期日;背书转让不可附加条件。

【操作步骤】

(1) 企业申请人填写出票申请书(企业申请人—出票申请—登记)。

(2) 银行出票人出票填写票面信息(银行出票人—选择数据—出票)。

(3) 企业申请人签立承兑协议(企业申请人—承兑—选择数据—填写承兑协议、出票人盖章,并在票面第二联签章)签订承兑协议需勾选资料有:贷款卡、承兑协议、公司营业执照、法人身份证、资产负债表、利润表、交易合同。

(4) 银行承兑人盖承兑章(银行承兑人—承兑—选择数据—承兑协议承兑行章和票样第二联盖章)。

(5) 企业收款人进行退票(选择数据,点击退票)。

四、总结分析

提交分析报告并完成PPT汇报,小组互评,教师点评。

项目 5

对公贷款业务处理

【知识目标】
- 掌握商业银行对公贷款业务的基础知识
- 掌握商业银行对公贷款业务处理流程与操作
- 熟悉银行对公贷款业务风险控制与银行监管规则
- 了解商业银行对公贷款业务的主要产品特点

【能力目标】
- 能够掌握对公贷款业务特点、业务处理流程
- 能够准确判断银行对公贷款业务环节及对应风险点识别

【素质目标】
- 严格执行金融法律法规,遵守银行各项规章制度
- 坚守诚实守信的金融从业人员立足之本
- 培养金融从业人员廉洁自律的职业道德
- 培育金融从业人员严谨求实,精益求精的工作态度

【知识导图】

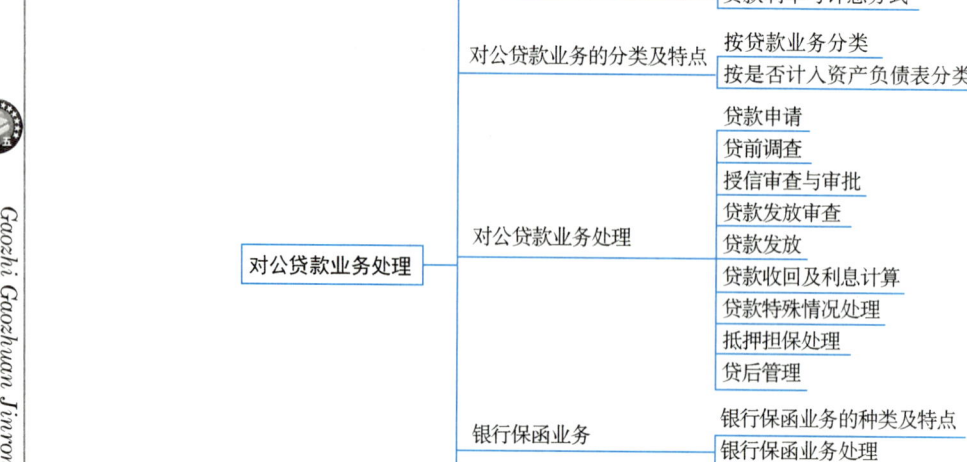

案例导入

广东省贷款投放创历史新高①

中国人民银行广州中心支行公布的 2021 年年末广东省金融运行分析显示，2021 年广东省贷款投放创历史同期新高，存款余额增长也在年末呈现了回暖态势。

据运行分析数据，截至 2021 年 12 月月末，广东省金融机构本外币各项贷款余额 36 644.9 亿元，同比增长 25.6%，继续保持高位运行。其中，全年新增贷款 3 241 亿元，同比增长 654.7 亿元，创同期新高。

运行分析认为，从贷款主体看，广东省对公贷款继续保持了快速增长的趋势，住户贷款则呈现了环比减少的态势。运行分析将其归因于 2021 年广东省科技创新行业发展势头强劲，促使对公贷款继续保持了快速增长。从贷款期限上看，贷款变化趋势则呈现了短期贷款增长较快、中长期贷款增速放缓的特点。

案例思考：在商业银行所面临的风险也日益复杂化和多样化的前提下，如何有效防范对公贷款业务风险？

案例启示：以商业银行对公业务经营管理相关理论和风险控制理论为基础，可以发现商业银行普遍存在对公存款客户基础薄弱、对公存款不稳定、区域发展不均衡，对公贷款结构不合理、限制性贷款占比较高，盈利性较差，对公中间业务收入产品单一、产品创新性不强等一系列问题，结合广东省当地经济结构和市场环境，以及金融同业竞争情况，对公业务转型建议包括：一是核心对公业务转型；二是体制机制转型；三是产品体系转型；四是对公客户建设转型；五是营销模式转型。通过研究促进商业银行对公业务的整体营销和管理水平的提升，提高其市场占比，实现其盈利性、创效性的大幅改善、为长期稳健发展起到积极的指导作用，有助于提高我国商业银行的对公授信风险管理水平、有效防范对公授信业务风险。

任务 5.1 银行贷款业务的分类及特点

银行信贷业务又称信贷资产或贷款业务，是商业银行最重要的资产业务，商业银行以一定的利率和按期归还为条件，将货币资金使用权转让给其他资金需求者，通过放款收回本金和利息，扣除成本后获得利润，是商业银行的主要盈利方式。也可将贷款理解为一种信用活动。

---

① 广东省地方金融监督管理局. 2021 年金融统计数据报告[EB/OL]. (2022-01-13)[2023-02-17]. http://gdjr.gd.gov.cn/gdjr/jrzx/jryw/content/post_3764077.html.

5.1.1 银行贷款业务分类

银行贷款业务按不同的分类方式有以下不同类型。

1) 按贷款发放对象划分

贷款按贷款发放对象划分可分为对公贷款和个人贷款。

对公贷款，又称单位贷款或对公批发业务，是发放给企事业单位、团体、公司等的贷款业务，属于公司金融业务。

个人贷款，又称零售贷款业务，是贷款人(一般商业银行)向消费者个人或者居民家庭提供的，用于个人消费、生产经营等用途的本外币贷款，并规定贷款利息，并约定按期还本付息的，用于购买自用住房、消费或者小额投资经营的贷款。各家银行所提供的个人贷款种类及形式不尽相同。

2) 按贷款发放期限划分

贷款按贷款发放期限划分可分为短期贷款、中期贷款和长期贷款。

短期贷款，是指贷款期限在1年以下(含1年)的各种贷款。

中期贷款，是指贷款期限在1年以上5年以下(含5年)的各种贷款。

长期贷款，是指贷款期限在5年以上(不含5年)的各种贷款。

3) 按贷款有无担保、发放的条件划分

贷款按有无担保、发放的条件划分可分为信用贷款、担保贷款和票据贴现。

(1) 信用贷款，是指凭借款人信誉发放的贷款。其最大特点是不需要提供保证和抵押、质押等担保，仅凭借款人的信用就可以取得贷款。信用贷款风险较大，发放时须从严掌握，一般仅向实力雄厚、信誉卓著的借款人发放，通常期限较短。

(2) 担保贷款，按担保方式又分为保证贷款、抵押贷款和质押贷款。

保证贷款，是指以第三人承诺在借款人不能偿还贷款时，按约定承担一般保证责任或者连带保证责任而发放的贷款。银行一般要求保证人提供连带责任保证。

抵押贷款，是指以借款人或第三人财产作为抵押物发放的贷款。如果借款人不能按期归还贷款本息，银行将行使抵押权，处理抵押物以收回贷款。

质押贷款，是指按《担保法》规定的质押方式以借款人或第三人的动产或权利作为抵押物而发放的贷款。

(3) 票据贴现，是指银行发放的贷款是以购买借款人未到期商业汇票的方式发放的。

4) 按贷款利率划分

贷款按贷款利率划分可分为固定利率贷款和浮动利率贷款。

固定利率贷款，是指在贷款合同签订时即设定好固定的利率，在贷款合同期内，借款人都按照固定的利率支付利息，不需要随行就市。

浮动利率贷款，是指贷款利率在贷款期限内随市场利率或其他因素变化按约定时间和方法自动进行调整的贷款。

5) 按风险程度划分

贷款按风险程度划分可分为正常、关注、次级、可疑和损失五类。

正常类贷款，是指借款人能够履行合同，有充分把握按时、足额偿还本息的贷款。

关注类贷款，是指尽管借款人目前有能力偿还贷款的本息，但是存在一些可能对还贷产生不利影响因素的贷款。

次级类贷款，是指借款人的还款能力出现了明显的问题，依靠其正常经营收入已无法保证足额偿还本息的贷款。

可疑类贷款，是指贷款人无法足额偿还本息，即使执行抵押或担保，也肯定会给银行造成一部分损失的贷款。

损失类贷款，是指在采取所有可能的措施和一些必要的法律程序之后，本息仍无法收回，或只能收回极少一部分的贷款。

6）按银行承担的职能划分

贷款按银行承担的职能划分分为自营贷款、委托贷款和特定贷款。

自营贷款，是指贷款人以合法方式筹集资金自主发放的贷款，其风险由贷款人承担，并由贷款人收回本金和利息。

委托贷款，是指由政府部门、企事业单位及个人等委托人提供资金，由贷款人（即受托人）根据委托人确定的贷款对象、用途、金额、期限、利率等代为发放和监督使用并协助收回的贷款。其贷款（受托人）只收取手续费，不承担贷款风险。

特定贷款，是指经国务院批准并对贷款可能造成的损失采取相应补救措施后责成国有独资商业银行发放的贷款。

5.1.2 贷款利率与计息方式

1）贷款利率

贷款利率即借款人使用贷款时支付的资金价格，通常有以下几种分类。

（1）**本币贷款利率和外币贷款利率**。根据贷款币种的不同，利率可分为本币贷款利率和外币贷款利率。

（2）**浮动利率和固定利率**。按照借贷关系持续期内利率水平是否变动来划分，利率可分为固定利率和浮动利率。

固定利率，是指在贷款合同签订时即设定好固定的利率，在贷款合同期内，借款人都按照固定的利率支付利息，不需要"随行就市"。

浮动利率，是指借贷期限内利率随市场利率或其他因素变化相应调整的利率。浮动利率的特点是可以灵敏地反映金融市场上资金的供求状况，借贷双方所承担的利率变动风险较小。

（3）根据确定方式不同，利率可分为法定利率、基准利率、市场利率、合同利率。

法定利率，是指由国务院批准和国务院授权中国人民银行制定的各种利率。法定利率的公布、实施由中国人民银行总行负责。是国家实现宏观调控的一种政策工具。

基准利率，是指中国人民银行对商业银行和其他金融机构的存、贷款利率。基准利率由中国人民银行总行确定。

市场利率，是指随市场供求关系的变化而自由变动的利率。

合同利率,是指贷款人根据法定贷款利率和中国人民银行规定的浮动同谋范围,经与借款人共同商定,并在借款合同中载明的某一笔具体贷款的利率。

2)《贷款通则》中关于贷款利率和利息的规定

(1) 贷款利率的确定:贷款人应按照中国人民银行规定的贷款利率的上下限,确定每笔贷款利率,并在借款合同中载明。

(2) 贷款利息的计收:贷款人和借款人应当按照借款合同和中国人民银行有关计息规定,按期计收或交付利息。贷款的展期期限加上原期限达到新的利率档次时,从展期之日起,按新的期限档次利率计收。逾期贷款按规定计收罚息。

(3) 贷款的贴息:根据国家政策,为了促进某些产业和地区经济的发展,有关部门可以对贷款补贴利息。对有关部门贴息的贷款,承办银行应自主审查发放,并根据《贷款通则》有关规定严格管理。

(4) 贷款停息、减息和免息:除了国务院规定,任何单位和个人无权决定停息、减息、和免息。贷款人应当根据国务院的决定,按照职责权限范围具体办理停息、减息和免息。

(5) 农商银行小额农户贷款实行利随本清,若为跨年度的贷款,年底前必须结息一次。每年12月20日为结息日。

(6) 除了小额农户贷款,短期贷款(期限在1年以下,含1年)按贷款合同签订日的相应档次的法定贷款利率计息。贷款合同期内,遇利率调整不分段计息。

(7) 短期贷款按季结息的,每季度末月的20日为结息日;按月结息的,每月的20日为结息日。具体结息方式由借贷双方协商确定。对贷款期内不能按期支付的利息按贷款合同利率按季或按月计收复利,贷款逾期后改按罚息利率计收复利。最后一笔贷款清偿时,利随本清。

(8) 中长期贷款(期限在1年以上)利率实行一年一定。贷款(包括贷款合同生效日起1年内应分笔拨付的所有资金)根据贷款合同确定的期限,按贷款合同生效日期相应档次的法定贷款利率计息,每满1年后(分笔拨付的以第一笔贷款的发放日为准),再按当时相应档次的法定贷款利率确定下一年度利率。中长期贷款按季结息,每季度末月20日为结息日。对贷款期内不能按期支付的利息按合同利率按季计收复利,贷款逾期后改按罚息利率计收复利。

3) 贷款计息方式

贷款利息是银行主要的财务收入,因此在贷款收回过程中正确计算贷款利息十分重要。

贷款利息计算的方法主要分为定期结息和利随本清两种。在实际工作中,大多采用定期结息。

定期结息,是指按规定的结息期(一般为每月末或每季末的20日)结计利息,并采用计息余额表计算累计计息积数。其计算公式为:

$$贷款利息 = 贷款计息积数 \times 贷款日利率$$

利随本清,是指按规定的贷款期限,在收回贷款的同时逐笔计收利息。贷款的起讫时间算头不算尾,采用对年对月对日的方法计算,对年按360天,对月按30天计算,不满月的零头天数按实际天数计算。其计算公式为:

$$贷款利息 = 贷款本金 \times 存期 \times 利率$$

(1) 计息期为整年(月)的,计息公式为:

$$利息=本金\times年(月)数\times年(月)利率$$

(2) 计息期有整年(月)又有零头天数的,计息公式为:

$$利息=本金\times年(月)数\times年(月)利率+本金\times零头天数\times日利率$$

其中:

人民币业务的利率换算公式为(注:存贷通用):

$$日利率=年利率(\%)\div360=月利率(‰)\div30$$
$$月利率(‰)=年利率(\%)\div12$$

(3) 同时,银行可选择将计息期全部按为实际天数计算利息,即每年为365天(闰年为366天),每月为当月公历实际天数,计息公式为:

$$利息=本金\times实际天数\times日利率$$

以上3个计算公式实质相同,但由于利率换算中1年只作360天,但实际按日利率计算时,1年将作365天(或366天)计算,得出的结果会稍有偏差。具体采用哪一个公式计算,中国人民银行赋予了金融机构自主选择的权利。因此,当事人和金融机构可以就此在合同中约定。

当贷款发生逾期时,还需要考虑罚息因素,正常贷款与逾期贷款应分段计息。

思政园地

坚持准确核实对公客户身份信息[①]

为进一步落实监管部门相关要求,保护金融消费者的合法权益,防止企事业单位账户被不法分子冒用,根据我国《中华人民共和国反洗钱法》及客户身份识别有关规定,2021年8月,中国建设银行开展了对公客户身份信息核实工作。

2021年8月20日起,建设银行根据《中华人民共和国反洗钱法》第十六条、《金融机构客户身份识别和客户身份资料及交易记录保存管理办法》第十九条等相关规定,对在银行留存的对公客户身份证件、身份证明文件或法定代表人(单位负责人)身份证件、身份证明文件已过有效期,在合理期限内没有及时更新,且没有合理理由的对公客户名下结算账户中止提供金融服务。

---

① 中国建设银行. 关于开展对公客户身份信息核实工作的公告[EB/OL]. (2021-08-13)[2023-02-17]. http://company2.ccb.com/chn/2021-08/13/article_2021081309350156368.shtml.

任务实训

银行贷款业务分类与特点

一、实训目的

1. 掌握银行贷款业务不同的分类方式。
2. 培养信息搜集和总结归纳能力。
3. 培养团队合作精神、沟通能力和语言表达能力。

二、实训要求

分组进行:每 3~5 人一组,选取 1 名组长,进行资料收集讨论,各小组讲解。

三、实训内容

分别对比银行贷款按有无担保、发放条件和按风险程度划分的分类情况,对比各分类的特点,并举例说明。

四、总结分析

汇报小组实训成果,小组互评,教师点评。

任务 5.2　对公贷款业务的分类及特点

对公贷款,又称单位贷款或对公批发业务,是发放给企事业单位、团体、公司等的贷款业务,属于公司金融业务。

5.2.1　按贷款业务分类

对公贷款按贷款业务分类,可分为流动资金贷款、固定资金贷款、银团贷款、房地产开发贷款、项目与并购贷款等,常见的主要有:

流动资金贷款,是指银行向企(事)业法人或符合国家规定可以作为借款人的其他组织发放的,用于借款人日常生产经营周转的本外币贷款。其贷款期限灵活,用途限制小,还款来源为客户综合收益及其他合法收入。流动资金贷款期限可根据客户具体需要灵活安排,分为临时、短期[1 年内(含 1 年)]、中期[1~3 年(含 3 年)]三种类型,最长不超过 3 年。

固定资产贷款,是指银行向企(事)业法人或符合国家规定可以作为借款人的其他组织发放的主要用于固定资产投资的本外币贷款。其贷款期限长、金额大,可满足客户固定资产投资项目运作中的资金需求。

银团贷款,又称"辛迪加贷款",是由获准经营贷款业务的一家或数家银行牵头,多家银行与非银行金融机构参加而组成的银行集团,采用同一贷款协议,按商定的期限和条件向同一借款人提供融资的贷款方式。其产品特点包括:①筹款金额大,贷款期限长。由于银团贷款是由多家银行组成的,所以它能提供大额、长期、稳定的信贷资金,而不像独家银行贷款受贷款规模的限制。②分散贷款风险。多家银行共同承担一笔贷款比一家银行单独承担要更为稳妥,各贷款行按各自贷款的比例分别承担贷款风险,并可以加速各贷款行得资金周转。③筹资时间短,费用比较合理。

5.2.2 按是否计入资产负债表分类

对公贷款按是否计入资产负债表,可分为表内贷款业务和表外贷款业务。

1) 表内业务

对公贷款的表内业务主要包括贷款和票据贴现等。

贷款是指商业银行以一定的利率和按期归还为条件,将货币资金使用权转让给其他资金需求者的信用活动。

票据贴现是指银行应客户的要求,买进其未到付款日期的票据,并向客户收取一定的利息的业务。贴现业务形式上是票据的买卖,但实际上是信贷业务。

2) 表外业务

对公贷款的表外业务主要包括保证业务、银行承兑汇票业务、信用证业务等。

保证业务一般以保函形式出具,又称**保函业务**,是指银行应申请人的请求,向受益人开立书面信用担保凭证,保证在申请人未能按双方协议履行其责任或义务时,由银行代其按照约定履行一定金额的某种支付或经济赔偿责任的信贷业务。

银行承兑汇票业务是指银行接受出票人的付款委托,承诺在承兑汇票到期日对收款人或持票人无条件支付汇票金额的票据行为。

信用证业务是指开证银行根据申请人(基础交易买方)的申请并按其指示,向受益人(基础交易卖方)开出书面承诺文件,承诺在符合信用证条款的情况下,凭规定的单据,向受益人支付一定金额或承兑的信贷业务,主要包括国内信用证业务和进口信用证业务。

任务实训

对公贷款业务分类与特点

一、实训目的

1. 掌握对公贷款的要素和种类。
2. 熟悉对公贷款业务的基本内容和要求。
3. 了解对公信贷的基本流程。
4. 培养信息搜集和总结归纳能力。
5. 培养团队合作精神、沟通能力和语言表达能力。

二、实训要求

分组进行:每3~5人一组,选出1名组长,进行资料收集讨论,各小组讲解。

三、实训内容

选择国有商业银行、中小股份制商业银行、农村商业银行各一家,登录银行官方网站,对比各家商业银行的对公贷款产品分类及特点。

四、总结分析

汇报小组实训成果,小组互评,教师点评。

任务 5.3　对公贷款业务处理

本任务主要以流动资金贷款、保函业务、信用证业务为主来学习对公贷款业务处理。

对公贷款业务处理流程总体如图 5-1 所示。

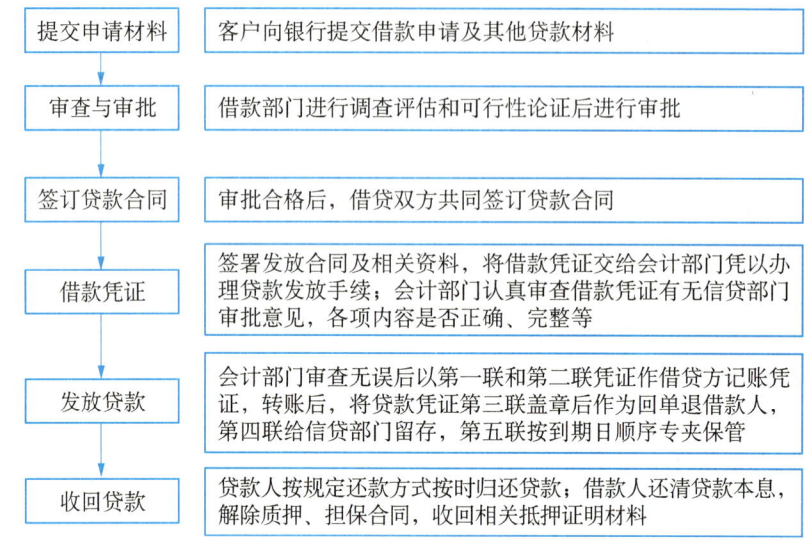

图 5-1　对公贷款业务处理流程

5.3.1　贷款申请

对公贷款借款人遵循一定的原则按流程可向商业银行提出贷款申请。

1）公司借款人的要求

公司借款人必须是经市场监督管理部门(或主管机关)核准登记的企(事)业法人。

2）对公贷款借款人应遵循的原则

(1) "诚信申贷"的原则：借款人应恪守诚实守信原则，按照贷款人要求的具体方式和内容提供贷款申请材料，并且承诺所提供材料的真实性、完整性和有效性。

(2) 借款人符合主体资格原则：企业法人依法办理工商登记，取得营业执照；事业法人依照《事业单位登记管理条例》的规定办理登记备案；特殊行业须持有关机关颁发的营业或经营许可证。

(3) 借款人经营管理符合合法、合规性原则：借款人的经营活动应符合国家相关法律法规规定；符合国家产业政策和区域发展政策；符合营业执照规定的经营范围和公司章程。

(4) 借款人符合信用记录良好原则：借款人必须资信状况良好，有按期偿还贷款本息的能力,长期遵守贷款合同,诚实守信。

(5) 贷款用途及还款来源符合明确合法原则:借款人必须以真实有效的商务基础合同、购买合同或其他证明文件为依据,说明贷款的确切用途和实际使用量,不得挪用信贷资金,不使用虚假信息来骗取银行金融机构的信贷资金。

3) 根据贷款类型、借款人还需要提供的其他材料

借款人需提供的其他贷款资料如表 5-1 所示。

表 5-1　　　　　　　　　借款人需提供的其他贷款资料

贷款类型	提供的材料
保证形式	(1) 经银行认可,有担保能力的担保人的营业执照复印件 (2) 担保人经审计的近 3 年的财务报表 (3) 如担保人为外商投资企业或股份制企业,应提交关于同意提供担保的董事会决议和授权书正本
抵(质)押形式	(1) 抵(质)押物清单 (2) 抵(质)押物价值评估报告 (3) 抵(质)押物权属证明文件 (4) 如抵(质)押人为外商投资企业或股份制企业,应出具同意提供抵(质)押的董事会决议和授权书
固定资产贷款	(1) 符合国家有关投资项目资本金制度的规定的证明文件 (2) 项目可行性研究报告及有关部门对研究报告的批复 (3) 其他配套条件落实的证明文件 (4) 如为转贷款、国际商业贷款及境外借款担保项目,应提交国家计划部门关于筹资方式、外债指标的批文 (5) 政府贷款项目还需提交项目列入双方政府商定的项目清单的证明文件

5.3.2　贷前调查

贷前调查是指贷款发放前,银行对公客户经理岗对贷款申请人基本情况的调查,并对其是否符合贷款条件和可发放的贷款额度作出初步判断。

1) 贷前调查的主要内容

(1) 借款人基本情况:主要包括借款人名称、性质、成立日期、经营年限、法人代表、组织架构、股东背景、实际控制人等基本情况;借款人经营范围、所属行业、核心主业、提供产品或服务的年生产能力;借款人的技术、管理情况。

银行应确认借款企业法人主体真实性、合法性。例如:查验企业提供法人营业执照正本,查对与借款人名称是否相符;是否经过年检,法定代表人是否有变更;经济性质是否相符;贷款期限是否超过规定经营期限;借款用途是否在企业经营范围内等。

(2) 对借款企业信用状况的调查:对企业的信用状况进行评估;深入企业实地查阅企业的应付账款账簿及其明细账,了解有关借款企业是否有拖欠他人的账款金额、赊欠原因、时间、赊欠原因、还款情况等相关信息,从而真正摸清借款企业的信用道德底细。

(3) 借款人生产经营及经济效益情况:主要包括借款人所处的行业情况、采购及销售模式、成立(特别是近 3 年)的成长性、盈利水平和变动趋势。具体应做好:①查阅借款企业至少 3 年以上的会计报表,计算出相应的经营指标,分析和了解企业的经营情况;②深入车间、厂房和库房,实地调查企业的生产环境、生产工作流程、产品质量监督情况和原材料及产成品的库存情况,并用数码相机、摄像机等设备做好记录,从而真实反映企业的生产经营状况;③通过查看借款企业近两年的会计报表计算出各项指标增长率、增长幅度,分析企业竞争力的变化;④同时还可采取核实贷款企业在税务部门的纳税情况,从而反映出企业的真实生产效益;⑤通过企业近几个月缴纳水电费等情况的对比分析,了解企业的实际生产经营情况等。

(4) 借款人财务状况: 主要包括根据近3年及当期财务报表分析资产负债比率、流动资产和流动负债结构、主营业务利润率变化情况及原因、投资收益等情况。银行应当掌握借款人的财务状况,评估借款人的偿债能力,预测借款人的未来发展前景。

(5) 资金用途: 借款人的整体资金需求及融资资金的具体用途。

(6) 还款能力: 主要是指还款来源。银行应分析、说明借款人是否有还贷资金缺口,主要包括借款人依靠自身生产经营产生的现金流、综合收益及其他合法收入等对归还银行贷款的可靠性评价。

(7) 担保情况: 主要包括保证人基本状况;保证人担保能力评价;资信水平、信用等级、评级机构、其他对外保证金额、抵押或质押情况。具体做法包括:一是实地调查担保人或物的真实性、合法性和合规性。二是对担保方提供的有关证件和资料要与有关部门进行核实,确保担保财产的真实性和有效性。三是对担保财产做严格的市场评估,确保有足额的第二还款来源。

2) 贷前调查环节的主要风险点

贷前调查在实际执行时,主要有以下风险点:

(1) 贷前调查流于形式,未按照贷款操作规程中规定的要求去深入细致进行实地调查。

(2) 有的信贷人员仅以借款申请人提供的资料作为贷前调查的依据,未核实而造成贷前调查失实。

(3) 信贷人员在贷前调查过程中未对申请人进行必要的外部调查,未摸清申请人真实背景。

(4) 有的信贷员凭经验和感觉办事,没有进行贷前调查便形成了调查报告。

(5) 贷前调查中没有用影像图片等有效手段记录借款申请人的真实经营情况,不能给贷款审批人员提供直观的原始的审批依据。

5.3.3 授信审查与审批

借款单位向银行申请贷款,必须填写包含借款用途、偿还能力、还款方式等主要内容的借款申请书,并向银行信贷部提供有关资料。商业银行经过多年经营,积累了丰富的信贷业务经验,贷款审查已嵌入各种贷款业务的管理流程之中。根据"了解你的客户""了解你客户的业务""了解你客户的风险"原则,审查审批环节一般包括以下内容。

1) 信贷资料完整性及调查工作与申报流程的合规性审查

信贷资料完整性及调查工作与申报流程的合规性审查包括:①借款人、担保人(物)

及具体贷款业务有关资料是否齐备，申报资料及其内容应合法、真实、有效。②贷款业务内部运作资料是否齐全，是否按规定程序操作，调查程序和方法是否合规，调查内容是否全面、有效，调查结论及意见是否合理。

2）借款人主体资格及基本情况审查

借款人主体资格及基本情况审查包括：①借款人主体资格及经营资格的合法性，贷款用途是否在其营业执照规定的经营范围内。②借款人股东的实力及注册资金的到位情况，产权关系是否明晰，法人治理结构是否健全。③借款人申请贷款是否履行了法律法规或公司章程规定的授权程序。④借款人的银行及商业信用记录以及法定代表人和核心管理人员的背景、主要履历、品行和个人信用记录。

3）信贷业务政策符合性审查

信贷业务政策符合性审查包括：①借款用途是否合法合规，是否符合国家宏观经济政策、产业行业政策、土地、环保和节能政策以及国家货币信贷政策等。②客户准入及借款用途是否符合银行区域、客户、行业、产品等信贷政策。③借款人的信用等级评定、授信额度核定、定价、期限、支付方式等是否符合银行信贷政策制度。

4）财务因素审查

财务因素审查主要审查借款人基本会计政策的合理性，财务报告的完整性、真实性和合理性及审计结论，要特别重视通过财务数据间的比较分析、趋势分析及同业对比分析等手段判断客户的真实生产经营状况，并尽量通过收集必要的信息，查证客户提供的财务信息的真实性、合理性。

5）非财务因素审查

非财务因素审查主要包括借款人的企业性质、发展沿革、品质、组织架构及公司治理、财务管理、经营环境、所处的行业市场分析、行业地位分析、产品定价分析、生产技术分析、客户核心竞争能力分析等。

6）担保审查

担保审查是对保证、抵押、质押等担保方式的合法、足值、有效性进行审查。

7）充分揭示信贷风险

充分揭示信贷风险包括：①分析、揭示借款人的财务风险、经营管理风险、市场风险及担保风险等。②提出相应的风险防范措施。

8）提出授信方案及结论

提出授信方案及结论要求在全面论证、平衡风险收益的基础上，银行信贷部门按照审贷分离、分级审批的要求进行贷款的审批，提出审查结论。

9）签订贷款合同和填制借款借据

所有贷款应由信贷部与借款人签订借款合同、借款合同应当约定贷款用途、金额、利率、还款期限、还款方式、违约责任和双方认为需要约定的其他事项。

信贷部门要按借款合同规定按期发放贷款。借款人应填写一式五联的借款借据凭证。第一联备查联，由银行信贷部门留存；第二联为贷款正本；第三联为贷方传票，代存款科目转账贷方传票；第四联到期检查卡，银行作放款到期检查卡；第五联回单，给借款单位的收账通知。

借款借据在第一、第二联上加盖借款人预留银行印鉴后送交信贷部门审查。信贷部门审查签章后,在信贷操作系统中录入贷款发放的相关信息,第一联借据留存,其余四联送会计部门。

5.3.4 贷款发放审查

贷款发放审查是指银行应对借款人提款所对应的合同、提款期限、用款申请材料、账户以及银行人员的放款操作程序等进行认真核查,防止贷款挪用及产生对贷款不能如期偿还的不利因素,并且在必要时候施行对借款人采取终止提款措施。贷款发放审查流程主要包括以下方面。

1) 贷款合同审查

银行应对借款人提款所对应的合同进行认真核查,包括合同真伪的识别、合同提供方的履约能力调查,防止贷款挪用及产生对贷款不能如期偿还的不利因素。审查工作中,还应通过可能的渠道了解借款人是否存在重复使用商务合同骗取不同银行贷款的现象。

信贷业务中涉及的合同主要有借款合同、保证合同、抵押合同、质押合同等。

(1) 借款合同条款的审查应着重于合同核心部分即合同必备条款的审查,借款合同中的必备条款有贷款种类、借款用途、借款金额、贷款利率、还款方式、还款期限、违约责任和双方认为需要约定的其他事项。

(2) 保证合同的条款审查主要应注意:被保证的贷款数额、借款人履行债务的期限、保证的方式、保证担保的范围、保证期间、双方认为需要约定的其他事项。

(3) 抵押合同的条款审查主要应注意:抵押贷款的种类和数额;借款人履行贷款债务的期限;抵押物的名称、数量、质量、状况、所在地、所有权权属或使用权权属及抵押的范围;当事人认为需要约定的其他事项。此外,抵押物是否在有关部门办理登记,也是抵押合同是否完善的重要前提之一。

(4) 质押合同的条款审查应注意:被质押的贷款数额;借款人履行债务的期限;质押物的名称、数量、质量;质押担保的范围;质押物移交的时间;质押物生效的时间;当事人认为需要约定的其他事项。

2) 提款期限审查

长期贷款项目通常包括提款期、宽限期和还款期。银行应审查借款人是否在规定的提款期内提款。除非借贷双方同意延长,否则提款期过期后无效,未提足的贷款不能再提。

3) 用款申请材料检查

(1) 审核借款凭证。借款人办理提款,应在提款日前填妥借款凭证。借款人名称、提款日期、提款用途等各项都必须准确、完整地填写,并加盖借款人在银行的预留印鉴。业务人员要根据借款合同认真审核,确认贷款用途、金额、账号、预留印鉴等正确、真实无误后,在借款人填妥借款凭证的相应栏目签字,交由有关主管签字后进行放款的转账处理。

除非借款合同另有规定,银行不能代客户填写借款凭证,一般情况下,应要求借款人填妥借款凭证送银行审核后办理放款转账。

(2)变更提款计划及承担费的收取。借款人在借款合同签订后,如需改变提款计划,则应按照借款合同的有关条款规定办理,或在原计划提款日以前的合理时间内向银行提出书面申请,并得到银行同意。

(3)检查和监督借款人的借款用途和提款进度。借款人提款用途通常包括土建费用、工程设备款、购买商品费用、在建项目进度款、支付劳务费用、其他与项目工程有关的费用、用于临时周转的款项。银行要注意检查借款人的借款用途,监督提款进度。

4)账户审查

银行应审查有关的提款账户、还本付息账户或其他专用账户是否已经开立,账户性质是否已经明确,避免出现贷款使用混乱或被挪作他用。

5)提款申请书、借款凭证审查

银行应当对提款申请书中写明的提款日期、提款金额、划款途径等要素进行核查,确保提款手续正确无误。

银行应审查借款人提交的借款凭证是否完全符合提款要求,确认贷款用途、日期、金额、账号、预留印鉴正确、真实、无误。

6)放款操作程序审查

在落实贷款批复要求,完善前述放款前提条件,并进行严格的放款审查后,银行应保留所有证明借款人满足提款前提条件的相关文件和资料,准备贷款发放。由于各银行目前对公司业务人员前、后台工作的职责分工、内部机构设置存在差异,各银行均根据本地区实际情况制定详细的提款操作细则,规范贷款执行阶段的操作程序。

5.3.5 贷款发放

贷款发放是指银行柜台根据信贷部门的审批意见和放款审批,进行贷款发放交易处理的业务。

【业务流程及处理】

1)业务流程

贷款发放操作流程如图5-2所示。

图5-2 贷款发放操作流程

2)业务处理

(1)凭证审核:银行柜台会计经办人员接到借款单位凭证后,应认真审查以下内容:借款凭证有无信贷部门审批意见各项内容填写是否正确完整;大小写金额是否一致;借款凭证上加盖的印鉴与预留银行印鉴是否一致。

(2) 贷款发放：审查凭证无误后，经办人员以借款凭证第二联代转账借方传票，第三联代转账贷方传票，将相关业务信息录入操作系统办理转账。第五联凭证上加盖业务清讫章交由借款人，通知客户贷款已入账。

(3) 后续处理：会计经办人员在借款凭证第二联和第三联上分别加盖业务清讫章和经办人员名章后作为办理业务的凭证与其他凭证一并保管。借款凭证第四联按贷款到期日与其他贷款业务凭证按先后顺序排列、专门保管，会计部门对保管的凭证，应每月与各科目分户账进行核对，查看到期日期，并保证账据相符。

【课堂案例 5-1】

华联商业集团公司（账号110000120101651）于2022年2月8日提交本行信贷部门审批同意的借款借据，向本行申请流动资金贷款1 000 000元，贷款期限3个月，利率为4.67%，模拟银行科技支行审核无误后予以办理，贷款账号为001121102003201，借据编号为03006。

【案例解析】

业务内容：对公贷款业务贷款发放环节。

关键环节：

(1) 柜员双岗审核借款借据各要素（图5-3）。

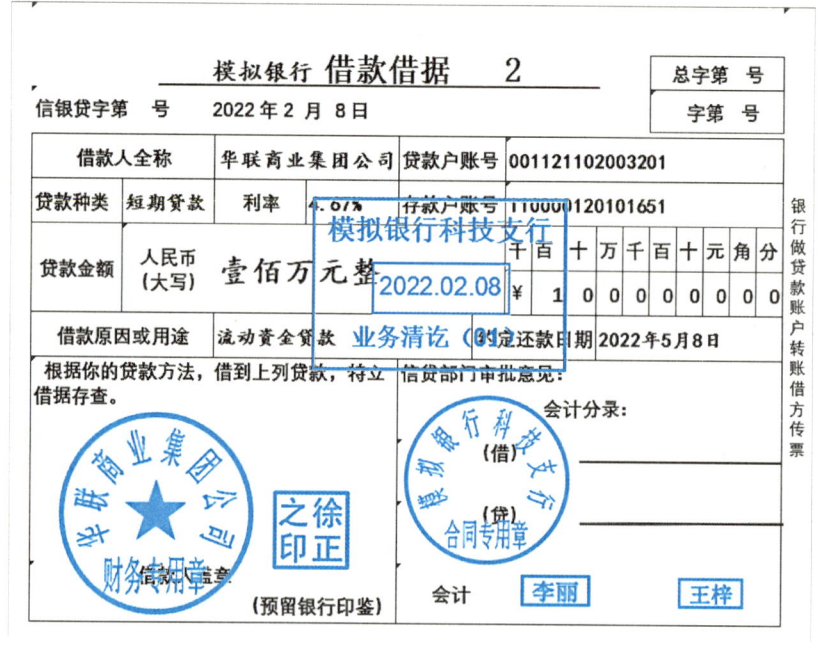

图5-3 贷款发放环节凭证（借款借据）

(2) 登录银行业务操作系统进行贷款发放交易处理。

对应会计核算为：

借：短期贷款——华联商业集团公司　　　　　　　　　　1 000 000
　　贷：活期存款——华联商业集团公司　　　　　　　　　　1 000 000

5.3.6 贷款收回及利息计算

贷款到期时,银行柜台根据信贷部门的还贷审批意见,办理贷款利息清算和还贷交易。

【业务流程及处理】

1) 业务流程

贷款收回及利息计算操作流程如图 5-4 所示。

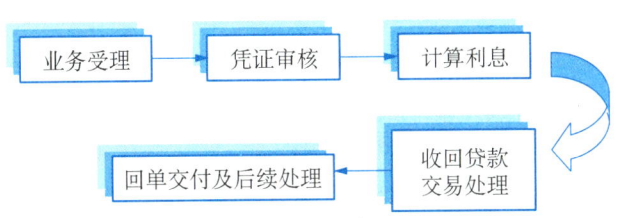

图 5-4 贷款收回及利息计算操作流程

2) 业务处理

(1) 业务受理:借款人归还贷款时应填写一式四联还贷凭证(或填写支票和进账单)。还款凭证第一联为回单,第二联是借方传票,第三联是贷方传票,第四联是卡片。借款单位应在第二联还款凭证上加盖预留银行印鉴后提交银行(提前还贷企业必须提交支票及进账单)。

(2) 业务审核:信贷部门对企业还贷进行审批,银行会计经办人员对还贷凭证进行审核:各项内容填写是否完整正确;凭证上加盖的印鉴与预留银行印鉴是否一致;存款账户款项是否足够支付。

(3) 计算利息:计算利息的方式主要有以下两种。

方式一:定期结息方式计息,按每季末 20 日定期结计利息。季末 20 日营业结束时,系统自动结计利息,21 日早晨营业一开始从客户的活期存款账户中收取利息,并编制特种转账借、贷方传票或贷款利息清单。

贷款到期,系统自动结计利息,账务处理方式同上。银行经办人员在相关凭证上分别加盖业务清讫章和经办人员名章后作为办理业务的凭证与其他凭证一起装订保管。

方式二:利随本清结息方式,在贷款到期的同时逐笔计收利息。采用对年对月对日方式计算。贷款利息=本金×存期×利率。账务处理和凭证处理如前所述。

(4) 收回贷款交易处理:经审查无误,如借款人全额归还贷款,会计经办人员以还贷凭证第二联作借方传票,第三联还贷凭证作贷方传票,原专夹保管的第四联借据到期日作贷方传票附件,将相关信息录入操作系统办理转账。

若是分次归还,除了按上述处理手续办理,还应在原第四联借款凭证的"分次偿还记录"栏登记本次还款余额,结出尚欠贷,并继续留存保管,待最后贷款还清时再作贷方传票的附件。

(5) 回单交付及后续处理:上述处理完成后,经办人员在还贷凭证第一联上加盖业务清讫章,作为回单交给还贷人。还贷凭证第二联和第三联上加盖业务清讫章和经办人员名章后作为办理业务的凭证与其他凭证一并装订保管,第四联还贷凭证则交由信贷部门保管。

【课堂案例 5-2】

2022年5月8日,华联商业集团公司(账号110000120101651)按期归还2022年2月8日向本行借入流动资金贷款1 000 000元,利率为4.67%,模拟银行科技支行审核无误后予以办理。请以定期结息和利随本清两种方式结算利息。

【案例解析】

业务内容:对公贷款业务贷款到期收回。

关键环节:

(1) 对应凭证要素识别与审核(图5-5)。

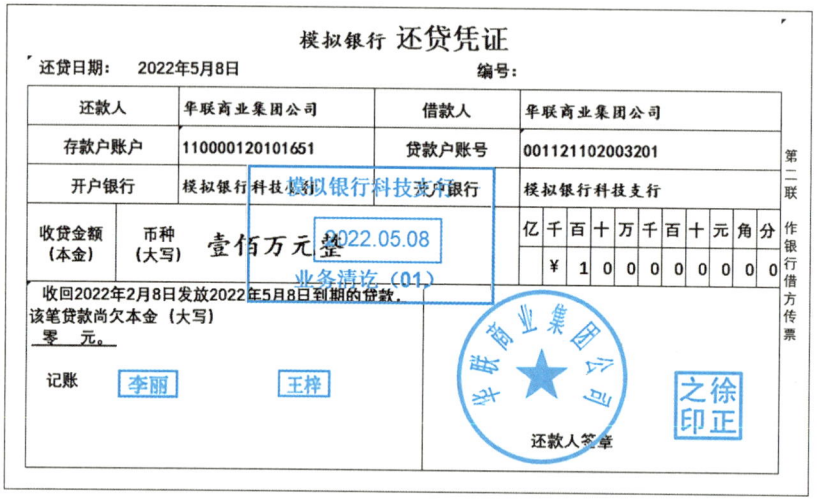

图5-5 贷款收回环节凭证(还贷凭证)

(2) 登录银行业务操作系统进行贷款收回交易处理。

对应会计核算为:

借:单位活期存款——华联商业集团公司　　　　　　　　　　1 000 000

　　贷:短期贷款——华联商业集团公司　　　　　　　　　　　　1 000 000

(3) 计算利息。

定期结息方式计息: 按每季季末20日定期结计利息。本笔贷款分两段计算,分别是2月8日至3月20日,3月21日至5月8日,计算如下:

① 3月20日应计利息为(2月8日至3月20日,41日):

1 000 000 × 41 × 4.67% ÷ 360 = 5 318.61(元)

② 5月8日应计利息(3月21日至5月7日,48日):

1 000 000 × 48 × 4.67% ÷ 360 = 6 226.67(元)

该笔贷款总计利息为11 545.28元(5 318.61+6 226.67)。

③ 账务处理、凭证打印签章。3月21日结息日对应会计核算为:

借：单位活期存款——华联商业集团公司　　　　　　　　　　5 318.61
　　贷：利息收入——贷款利息收入户　　　　　　　　　　　　5 318.61

利随本清结息方式： 在贷款到期的同时逐笔计收利息。采用对年对月对日方式计算，贷款时间3个月。贷款利息清单如图5-6所示。

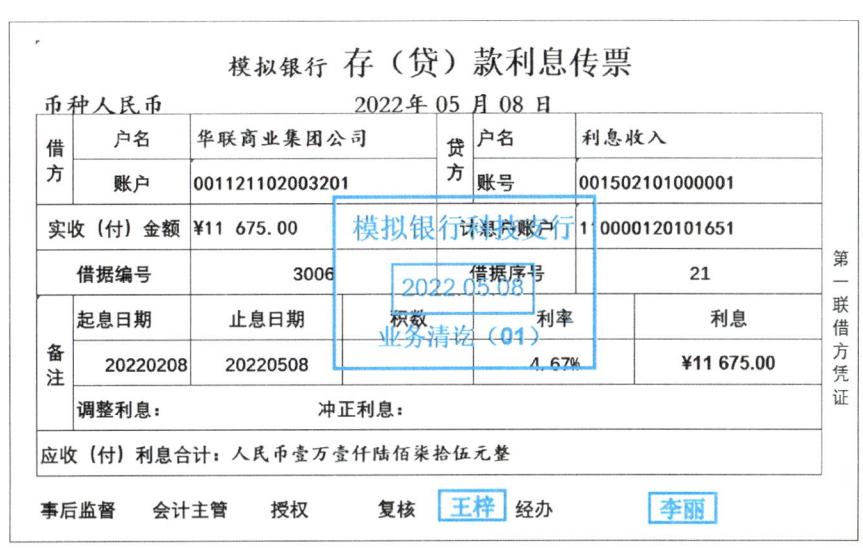

图5-6　贷款收回环节(利随本清利息清单)

贷款利息＝本金 × 存期 × 利率
　　　　＝1 000 000 × 3× 4.67% ÷ 12 ＝11 675(元)

5.3.7　贷款特殊情况处理

贷款到期后，企业不能按期归还贷款的，可能有以下几种特殊情况，银行应分别处理。

1) 贷款到期借款人未主动归还贷款处理

贷款到期借款人未能主动归还贷款，而其存款账务的余额又足够还款时，会计部门征得信贷部门的同意后，由信贷部门出具"贷款收回通知单"，会计部门即可凭此填制一式四联"还款凭证"扣还贷款。

2) 贷款展期处理

如贷款到期时，由于某些客观条件的限制，借款人无法及时归还贷款，则该借款人应在贷款到期日前，向银行提出贷款展期的申请。对同意展期的贷款，信贷部门应在展期申请书上签注意见，然后将展期申请书交会计部门，会计部门抽出原借款借据的第四联，在借据上批注展期日期，申请书则附在借款借据后一并保管，展期不必另行办理转账手续。

3) 逾期贷款处理

因借款人原因到期(含展期后到期)不能归还的贷款，于到期日即转为逾期贷款，对于逾期在90天以内的贷款，要记入表外"应计贷款"，超过90天仍未收回的转入表外科目"非应计贷款"。逾期贷款半年的贷款即转为呆滞贷款。银行对逾期贷款应当及时查明原因,并积极组织催收。

对于逾期贷款,银行应将其转入借款单位的"逾期贷款"账户。会计分录为:

借:逾期贷款——××单位逾期贷款户

　　贷:××贷款——××单位

到期贷款转入逾期贷款户后,应在原借款借据上批注"待借款单位账户有款支付时,一次或分次扣收"字样,并且从逾期之日起到款项还清前1日止,按规定比例加收过期利息或罚息。自2004年1月1日起,执行逾期贷款在原贷款合同载明的利率基础上加收30%~50%过期利息或罚息的规定,属于挪用贷款资金的加收50%~100%过期利息或罚息。

5.3.8 抵押担保处理

贷款抵押是债务人或第三人对债权人以一定财产作为清偿债务担保的法律行为。

贷款担保是指为提高贷款偿还的可能性,降低银行资金损失的风险,银行在发放贷款时要求借款人或第三方提供担保,以保障贷款债权实现的法律行为。

一般来说银行贷款的抵押担保按担保方式分为以下三种:

(1) 抵押担保贷款:借款人或第三人在不转移财产占有权的情况下,将财产作为债权的担保,银行持有抵押财产的担保权益,当借款人不履行借款合同时,银行有权以该财产折价或者以拍卖、变卖该财产的价款优先受偿。

(2) 质押担保贷款:债权人与债务人或第三人以协商订立书面合同的方式,移转债务人或者第三人的动产或权利的占有,在债务人不履行债务时,债权人有权以该财产价款优先受偿。

(3) 保证担保贷款:指保证人和债权人约定,当债务人不履行债务时,保证人按照约定履行债务或者承担责任的行为。

1) 抵押担保的相关概念

抵押人:提供抵押财产的债务人或第三人称为抵押人。

抵押物:所提供抵押财产称为抵押物。

抵押权人:债权人则为抵押权人。

抵押在债务到期时的处理:抵押设定之后,在债务人到期不履行债务时,抵押权人有权依照法律的规定以抵押物折价或以抵押物的变卖价款较其他债权人优先受偿。

抵押类型:抵押根据权利特征不同,分为一般抵押和最高额抵押。

抵押率:抵押率=担保债权本息总额÷抵押物评估价值额×100%。

抵押贷款额度:抵押贷款额=抵押物评估值×抵押贷款率。

2) 抵押担保业务流程

抵押担保流程如图5-7所示。

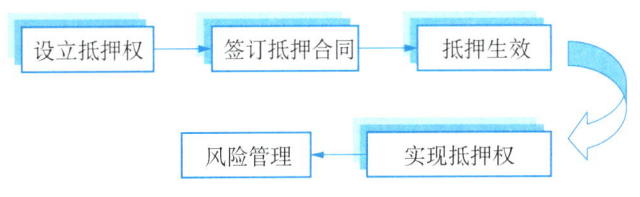

图 5-7 抵押担保流程

3) 抵押担保业务处理

(1) 设立抵押权：以房产和其他土地附着物、建设用地使用权、正在建造的建筑物抵押的，应当办理抵押登记。抵押权自登记时设立。以动产抵押的，抵押权自抵押合同生效时设立；未经登记，不得对抗善意第三人。抵押权设立前抵押财产已出租并转移占有的，原租赁关系不受该抵押权的影响。

(2) 签订抵押合同：贷款发放前，抵押人与银行要以书面形式签订抵押合同。抵押合同应当包括以下内容：被担保的主债权种类、数额；债务人履行债务的期限；抵押财产的名称、数量、质量、状况、所在地、所有权权属或者使用权权属；担保的范围。

(3) 抵押生效：抵押担保的范围包括主债权及利息、违约金、损害赔偿金和实现抵押权的费用。如果抵押合同另有规定的，按照规定执行。

在抵押期间，抵押人可以转让抵押财产。当事人另有约定的，按照其约定。抵押财产转让的，抵押权不受影响。

(4) 实现抵押权：抵押担保虽然具有现实性和凭物性，但抵押权是与其担保的债权同时存在的。抵押贷款到期时，若借款人能足额按时归还本息，则抵押自动消失；若借款人不能按时归还贷款本息，或银行同意展期后仍不能履行，抵押权才真正得以实现。抵押权人与抵押人未就抵押权实现方式达成协议的，抵押权人可以请求人民法院拍卖、变卖抵押财产。

(5) 风险管理：为避免抵押合同无效造成贷款风险，银行抵押贷款首先要做好风险分析工作，只有详备的风险分析加上完备的风险防范才能真正保证贷款抵押的安全性。

4) 抵押物的范围

(1) 债务人或者第三人有权处分的下列财产可以抵押：建筑物和其他土地附着物；建设用地使用权；海域使用权；生产设备、原材料、半成品、产品；正在建造的建筑物、船舶、航空器；交通运输工具；法律、行政法规规定未禁止抵押的其他财产。

(2) 不得抵押的财产：土地所有权；宅基地、自留地、自留山等集体所有的土地使用权，但法律规定可以抵押的除外；学校、幼儿园、医院等以公益为目的成立的非营利法人的教育设施、医疗卫生设施和其他社会公益设施；所有权、使用权不明或者有争议的财产；依法被查封、扣押、监管的财产；法律、行政法规不得抵押的其他财产。

5) 抵押业务存在的风险

抵押业务主要存在以下风险：

(1) 抵押物虚假或严重不实。

(2) 未办理有关登记手续。

(3) 将共有财产抵押而未经共有人同意。
(4) 以第三方的财产作抵押而未经财产所有人同意。
(5) 资产评估不真实,导致抵押物不足值。
(6) 未抵押有效证件或抵押的证件不齐。
(7) 因主合同无效,导致抵押关系无效。
(8) 抵押物价值贬损或难以变现。

6) 抵押担保的管理要点

银行对抵押担保的管理要点如下：
(1) 对抵押物进行严格审查。
(2) 对抵押物的价值进行准确评估。
(3) 做好抵押物登记,确保抵押效力。
(4) 抵押合同期限应覆盖贷款合同期限。
(5) 关注续期管理。

7) 银行动产抵押处理

以机器设备设定抵押,是银行发放贷款时常见的担保方式,但因机器设备的专业性、专用性,和同样常用于抵押的房地产相比有其特殊性,因而可能给商业银行带来很大的隐性风险。

5.3.9 贷后管理

贷后管理,属于银行信贷管理用语,是指从贷款发放或其他信贷业务发生后直到本息收回或信用结束的全过程的信贷管理。

贷后管理是信贷管理的最终环节,对于确保银行贷款安全和案件防控具有至关重要的作用。贷后管理是控制风险、防止不良贷款发生的重要一环。客户的经营财务状况是不断变化的。可能在审批授信时客户经营财务状况良好,但由于行业政策的影响、客户投资失误的影响、上下游的影响等(负面影响表现在原材料涨价和产品降价或需求减少等),会引起客户的经营财务状况发生较大不利变化。贷后管理就是要跟踪客户所属行业、客户的上下游和客户本身经营财务状况包括其商业信用的变化,及时发现可能不利于贷款按时归还的问题,并提出解决问题的措施。

在贷前,银行客户关系管理部门、产品管理部门和风险管理部门要共同确定贷后管理方案,明确贷后管理策略。在贷中,结合授信条件的落实完善,调整贷后管理方案与策略。在贷后,需要搜集获取企业信息,分析风险,寻找产品创新、客户服务的业务机会,及时进行风险监控。对发现的风险信号根据严重程度及时作出决策。

 任务实训

对公贷款业务处理

一、实训目的

1. 熟悉对公贷款业务的相关规定。

2. 掌握对公贷款(抵押担保)业务核心关键环节合规处理及相应风险防范。

二、实训要求

分组进行:每3～5人一组,选出1名组长,模拟银行经办人员及客户身份进行贷款业务处理。

三、实训内容

案例1: 模拟银行柜员根据以下业务作出相应业务处理,包括利息计算、业务数据录入、凭证审核、凭证盖章与对应会计分录。

广州联通集团公司(存款账号为110012102004123,贷款账号为130012102003617)于2022年1月12日以公司办公楼作抵押物向模拟银行科技支行信贷部门申请流动资金贷款获批,贷款金额500万元,贷款期限为6个月,利率为4.65%,利随本清。银行柜台人员根据贷款合同、审批意见和借款借据办理贷款发放手续。2022年7月12日贷款到期,正常收回本金利息。

案例2: 请模拟银行柜员根据以下业务作出相应业务处理,包括利息计算、业务数据录入、凭证审核、凭证盖章与对应会计分录。

新品源食品有限公司(存款账号为1112110204507,贷款账号为131121102003628)于2022年3月8日以厂房抵押向模拟银行科技支行信贷部门申请流动资金贷款获批,贷款金额700万元,贷款期限3个月,利率为4.55%,按季结息。

(1) 银行柜台人员根据贷款合同、审批意见和借款借据办理贷款发放手续。

(2) 3月21日,按期收回本季度利息。

(3) 6月8日,未能及时归还贷款本金,只归还了剩余利息,贷款本金转入逾期贷款。

(4) 6月28日,归还拖欠贷款本息,逾期部分罚息为每天0.05‰计收。

四、总结分析

汇报小组实训成果,小组互评,教师点评。

任务5.4　银行保函业务

保函又称保证书,是指银行、保险公司、担保公司或担保人应申请人的请求,向受益人开立的一种书面信用担保凭证,保证在申请人未能按双方协议履行其责任或义务时,由担保人代其履行一定金额、一定时限范围内的某种支付或经济赔偿责任。

银行保函是由银行开立的承担付款责任的一种担保凭证,银行根据保函的规定承担绝对付款责任。银行保函大多属于"见索即付"(无条件保函),是不可撤销的文件。银行保函的当事人有委托人(要求银行开立保证书的一方)、受益人(收到保证书并凭以向银行索偿的一方)、担保人(保函的开立人)。

银行保函业务是指银行应客户的申请而开立的有担保性质的书面承诺文件,一旦申请人未按其与受益人签订的合同的约定偿还债务或履行约定义务时,由银行履行担保责任。

本任务将对银行保函业务进行简要介绍。

5.4.1 银行保函业务的种类及特点

1) 银行保函的种类

根据保函在基础合同中所起的不同作用和担保人承担的不同的担保职责,保函可以具体分为以下几种:

(1) **借款保函**,是指银行应借款人要求向贷款行所作出的一种旨在保证借款人按照借款合约的规定,按期向贷款方归还所借款项本息的付款保证承诺。

(2) **投标保函**,是指银行应投标人申请向招标人作出的保证承诺,保证在投标人报价的有效期内投标人将遵守其诺言,不撤标、不改标,不更改原报价条件,并且在其一旦中标后,将按照招标文件的规定在一定时间内与招标人签订合同。

(3) **履约保函**,是指银行应供货方或劳务承包方的请求而向买方或业主方作出的一种履约保证承诺。

(4) **预付款保函**,又称还款保函或定金保函,是指银行应供货方或劳务承包方申请向买方或业主方保证,如申请人未能履约或未能全部按合同规定使用预付款时,则银行负责返还保函规定金额的预付款的保证承诺。

(5) **付款保函**,是指银行应买方或业主申请,向卖方或承包方所出具的一种旨在保证贷款支付或承包工程进度款支付的付款保证承诺。

(6) **融资租赁保函**,是指承租人根据租赁协议的规定,请求银行向出租人所出具的一种旨在保证承租人按期向出租人支付租金的付款保证承诺。

(7) **补偿贸易保函**,是指在补偿贸易合同项下,银行应设备或技术的引进方申请,向设备或技术的提供方所作出的一种旨在保证引进方在引进后的一定时期内,以其所生产的产成品或以产成品外销所得款项,来抵偿所引进的设备和技术的价款及利息的保证承诺。

(8) **其他的保函品种**,包括来料或来件加工保函、质量保函、预留金保函、延期付款保函、票据或费用保付保函、提货担保、保释金保函、海关免税保函,等等。

2) 银行保函业务的特点

银行保函业务的特点主要有两个方面:

(1) 银行信用作为保证,易于为客户接受。

(2) 保函是依据商务合同开出的,但又不依附于商务合同,是具有独立法律效力的法律文件。当受益人在保函项下合理索赔时,担保行就必须承担付款责任,而不论申请人是否同意付款,也不管合同履行的实际事实。即保函是独立的承诺并且基本上是单证化的交易业务。

5.4.2 银行保函业务处理

1) 银行保函办理流程

银行保函办理流程主要有以下几项:

(1) 申请人需填写开立保函申请书并签章。

（2）提交保函的背景资料，包括合同、有关部门的批准文件等。

（3）提供相关的保函格式并加盖公章。

（4）提供企业近期财务报表和其他有关证明文件。

（5）落实银行接受的担保，包括缴纳保证金、质押、抵押、第三者信用担保或以物业抵押或其他方式作担保，授信开立等。

（6）由银行审核申请人资信情况、履约能力、项目可行性、保函条款及担保、质押或抵押情况后，可对外开出保函。

具体保函的开立流程参照银行贷款业务处理。

2）银行保函内容

根据交易的不同而有所不同，但通常包括以下内容：

（1）**基本栏目**，包括保函的编号、开立日期，各当事人的名称、地址，有关交易或项目的名称，有关合同或标书的编号和订约或签发日期等。

（2）**责任条款**，即开立保函的银行或其他金融机构在保函中承诺的责任条款，这是构成银行保函的主体。

（3）**保证金额**，是开立保函的银行或其他金融机构所承担责任的最高金额，可以是一个具体的金额，也可以是合同有关金额的某个百分率。如果担保人可以按委托人履行合同的程度减免责任，则必须作出具体说明。

（4）**有效期**，即最迟的索赔日期，或称到期日，它既可以是一个具体的日期，也可以是在某一行为或某一事件发生后的一个时期到期。例如，在交货后3个月或6个月、工程结束后30天等。

（5）**索赔方式**，即索赔条件，是指受益人在任何情况下可向开立保函的银行提出索赔。对此，国际上有两种不同的处理方法：一种是无条件的或称"见索赔偿"保函；另一种是有条件的保函，索赔形式一般为见索即赔。

3）保函范本

此处以履约保函为例：

本保函是×××××××支行为×××××××有限公司与贵司签订的编号为××××××购销合同提供的担保。本保函担保金额为人民币×××元整。在本保证期内如因被保证人严重违约问题而给贵司造成损失，我行将在收到你方符合下列条件的索赔通知后七个工作日，凭本保函向你方支付本保函担保范围内你方索赔的金额。

（一）你方的索赔通知必须以书面形式提出，索赔通知由你方法定代表人签字并加盖单位公章。

（二）你方的索赔通知必须在本保证期内送达本行。

（三）你方的索赔通知同时附有：

1. 声明你方索赔的款项并未由被保证人或其代理人以其他方式直接或间接的支付你方。

2. 证明被保证人有上述违约事实并由双方认可的权威机构出具的书面鉴定材料。

本保函由本行法定代表人或授权代表人签字并加盖公章。本保函有效期××个月，期满失效后请将保函退回我行，但无论正本是否退回，均视为自动失效。

银行盖章：
行长签字：
签发日期： 年 月 日

4) 保函手续费

银行保函手续费不是统一的，对于不同的银行，不同的保函形式保函的收费是不同的。例如，工商银行开具非融资类人民币保函根据保函风险度按季收取保函金额0.5‰~3‰的手续费；对银行履约、预付款、质量保修保函等，最低单笔收费为15 000元人民币等；对优质客户，经分行审批，还可能减收手续费。

任务实训

银行保函业务

一、实训目的

1. 熟悉银行保函业务的相关规定。
2. 掌握银行保函业务的处理及相应的风险防范。

二、实训要求

分组进行：每3~5人一组，选出1名组长，模拟银行经办人员及客户身份进行银行保函业务处理。

三、实训内容

根据实训平台信息提示，在实训平台找到相关交易操作，完成本笔开立银行保函业务的处理，包括建立客户档案、征信调查、抵押担保信息录入、贷款申请、业务调查、业务审查、业务审批、合同签订、放款审核、贷款发放及贷后风险管理、用途审查、贷款台账等。

(1) 任务说明：和利矿业股份有限公司参与了大庆矿业有限公司公开招标项目，项目名称是AA工程。申请开具银行投标保函。

(2) 授信审批意见：经银行审批通过。2022年1月5日，银行向和利矿业股份有限公司发送签订的投标保函，保函于2022年1月5日生效，有效期限是3个月。保函金额为投标报价的3%（投标报价8 000 000元人民币），保证金为保函金额的50%，有效期限是3个月，违约金为全额保证金。银行投标保函手续费收费标准为2.5‰/3个月。

四、总结分析

汇报小组实训成果，小组互评，教师点评。

任务5.5　银行信用证业务

信用证(letter of credit，L/C)业务是国际结算方式的一种。信用证是一种银行有条件的付款承诺，是开证行应开证申请人的要求和指示，开给受益人的书面保证文件。开证行在一定的期限和规定的金额内，只要受益人交来的单据与信用证条款相符，开证银行就一定付款。

本任务主要对银行信用证业务进行简要介绍。

5.5.1 信用证业务关系人

信用证业务关系人主要有以下几类。

（1）开证申请人(opener)，是指向行申请开立信用证的当事人，在国际贸易中，一般是进口商。开证人是信用证业务的发起人，开证人向银行申请开立信用证时，需填写开证申请书、缴纳开证押金。

（2）开证行(opening bank/ issuing bank)，即接受开证申请人的委托、开出信用证的银行。开证行一般是进口商所在地的银行。开立信用证的依据是开证申请人填写的开证申请书。信用证一旦开出，开证行承担首要付款责任，而且其付款是终局性的，一经付出，不得追回。开证行可拒付表面上与信用证条款不一致的单据。

（3）受益人(beneficiary)，即信用证指明有权使用信用证的人，一般是出口商。受益人收到信用证后，应对照合同进行核对，对于不符合合同的信用证可要求开证申请人通过开证行改正。

（4）通知行(advising bank/ notifying bank)，是指接受开证行的委托，将信用证通知受益人的银行，一般是受益人所在地的银行。通知行只负责将信用证通知或转递给受益人，而无议付或代为付款的义务。

（5）议付行(negotiating bank)，是买入受益人按信用证规定提交的汇票及/或单据的银行。可以是通知行。如议付行发现受益人提交的单据与信用证条款不符，可拒绝议付。议付行议付后如果被开证行拒付，议付行可对受益人进行追索。

（6）付款行(paying bank)，是履行付款责任的银行，一般是开证行或其支行，也可是开证行指定的另一家银行。付款行对与信用证条款不符的单据可拒付，但其付款为终局性的，一旦付出，即使是误付，对受益人及议付行也无追索权。

（7）保兑行(confirming bank)，是指应开证行的要求对信用证加以保兑的银行。可以是通知行或第三家银行。保兑行的资金一般高于开证行。保兑行对与信用证条款不符的单据可拒付，但其付款为终局性的，即使误付，也无追索权。

（8）承兑行(accepting bank)，是指在受益人提交了与信用证条款相符的单据时承兑了汇票的远期汇票付款行。承兑行一旦承兑了汇票远期汇票付款行，就承担了到期必须付款的责任。

（9）偿付行(reimbursing bank)，又称清算行(clearing bank)，是指在信用证由开证行指定的对付款行或议付行进行清偿垫款的银行。偿付行代偿后，再向开证行索偿，但其不接受单据，不审核单据，故其付款不是终局性的。

5.5.2 信用证业务特点

信用证业务的特点包括：

（1）开证行负第一性的付款责任。
（2）信用证是一种自主文件，但其一旦开出，便独立于买卖合同。
（3）信用证是单据业务，各当事人处理的是单据而不是货物。

5.5.3 信用证类型

信用证按不同的标准有不同的分类。

（1）依信用证是否附有单据可分为**跟单信用证**和**光票信用证**，在国际贸易中主要使用跟单信用证，光票信用证通常用于总公司与分公司间的结算。

（2）按开证行承担的付款责任，可分为**可撤销信用证**和**不可撤销信用证**，信用证必须表明是否可撤销，如未表明，视为不可撤销信用证。

（3）按信用证上是否有另一家银行的保兑，可分为**保兑信用证**和**不保兑信用证**。

（4）按付款方式的不同，可分为**即期付款信用证**、**延期付款信用证**、**承兑信用证**和**议付信用证**。

（5）按信用证是否可转让，分为**可转让信用证**和**不可转让信用证**。

（6）根据信用证金额能使用的次数，分为**循环信用证**和**非循环信用证**，其中循环信用证又可分为按时间循环信用证和按金额循环信用证，它又分为三种：自动式循环信用证、半自动式循环信用证、非自动式循环信用证。

（7）**背对背信用证**，又称转开信用证、桥式信用证、从属信用证、补偿信用证，是指中间商受到进口商的信用证后，要求原通知行或其他银行以原证为基础，另开立一张内容相似的新证给另一受益人，这种信用证就是背对背信用证。

（8）**对开信用证**，是指进出口双方相互向对方开出信用证进行结算的方式。第一张信用证的受益人就是第二张信用证的开证申请人，第一张信用证的开证申请人就是第二张信用证的受益人。

（9）**红条款信用证**，又称打包放款信用证、预支信用证，允许出口商在装货交单前支取全部或部分货款的信用证，以前这一条款多打成红色。

使用信用证结算，实际上是一种单据的买卖，卖方一般要求买方开来信用证以后，才会把单据交给付款行，也就是说，只有付款行付款后，买方才能拿到提取货物必须的单据。这种方式在国际货款结算中是十分安全的。一般在初期建立业务关系的企业之间会要求必须使用信用证方式结算。

任务实训

银行信用证业务

一、实训目的

1. 熟悉银行信用证业务的相关规定。
2. 掌握银行信用证业务的处理及相应的风险防范。

二、实训要求

分组进行：每3～5人一组，选出1名组长，模拟银行经办人员及客户身份进行贷款业务处理。

三、实训内容

根据实训平台信息提示,在实训平台找到相关交易操作,完成本笔开立信用证业务的处理,包括建立客户档案、征信调查、抵押担保信息录入、业务申请、业务调查、业务审查、业务审批、合同签订、放款审核、贷款发放及贷后风险管理、用途审查、贷款台账等。

(1) **任务说明**:2022年3月15日华新股份有限公司因进口某制药设备,申请开立进口信用证,开证金额为人民币300万元,付款期限是即期,受益人是晨星科技进出口有限公司,受益人地点是美国纽约第五工业街100号,合同标的是制药设备,合同价格300万元,履约时间是2022年5月30日,使用抵押的反担保形式,已交保证金90万元。

(2) **抵押物情况**:以华新股份有限公司的法人代表张恒名下一套房产做抵押,张恒为该资产的所有人,担保金额为人民币300万元,押品名称为房产,市场价值300万元,评估价值210万元,最后按评估价值确认价值。抵押担保的范围:主债权及利息、违约金、损害赔偿金和实现抵押权的费用。该房产不是共有财产、之前无设定抵押,无租赁。房产所有权证编号为房权证高新园字第***8号。

(3) **授信审批意见**:经审查银行同意,开证金额为人民币300万元,信用证到期日2022年5月30日,付款期限5天、信用证种类为进口信用证、年利率为6%,信用证金额30%保证金,70%以公司法定代表人房产为抵押,担保范围包括主债权及利息、违约金、损害赔偿金和实现抵押权的费用,违约金为借款金额的20%。

四、总结分析

汇报小组实训成果,小组互评,教师点评。

知 识 考 核

（注：每个项目知识考核设置为撕页式，可用于检验学生对知识点的掌握情况，也可作为课堂点名记录或课堂测试记入平时成绩）

班级_____ 姓名_____ 学号_____ 日期_____ 得分_____

一、单选题（每题 6 分，共 30 分）

1. 根据五级贷款分类法，贷款按风险程度从轻到重划分正确的是（　　）。
   A. 正常—可疑—次级—关注—损失　　B. 正常—次级—可疑—关注—损失
   C. 正常—关注—可疑—次级—损失　　D. 正常—关注—次级—可疑—损失

2. 保函和贷款都属于（　　）。
   A. 表外业务　　B. 衍生品业务　　C. 授信业务　　D. 受信业务

3. 《商业银行法》规定，商业银行贷款余额与存款余额的比例（　　）。
   A. 不得低于75%　　B. 不得高于75%　　C. 不得低于25%　　D. 不得高于25%

4. 当出现普遍的经济不景气，银行贷款所面临的主要风险是（　　）。
   A. 信用风险　　B. 市场风险　　C. 政策风险　　D. 利率风险

5. 流动资金贷款不得用于（　　）等投资，不得用于国家禁止生产、经营的领域和用途。
   A. 股权、扩大再生产
   B. 固定资产、扩大再生产
   C. 固定资产、股权
   D. 原材料

二、多选题（每题 8 分，共 40 分）

1. 根据《商业银行法》的规定，商业银行贷款时应当（　　）。
   A. 对借款人的借款用途进行严格审查
   B. 对贷款保证人的偿还能力进行严格审查
   C. 与借款人订立书面合同
   D. 对贷款保证人的抵押物进行严格审查
   E. 实行审贷分离、分级审批的制度

2. H公司和某商业银行签订贷款合同，出现（　　）情形时，说明合同无效。
   A. 商业银行出现资金紧张
   B. 以合法形式掩盖非法目的
   C. H公司和银行某负责人恶意串通，损害银行利益
   D. H公司以欺诈的方式编造资金用途签订的合同
   E. H公司出现财务危机

3. 贷款审批要素包括（　　）。
   A. 贷后管理要求　　B. 贷款利率　　C. 贷款期限　　D. 担保方式

E. 发放条件与支付方式

4. 贷款的合规性调查的内容包括( )。
   A. 认定借款人、担保人合法主体资格
   B. 对需董事会决议同意借款和担保的,信贷业务人员应调查认定董事会同意借款、担保决议的真实性、合法性和有效性
   C. 对抵押物、质押物清单所列(质)押物品或权利的合法性、有效性进行认定
   D. 对购销合同的真实性进行认定
   E. 对借款人的借款目的进行调查

5. 在贷款发放和支付过程中,借款人出现以下情形的,贷款人应与借款人协商补充贷款发放和支付条件,或根据合同约定停止贷款资金的发放和支付的有( )。
   A. 不按合同约定支付贷款资金
   B. 信用状况明显下降
   C. 盈利能力下降
   D. 违反合同约定,以化整为零方式规避贷款人受托支付
   E. 项目进度落后于资金使用进度

三、判断题(每题6分,共30分)

1. 贷款期限是指从签订贷款合同日起到约定的最后还款或清偿的期限。 ( )
2. 合同履行期间,须变更借款合同主体的,经审批同意后,贷款银行与变更后的借款人、担保人须签订原合同的变更补充协议。 ( )
3. 如果借款人贷款时约定的还款来源发生变化,但目前已偿还了部分贷款,该贷款可视为正常贷款。 ( )
4. 我国自2002年开始全面实施国际银行业普遍认同的"贷款五级分类法",将贷款分为5类,其中,只有损失类贷款称为不良贷款。 ( )
5. 委托贷款是指由政府部门、企事业单位及个人等委托人提供资金,由贷款人(受托人)根据委托人确定的贷款对象、用途、金额、期限、利率等代为发放、监督使用并负责偿还的贷款。 ( )

项目实训

对公贷款业务处理

一、实训目的

1. 熟悉对公贷款业务的相关规定。
2. 掌握对公贷款(抵押担保)业务核心关键环节合规处理及相应的风险防范。
3. 培养团队合作精神、总结归纳能力和语言表达能力。

二、实训要求

分组进行:每 3～5 人一组,选出 1 名组长,模拟银行经办人员及客户身份进行相应贷款业务处理。

三、实训内容

根据实训平台信息提示,在实训平台找到相关交易操作,完成本笔贷款业务的处理,包含:建立客户档案、征信调查、抵押担保信息录入、贷款申请、业务调查、业务审查、业务审批、合同签订、放款审核、贷款发放及贷后风险管理、用途审查、贷款台账等。

(1) 客户基本信息:益利股份有限公司位于广州市南沙工业区 6 号,注册资金为 5 000 万元,主要经营产品是园区土地开发,属于房地产业,营业执照号为 1100342。

(2) 担保品信息:益利股份有限公司以公司的名义向银行申请 3 000 万元抵押贷款,用于工程建设,还款来源主要为经营收入。以自有房产进行抵押,资产所有人是益利股份有限公司,押品名称是益利商务花园,市场价值是 6 000 万元,评估价值是 5 000 万元,最后确认价值按评估价值。该房产不是共有财产、之前无设定抵押,无租赁。房产证编号为 908050101。

(3) 资信评估:企业法定代表人和主要管理者遵纪守法、诚实守信情况以及其关联人守信情况良好;管理规范,经营稳健;证照齐全且年审;已在我行开立基本账户。

(4) 信贷业务受理及调查:银行信贷人员和客户经理双人双岗对公司进行了调查,调查结论为通过,结论理由是益利股份有限公司经营稳定,行业风险较为可控,未来有稳定现金流进行偿还。

(5) 信贷审查与审批:银行审查人员经过详细了解并根据资料进行核对,认定益利股份有限公司有偿还能力,贷款申请资料完整,该笔贷款合法合规并且调查人员的调查,符合法规,经过研究,确定抵押率为 40%,贷款金额为 2 000 万元,期限 3 年,根据最新贷款基准利率为 6%,上浮 15%。

(6) 放款:银行工作人员根据审批意见,签订信贷合同,办妥抵押登记,并发放贷款处理。

四、总结分析

汇报小组实训成果,小组互评,教师点评。

项目 6 个人贷款业务处理

【知识目标】
- 掌握商业银行个人贷款业务的基础知识和相关规定
- 掌握商业银行个人贷款业务的内容、规定、处理流程
- 熟悉商业银行个人贷款的业务风险点

【能力目标】
- 能够熟悉个人贷款业务相关法规内容
- 能够掌握个人消费类贷款业务核心环节:受理、初审、填制凭证、发放贷款、贷后管理等典型业务处理流程、凭证选择和审核及业务风险点识别
- 能够掌握个人住房抵押贷款业务核心环节:贷款申请、贷前审批、签订合同、发放贷款、贷后管理等典型业务处理流程、凭证选择和审核及业务风险点识别

【素质目标】
- 能够遵守金融法律、法规、熟悉有信贷业务规章和业务知识
- 培养积极沟通能力,主动了解市场资金需求的方向和客户的金融服务需要
- 培养严谨的工作作风,坚持做好贷前调查、贷中审查和贷后检查
- 培养金融从业人员廉洁自律、忠于职守、依法办事的职业态度

【知识导图】

个人贷款业务处理
- 个人贷款业务
  - 个人贷款业务的分类及特点
  - 个人贷款业务相关规定
- 个人住房抵押贷款业务
  - 个人住房抵押贷款业务相关规定
  - 个人住房抵押贷款业务处理
- 个人消费贷款业务
  - 个人消费贷款业务相关规定
  - 个人消费贷款业务处理

案例导入

中国工商银行推动个人贷款业务发展①

中国工商银行也称工行按照《关于加强个人贷款营销拓展的通知》精神,立足经济新常态,将个人信贷业务发展作为推进"第一个人金融银行"战略落地深植的重要举措来抓,奋发图强推动个人贷款业务发展。

案例思考: 在新形势下,中国工商银行如何推动个人贷款业务良好发展?

案例启示: 第一,同心同力,抢抓机遇。中国工商银行深刻认识并主动适应市场形势变化,及时转变应对策略,积极主动作为、强化责任担当,坚持住房按揭贷款核心地位不动摇,加大个人住房贷款营销推动,全面打好以个人按揭贷款为主打产品的个人信贷业务拓展攻坚战。第二,加大宣传,营造氛围。中国工商银行利用网络平台加大了对"买住房到工行""装修来工行"等针对性营销宣传,让客户充分认知工行的优势,从而营造了良好的发展氛围,第一时间捕捉信息、锁定客户,并积极配合项目销售方进行现场互动。第三,开展调研,拉动市场。中国工商银行成立个贷款营销团队,强力推动个人按揭贷款业务的发展,加强与优质房地产公司的关系维护,走进按揭楼盘,梳理楼盘信息,加强对新楼盘营销力度,快速出击,捷足先登。第四,严格制度,把控风险。在办理业务的过程中,中国工商银行严格执行双人约见客户制度,谈话笔录、相关合同协议等地面签制度。中国工商银行本着真实合法的原则,严审贷款用途、落实还款来源等一系列信贷制度,把好准入关口,严防个贷风险。

任务6.1 个人贷款业务

个人贷款业务也称对私零售贷款,是发放给居民个人、家庭,用于购买自用住房、消费或者小额投资经营的贷款。因其数额较小得名为"零售",属于个人金融业务。个人贷款业务是金融机构贷款业务的重要组成部分。

6.1.1 个人贷款业务的分类及特点

在商业银行业务中,个人贷款业务是以主体特征为标准进行贷款分类的一种结果,即借贷合同关系的一方主体是银行,另一方主体是自然人,这也是与公司贷款业务相区别的重要特征。

1) 个人贷款业务分类

个人贷款业务主要包括个人消费类贷款业务和个人经营类贷款业务两大类。

---

① 黄河新闻网. 工行大同分行明确目标稳步推进个人贷款业务发展[EB/OL]. (2022-02-21)[2023-02-17]. http://www.sxgov.cn/content/2022-02/21/content_12699904.htm.

(1) 个人消费类贷款业务。

个人消费类贷款是指商业银行向消费者个人发放的用于购买消费品或支付其他费用的贷款。它是商业银行的主要零售业务之一,对扩大消费、促进社会经济增长、提高银行资金使用效率、改善资产结构、增加利息收入起到了积极作用。

个人消费类贷款业务是指银行向个人客户发放的有指定消费用途的人民币贷款业务,用途主要有个人住房、汽车、一般助学贷款等消费性个人贷款。

个人消费贷款是指银行向申请购买"合理用途的消费品或服务"的借款人发放的个人贷款。个人综合消费贷款是指银行向借款人发放的不限定具体消费用途的人民币担保贷款。

客户以"合理用途的消费品或服务"向银行申请贷款,用途主要有个人住房、汽车、一般助学贷款等消费性个人贷款。

贷款期限最长不超过 20 年(以个人住房抵押贷款为例,商业贷款一般最长期限为 20 年);同时需提供贷款银行认可的财产抵押、质押或第三人保证方式(有些银行仅接受抵押或质押的方式)作为贷款担保条件。

目前,我国商业银行个人消费贷款处于起步阶段,种类主要有以下几种。

个人短期信用贷款, 是贷款人为解决借款人临时性需要而发放的,期限在 1 年以内、额度在 2 000 元至 2 万元且不超过借款人月均工资性收入 6 倍的、毋须提供担保的人民币信用贷款。该贷款一般不能展期。

个人综合消费贷款, 是贷款人向借款人发放的不限定具体消费用途、以贷款人认可的有效权利质押担保或能以合法有效房产作抵押担保,借款金额在 2 000 元至 50 万元、期限在 6 个月至 3 年的人民币贷款。

个人旅游贷款, 是贷款人向借款人发放的用于支付旅游费用、以贷款人认可的有效权利作质押担保或者有具有代偿能力的单位或个人作为偿还贷款本息并存担连带责任的保证人提供保证,借款金额在 2 000 元至 5 万元、期限在 6 个月至 2 年、且提供不少于旅游项目实际报价 30% 首期付款的人民币贷款。

国家助学贷款, 又分为一般助学贷款和特困生贷款,是贷款人向全日制高等学校中经济困难的本、专科在校学生发放的用于支付学费和生活费并由教育部门设立"助学贷款专户资金"给予贴息的人民币专项贷款。

个人汽车贷款, 是贷款人向在特约经销商处购买汽车的借款人发放的用于购买汽车、以贷款人认可的权利质押或者具有代偿能力的单位或个人作为还贷本息并存担连带责任的保证人提供保证,在贷款银行存入首期车款,借款金额最高为车款的 70%、期限最长不超过 5 年的专项人民币贷款。

个人住房贷款, 是贷款人向借款人发放的用于购买自用普通住房或者城镇居民修房、自建住房,以贷款人认可的抵押、质押或者保证,在银行存入首期房款,借款金额最高为房款的 70%、期限最高为 30 年的人民币专项贷款。个人住房贷款又分为自营性个人住房贷款、委托性个人住房贷款和个人住房组合贷款三种。

此外,还有个人小额贷款、个人耐用消费品贷款、个人住房装修贷款、结婚贷款、劳务费贷款,以及以上贷款派生出的各种专项贷款。

(2) 个人经营类贷款业务。

个人经营类贷款是指银行向从事合法生产经营的个人发放的,用于定向购买或租赁商用房、机械设备,以及用于满足个人控制的企业(包括个体工商户)生产经营流动资金需求和其他合理资金需求的贷款。

此类贷款在一定程度上类似于中小企业贷款,其业务经营管理的复杂程度更高。因此,各银行一般只在经济环境好,市场潜力大,管理水平高,资产质量好,且个人贷款不良率较低的分支机构中挑选办理个人经营类贷款的经营机构。

根据贷款用途的不同,个人经营类贷款可以分为个人经营专项贷款和个人经营流动资金贷款。

个人经营专项贷款, 是指银行向个人发放的用于走向购买或租赁商用房和机械设备,且其主要还款来源是由其产生的现金流的贷款。个人经营专项贷款主要包括个人商用房贷款(以下简称商用房贷款)和个人经营设备贷款(以下简称设备贷款)。商用房贷款是指银行向个人发放的用于定向购买或租赁商用房所需资金的贷款,如中国银行的个人商用房贷款,交通银行的个人商铺贷款。目前,商用房贷款主要用于商铺(销售商品或提供服务的场所)贷款。设备贷款是指银行向个人发放的,用于购买或租赁生产经营活动中所需设备的贷款,如中国光大银行的个人工程机械按揭贷款。

个人经营流动资金贷款, 是指银行向从事合法生产经营的个人发放的用于满足个人控制的企业(包括个体工商户)生产经营流动资金需求的贷款。流动资金贷款按照有无担保的贷款条件,可分为有担保流动资金贷款和无担保流动资金贷款。有担保流动资金贷款是指银行向个人发放的、需要担保的用于满足生产经营流动资金需求的贷款,如中国银行的个人投资经营贷款,中国建设银行的个人助业贷款。无担保流动资金贷款是指银行向个人发放的、无须担保的用于满足生产经营流动资金需求的信用贷款。

2) 个人贷款业务特点

个人贷款业务总体特点包括:利率水平高;规模呈现周期性;借款人缺乏利率弹性。下面分别从个人消费贷款和个人经营类贷款说明。

(1) 个人消费类贷款特点。

个人消费类贷款一般具有如下特点。

贷款投向的个人性: 该信贷以自然人为特定信用对向,而非一般的法人或组织。

贷款用途的消费性: 该类信贷用途以消费性需求为目的,而非以经营营利为目的。

贷款额度的小额性: 该类信贷一般只有较小信用额度,通常在 1 000 元至 50 万元之间,不大量占用银行的信贷资金。

贷款期限的灵活性: 该类信贷期限灵活,买方信贷一般在 6 个月至 5 年,卖方信贷期限相对较长,如个人住房贷款期限最长可达 30 年。

贷款资金的安全性: 该类信贷都有抵(质)押物担保或保证,信贷资金的安全性一般都能有保证。

(2) 个人经营类贷款特点。

个人经营类贷款适用面广,它可以满足不同层次的私营企业主的融资需求,且银行审批手续相对简便,具体特点如下。

贷款期限相对较短：个人经营类贷款主要用于满足借款人购买机械设备或临时性流动资金需求，因此，贷款期限一般较短，通常为3~5年。

贷款用途多样，影响因素复杂：个人经营类贷款用于借款人购买设备或用于企业的生产经营，受宏观环境、行业景气程度、企业本身经营状况等不确定因素影响较多。因此，贷款用途多样，影响因素复杂。

风险控制难度较大：个人经营类贷款除了对借款人自身情况加以了解，银行还需对借款人经营企业的运作情况有详细的了解，并对该企业资金运作情况加以控制，以保证贷款不被挪作他用。因此，个人经营类贷款的风险控制难度更大。

6.1.2 个人贷款业务相关规定

1) 个人贷款业务对象

个人贷款的对象仅限于自然人，而不包括法人。银行一般要求个人贷款客户至少满足以下基本条件：

(1) 具有完全民事行为能力的自然人，年龄在18(含)~65周岁(含)。

(2) 具有合法有效的身份证明(居民身份证、户口簿或其他有效身份证明)及婚姻状况证明等。

(3) 遵纪守法，没有违法行为，具有良好的信用状况。

(4) 具有稳定的收入来源和按时足额偿还贷款本息的能力。

(5) 具有还款意愿。

(6) 贷款具有真实合法的使用用途等。

2) 还款方式

个人贷款的还款方式主要有以下几种。

(1) 到期一次还本付息法。

到期一次还本付息法又称期末清偿法，是指借款人需在贷款到期日还清贷款本息，利随本清。此种方式一般适用于期限在1年以内(含1年)的贷款。

(2) 等额本息还款法。

等额本息还款法是指在贷款期内每月以相等的额度平均偿还贷款本息。等额本息还款法是每月以相等的额度偿还贷款本息，其中归还的本金和利息的配给比例是逐月变化的，利息逐月递减，本金逐月递增。

遇到利率调整及提前还款时，银行应根据未偿还贷款余额和剩余还款期数计算每期还款额。每月还款额计算公式为：

$$每月还款额 = \frac{月利率 \times (1+月利率)^{还款期数}}{(1+月利率)^{还款期数} - 1} \times 贷款本金$$

(3) 等额本金还款法。

等额本金还款法是指在贷款期内每月等额偿还贷款本金，贷款利息随本金逐月递减。特点：由于等额本金还款法每月还本额固定，所以其贷款余额以定额逐渐减少，每月付款及每月贷款余额也定额减少。

每月还款额计算公式如下：

$$每月还款额 = \frac{贷款本金}{还款期数} + (贷款本金 - 已归还贷款本金累计额) \times 月利率$$

行业观察

等额本息、等额本金等 7 种常见按揭还款方式的比较

等额本息：又称等额还款，借款人每期以相等的金额偿还贷款，按还款周期逐期归还，在贷款截止日期前全部还清本息。

等额本金：借款人每期须偿还等额本金，同时付清本期应付的贷款利息，而每期归还的本金等于贷款总额除以贷款期数。

等额递增：以等额还款为基础，每次间隔固定期数还款额增加一个固定金额的还款方式（如 3 年期贷款，每隔 12 个月增加还款 100 元，若第一年每月还款 1 000 元，则第二年每月还款额为 1 100 元，第三年为 1 200 元）。此种还款方式适用于当前收入较低，但收入曲线呈上升趋势的年轻客户。

等额递减：以等额还款为基础，每次间隔固定期数还款额减少一个固定金额的还款方式（如三年期贷款，每隔 12 个月减少还款 100 元，若第一年每月还款 1 000 元，则第二年每月还款额为 900 元，第三年为 800 元）。此种还款方式适用于当前收入较高，或有一定积蓄可用于还款的客户。

按期付息，按期还本：按一间隔期（还本间隔）等额偿还贷款本金，再按另一间隔期（还息间隔）定期结息，如每三个月偿还一次贷款本金，每月偿还贷款利息。

利随本清：到期还本，在整个贷款期间不归还任何本金，在贷款到期日一次全部还清贷款本金。贷款利息可按月、按季或到期偿还，也可在贷款到期日一次性偿还。本方式仅适用于期限 12 月（含）以内的贷款。

本金归还计划：按照约定的时间归还贷款本金，但相邻两个偿还本金日之间不得超过 1 年。

思政园地

民间借贷纠纷频发，诚信为本依法融资[①]

近年来，民间借贷发展迅速，在一定程度上促进了市场经济的繁荣，缓解了中小微企业融资难问题，增强了经济运行的自我调整和适应能力，促进了多层次信贷市场

---

① 人民资讯. 民间借贷纠纷频发 诚信为本依法融资[EB/OL]. (2021-09-26)[2023-02-17]. https://baijiahao.baidu.com/s?id=1711900847198060394&wfr=spider&for=pc.

的形成和发展,但存在的问题与风险也逐渐显露,纠纷明显增多。

民间借贷具有灵活、简便、快速等优势,在当今经济社会生活中广泛存在。但由于其存在随意性和不规范性,民间借贷有时易为日后纠纷的发生埋下隐患,造成法律上的风险。

不少民事案例中我们可以看到,由于缺少借款协议、借据或者借款协议、借据内容模糊,致使借贷双方往往各执一词、莫衷一是,真相难以查明。这些案例提醒人们,民间借贷的双方当事人在进行民间借贷活动时一定要慎之又慎,防患于未然。

首先,出借人应当与借款人订立书面借贷协议,载明借贷双方的姓名、借款种类、币种、数额、时间、期限、用途、利率、还款方式、保证人和违约责任等条款,签字画押。借款协议从名称到内容都应当合法、规范、明确,不给纠纷留下空隙。其次,人们在日常生活中应当掌握相关法律知识、学会运用法治思维,在实施民事行为前做到心中有数、预期合理,避免认知错误、产生误解。

借贷有风险,诚信是根本。我们期待借贷双方牢固树立诚信为本的理念,使民间借贷在活跃经济方面行稳致远,发挥更大作用。

任务实训

个人贷款业务分类与特点

一、实训目的

1. 掌握个人贷款业务的种类及特点;
2. 培养信息搜集和总结归纳能力;
3. 培养团队合作精神、沟通能力和语言表达能力。

二、实训要求

分组进行:每3~5人一组,选出1名组长,收集资料讨论,小组汇报。

三、实训内容

1. 选择国有商业银行、中小股份制商业银行、农村商业银行各一家,登录银行官方网站,对比各家商业银行的个人贷款业务产品的种类和特点,分析异同点。

2. 登录中国人民银行官网查询最新基准利率,选择相关商业银行官网查找贷款计算器,认识并了解贷款计算器的使用,为办理个人贷款业务做准备。

四、总结分析

汇报小组实训成果,小组互评,教师点评。

任务6.2 个人住房抵押贷款业务

个人住房抵押贷款是贷款的重要形式,一般是指借款人以所购买或所拥有的住房作为抵押向金融机构申请贷款,并按借款合同规定履行还本付息的义务。

6.2.1 个人住房抵押贷款业务相关规定

1）申请条件

个人住房抵押贷款业务办理的申请条件包括：

（1）具有城镇常住户口或有效居留身份证件。

（2）具有稳定的职业和收入，信用良好，有偿还贷款本息的能力。

（3）具有购买住房的合同或协议。

（4）不享受购房补贴的以不低于所购住房全部价款的30%作为购房的首期付款；享受购房补贴的以个人承担部分的30%作为购房的首期付款；或按现行政策规定。

（5）能够提供有效的担保方式。

（6）银行规定的其他条件。

2）申请时应提交的资料

申请个人住房抵押贷款应提交的材料包括：

（1）申请人本人的有效身份证件。

（2）有关借款人家庭稳定的经济收入证明。

（3）符合规定的购买住房合同意向书、协议或其他批准文件。

（4）抵押物或质物清单、权属证明以及有处分权人同意抵押或质押的证明。

（5）保证人同意提供担保的书面文件和保证人资信证明。

（6）申请住房公积金贷款的，需持有住房公积金管理部门出具的证明。

（7）银行规定的其他资料。

3）贷款金额

该类业务的贷款最高额度为拟购住房房款的70%。

4）贷款期限

该类业务的贷款期限最长不超过30年，一般为10～25年。

6.2.2 个人住房抵押贷款业务处理

个人住房抵押贷款业务包括贷款申请、贷前调查、贷款审批、抵押担保、贷款发放和贷后管理等环节。

【业务流程及处理】

1）业务流程

个人住房抵押贷款业务流程如图6-1所示。

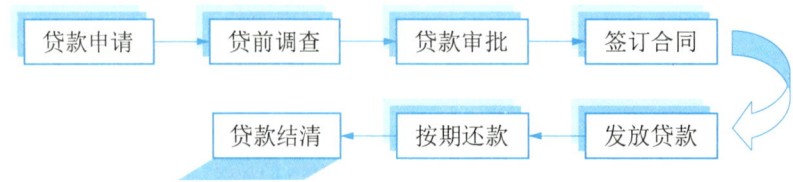

图6-1 个人住房抵押贷款业务流程

2) 业务处理

(1) 贷款申请： 客户向银行提出书面借款申请，并提交有关资料。

(2) 贷前调查： 商业银行通过审核借款申请材料了解借款申请人的基本情况、借款所购（建）房屋情况、贷款担保情况等，并通过面谈了解借款人购房行为的真实性。

(3) 贷款审批： 银行根据客户的申请资料对贷款进行审批。

(4) 签订合同： 在接到银行有关贷款批准通知后，客户到贷款行与银行签订借款合同和相应的担保合同。

(5) 发放贷款： 经银行同意发放的贷款，办妥有关抵押担保手续后，银行将按照借款合同的约定，将贷款资金按规定一次性转入房地产开发企业在银行开立的账户，或与借款人约定的银行监管账户。

(6) 按期还款： 贷款发放后，客户须按借款合同约定的还款计划、还款方式偿还贷款本息；当然，客户还可以选择提前还款，但如果无法偿还贷款，可申请展期，否则，银行将采取没收抵押物或进行拍卖、或作价入账。

(7) 贷款结清： 包括正常结清和提前结清两种。正常结清是指贷款最后一期结清贷款。提前结清须按借款合同约定，提前向银行提出申请，由银行审批后到指定会计柜台进行还款。贷款结清后，持本人有效身份证件和经办行出具的贷款结清凭证领回由银行收押的法律凭证和有关证明文件。

行业观察

创新多元化产品服务　以新金融助力保障性租赁住房发展①

1. 提供长期低息贷款，让利服务民生保障

针对保障性租赁住房的特点，建设银行让利社会、服务民生，创新适配项目融资需求特点的贷款产品。

2020年5月和6月，建设银行分两批与广州、杭州、济南、郑州、福州等城市签约，承诺提供优惠利率长期限贷款，支持筹集保障性租赁住房。随着保障性租赁住房工作深入推进，建设银行也将贷款让利进一步扩大至其他城市。截至2021年年底，建设银行支持各地已纳入和计划纳入保障性租赁住房计划的项目累计投放超过630亿元，可提供房源超60万套。

基于多年深耕住房租赁领域的经验，建设银行还配套推出系列支持政策，为符合条件的企业和项目提供贷款：①业务管理方面，加大对分行的考核激励力度，在贷款内转价格、经济资本考核方面给予优惠政策，引导各地分行进一步加强保障性租赁住房金融支持。②项目选择方面，优化客户评级和押品管理相关政策，开发住房租赁项目智能评估系统，结合专家经验、数据分析等建立线上测算的项目评分模型，

---

① 人民网. 创新多元化产品服务 中国建设银行 以新金融助力保障性租赁住房发展[EB/OL]. (2022-03-06)[2023-02-17]. https://baijiahao.baidu.com/s?id=17265009688139113260&wfr=spider&for=pc.

提升保障性租赁住房项目评估的标准化、数字化、智能化。③审批流程方面,对保障性租赁住房相关贷款业务开辟审批绿色通道,实施快速受理、限时办结等差别化的流程安排,提高审批效率。

2. 创新"存房"模式,支持扩大房源供给

建设银行协同子公司建信住房创新"存房"模式,即建设银行提供专项信贷资金,支持建信住房从企事业和居民手中租入长期稳定的存量闲置房源,再委托专业机构负责租务运营,以发挥资源盘活、供需对接的赋能作用,推动社会闲置房源转化为稳定长租房源,支持扩大保障性租赁住房供给。

建设银行通过"存房"模式,在广州,升级500余套老旧公房,"提质不提价",帮助环卫工人拥有更加舒适的居住体验;在深圳,筹集城中村村民闲置住房,装修后为城市居民提供职住平衡的优质住所;在杭州,改建某制鞋厂闲置工业厂房提供932套(间)房源,为2 600名园区工人解决安居难题。

思政园地

加快个人信息保护生活,提高信息泄露违法成本①

在大数据时代,个人信息获取更加容易,个人信息保护面临新的挑战。保护客户隐私、确保信息安全,可谓关系重大,不能有丝毫的马虎。从国家层面看,应加快个人信息保护立法。2012年,全国人大常委会作出了关于加强网络信息保护的决定;2017年,《网络安全法》开始施行,但法律缺失仍然是我们目前存在的问题。因此,要做好顶层设计,积极推动立法,建立个人信息保护的法律法规和基本规则,尤其是,要通过立法大幅度提高信息泄露和侵犯个人隐私的违法成本;同时,《个人金融信息(数据)保护试行办法》应加快公布实施。

对银行业金融机构而言,应从三个方面努力:第一,高度重视客户信息保护。这既是维护金融消费者合法权益的重要内容,也是银行取信于社会和客户的基本义务和基础工作。第二,继续完善客户信息保护相关制度办法,客户信息什么情况下可以查询必须要进一步明确。第三,细化客户信息查询流程。如果需要查询个人信息,查询权限如何设置、谁来审批等要严格规定。此外,应在技术上对客户信息查询有"硬约束",如建立分级审批、双人控制等要求。总之,银行要将保护客户隐私的理念融入企业文化之中,内化于心、外化于行,以最严格的标准确保客户信息安全。

此外,银行还要处理好信息获取与信息保护的关系。在加强信息保护的同时,应加快建立统一的信用信息平台,鼓励金融机构合法合规获取信息数据,在此基础

---

① 中新经纬. 董希淼:加快个人信息保护立法,提高信息泄露违法成本[EB/OL]. (2020-05-11)[2023-02-17]. https://baijiahao.baidu.com/s?id=1666394811863863057&wfr=spider&for=pc.

上推动金融科技发展,加快金融产品创新,为企业和个人提供更多方便安全精准的金融服务。

【课堂案例 6-1】

2022年6月1日,客户王芳(已婚,30岁,首套房)拟购买一套价值300万元的商品房,向模拟银行科技支行申请住房按揭贷款,计划期限为20年,还款方式为等额本息。

实训要求:
(1) 请查询当地的银行贷款政策和利率水平,制定贷款方案。
(2) 测算等额本息和等额本金两种方式的月供款金额。
(3) 根据贷款偿还本息能力计算匹配的月收入水平范围。
(4) 模拟银行工作人员的身份向客户罗列应提供贷款申请资料清单和贷款流程。
(5) 在实训平台进行相应业务的处理操作。

【案例解析】

业务内容:个人住房贷款业务处理。
关键环节:
(1) 贷款申请:客户填写并提交银行规定的申请表和申请材料(图6-2,图6-3)。

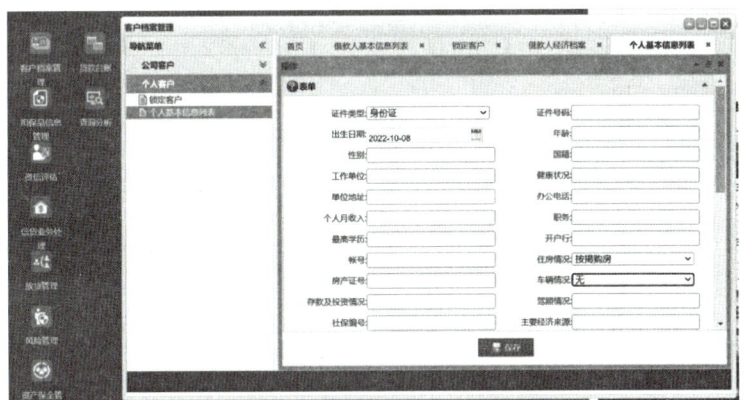

图 6-2　个人贷款业务处理(提交客户提交基本信息资料)

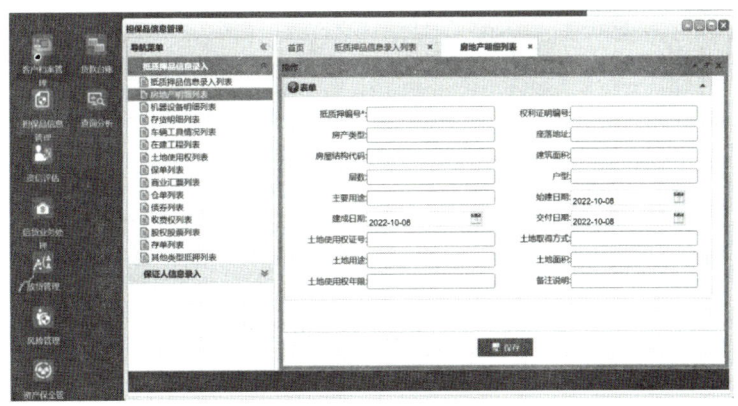

图 6-3　个人贷款业务处理(提交抵押担保信息)

(2)贷前调查及面谈:银行与借款人面谈,进行贷前调查等(图6-4,图6-5,图6-6)。

图6-4 个人贷款业务处理(征信查询及评估)

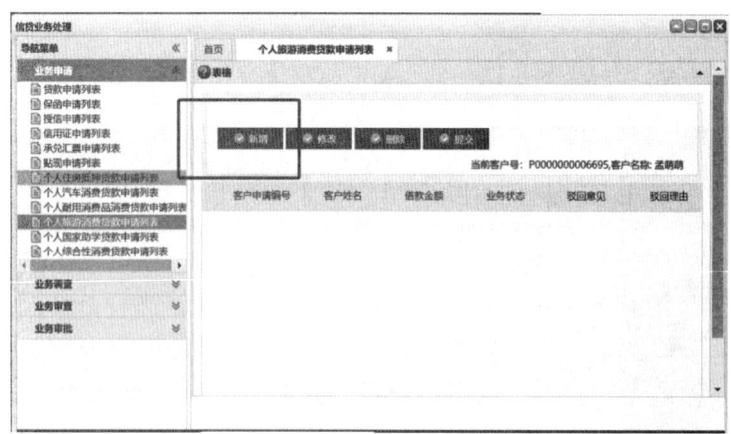

图6-5 个人贷款业务处理(提交贷款申请)

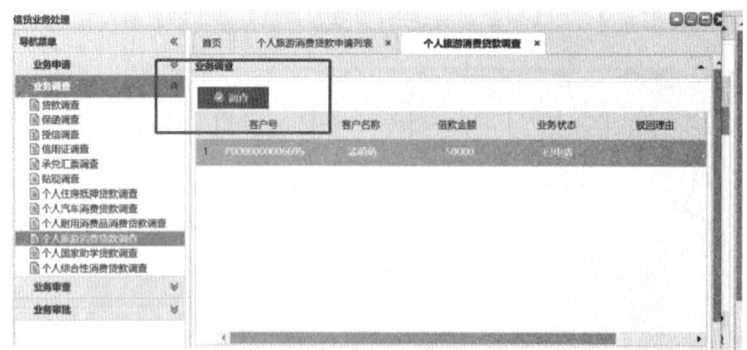

图6-6 个人贷款业务处理(贷前调查)

(3) 贷款审批：登录银行业务操作系统进行材料审核(图6-7，图6-8)。

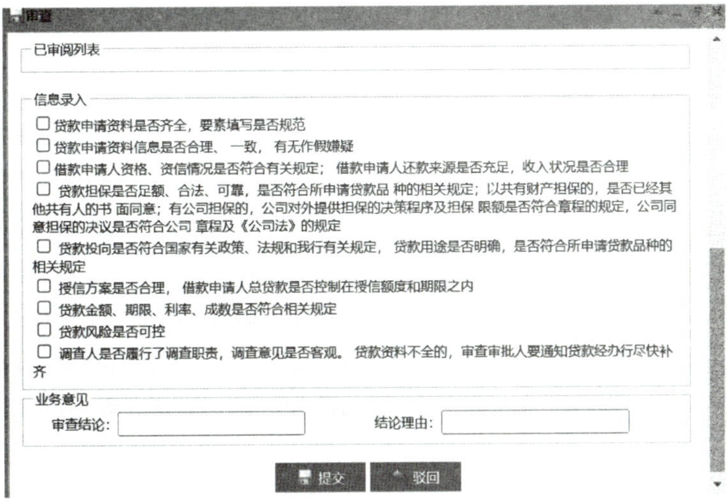

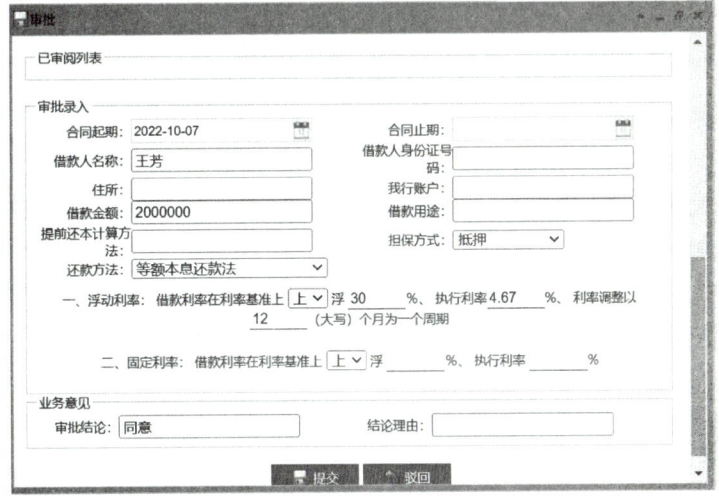

图 6-7　个人贷款业务处理(贷款审查)

图 6-8　个人贷款业务处理(贷款审批)

任务实训

个人住房抵押贷款业务处理

一、实训目的

1. 熟悉个人住房抵押贷款业务的相关规定。
2. 熟悉个人住房抵押贷款典型业务环节的处理流程。
3. 掌握个人住房抵押贷款业务相应风险防范。

二、实训要求

分组进行：每 3～5 人一组，选出 1 名组长，模拟银行经办人员及客户身份进行相应业务处理。

三、实训内容

2022年3月1日,客户王芳购买一套价值300万元的商品房,向模拟银行科技支行申请房款70%的贷款,期限为20年,还款方式为等额本息,请用还贷计算器测算月供款金额,并模拟银行科技支行经办人员以及客户的身份进行相应业务处理,包括业务申请、个人征信评估、贷前调查、贷款审查、贷款审批、合同签订、贷款发放等业务关键环节处理。

四、总结分析

汇报小组实训成果,小组互评,教师点评。

任务6.3 个人消费贷款业务

个人消费贷款,是指银行向个人客户发放的有指定消费用途的人民币贷款业务,用途主要有个人住房、汽车、一般助学贷款等消费性个人贷款。

6.3.1 个人消费贷款业务相关规定

1) 申请条件

个人消费贷款业务的申请条件包括:

(1) 具有完全民事行为能力的自然人,且贷款到期日时申请人年龄满18周岁且一般不超过55周岁。

(2) 具有贷款行所在地的城镇常住户口或有效居住身份。

(3) 有合法、稳定经济收入,信用良好,有偿还贷款本息的能力。

(4) 具备明确消费意向或已签署了相关消费合同。

(5) 能提供贷款人认可的担保。

2) 贷款申请资料

办理个人消费贷款业务应提交的申请资料有:

(1) 提供有效身份证件和户籍证明、婚姻状况证明、个人收入证明。

(2) 确认消费行为的相应资料或文件(销售合同、协议或其他有效文件)。

(3) 个人消费贷款申请表(可从申请行的销售网点获得)。

(4) 银行要求提供的其他材料。

3) 贷款要素

个人消费贷款业务的要素包含以下几项:

(1) 贷款额度:最高50万元,以所购消费品或服务的价格为上限,并提供相应贷款担保。

(2) 授信期限:最长借款期限可达5年。

(3) 贷款利率:执行中国人民银行同期同档次期限利率。贷款期限内如遇利率调整,贷款利率不变。

(4) 还款方式:贷款期限在 1 年(含)以内的,采用一次还本付息的还款方式;贷款期限超过 1 年的,可采用按月(季)还息、一次还本,或按月等额本息、等额本金的还款方式。

6.3.2 个人消费贷款业务处理

【业务流程及处理】

1) 业务流程

个人消费贷款业务流程如图 6-9 所示。

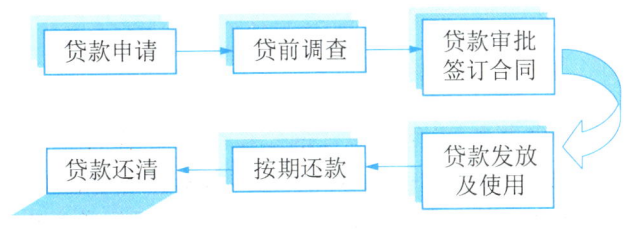

图 6-9 个人消费贷款业务流程

2) 业务处理

(1) **贷款申请**:借款人持有效身份证件、质押、抵押、保证人担保的证明文件到贷款经办网点填写申请表。

(2) **贷前调查**:银行对借款人担保,信用等情况进行调查后,在规定时间内答复借款人。

(3) **贷款审批及签订合同**:借款人的申请获得批准后,与银行签订借款合同和相应的担保合同。

(4) **发放贷款及使用**:借款人在额度有效期内,在可用额度范围内,可以随时支用,支用时填写贷款支用单支用贷款。银行将贷款资金划转至合同约定的账户中。

借款人在额度有效期内可循环使用贷款,其可用额度为银行的核定的额度与额度项下各笔贷款本金余额之差。借款人每次支用贷款后,可用额度相应扣减,借款人每次归还贷款本金后,可用额度相应增加。

(5) **按期还款**:借款人在额度有效期满前,应偿清额度项下贷款全部本息。

(6) **贷款结清**:并在偿清贷款本息后 20 日内到银行办理抵押、质押登记注销手续,借款人与银行签订的《借款合同》自行终止。

【课堂案例 6-2】

实训要求:模拟银行工作人员的身份向客户罗列应提供贷款申请资料清单和贷款流程,并在实训平台进行相应业务的处理操作。

案例资料:某高校在校学生曾**,学习成绩优秀,健康状况良好,未婚,具备学校开具的品学兼优的证明及老师开具的证明,学习开始时间为 2021 年 9 月 1 日,预计学习结束时间为 2025 年 7 月 1 日,有学籍证明;每学年学习总费用是 10 000 元。

贷款需求:2022年9月申请国家助学贷款。

贷款审批结果:经审查三学年学习总费用是30 000元。同意发放助学贷款金额为30 000元,分三期发放,还款方式为毕业后两年(2027年)的8月31日采取等额本金还款法进行还款,还款期限是1年。由于是国家助学贷款,合同规定采用固定利率4.35%,利率不进行浮动,规定合同起期为2022年9月1日,止期为2027年8月31日。

银行和该高校助学合作协议号为200607015889。

 行业观察

商业银行创新推出乡村振兴专项信贷产品①

为切实贯彻落实党中央、国务院乡村振兴战略部署,助力农业供给侧结构性改革,加大乡村振兴和涉农金融支持力度,各商业银行在现有涉农信贷产品的基础上,根据乡村振兴领域客户实际需要,创新推出乡村振兴专项信贷产品。

以建设银行为例:建设银行乡村振兴专项信贷产品服务于农村一二三产业融合、城乡融合与精准扶贫等领域,适用于与乡村振兴有关的农业农村基础设施建设、数字乡村建设、农村环境整治、农业产业建设、休闲农业和乡村旅游等项目,产品使用对象包括乡村振兴领域的各类客户群体,实现对乡村振兴信贷业务的全覆盖。在乡村振兴贷款总体框架下,根据业务领域、借款主体、资金用途的不同,下设若干子产品。农村承包土地经营权抵押贷款、农村集体经营性建设用地抵押贷款、特色小镇建设贷款、新农村支持贷款等产品,在经过适当修订进一步突出专项领域功能后,成为首批纳入该产品体系的子产品。

任务实训

个人消费贷款业务处理

一、实训目的

1. 熟悉个人消费贷款业务的相关规定。
2. 掌握个人消费贷款业务核心关键环节流程及相应风险防范。

二、实训要求

分组进行:每3~5人一组,选出1名组长,模拟银行经办人员及客户身份进行相应业务处理。

三、实训内容

基本情况:个人客户谢**于2022年2月14日在广州**汽车销售服务有限公司

---

① 掌上春城.中国建设银行推出乡村振兴专项信贷产品[EB/OL].(2019-09-19)[2023-02-17]. https://baijiahao.baidu.com/s?id=1645074944712962602&wfr=spider&for=pc.

购买一辆黑色宝马轿车,购价为50万元,首付款为购价的30%。

资信评估:客户谢**,个人年收入为180 000元,月固定支出为2 000元。无债务、无信用逾期记录、无公共处罚记录。

业务申请:申请办理个人汽车消费贷款业务,以所购车辆作为抵押物,贷款期限为2年,贷款金额为车辆首付款后剩余金额,还款方式为等额本息还款,贷款利率为7.3%,贷款用途为购车。

业务审批:银行审批人员根据资料及调查、审查人员的书面报告和反馈,同意发放谢**贷款35万元,借款用途是购车消费,贷款期限合同起期为2022年2月15日,按等额本息还款法还款,执行按基准利率7%,上浮3%的固定利率。并办妥汽车抵押手续。

请模拟银行科技支行经办人员以及客户的身份进行相应业务处理,包括业务申请、个人征信评估、贷前调查、贷款审查、贷款审批、合同签订、贷款发放等业务关键环节处理。

四、总结分析

汇报小组实训成果,小组互评,教师点评。

知 识 考 核

（注：每个项目知识考核设置为撕页式，可用于检验学生对知识点的掌握情况，也可作为课堂点名记录或课堂测试记入平时成绩）

班级_____ 姓名_____ 学号_____ 日期_____ 得分_____

一、单选题（每题 6 分，共 30 分）

1. 下列不属于个人住房贷款抵押担保的法律风险的是（   ）。
   A. 抵押物重复抵押
   B. 抵押物市场价值波动较大
   C. 抵押物为学校、医院等公益性事业单位公益财产
   D. 抵押登记瑕疵，使得抵押担保处于抵押不生效的风险中

2. 个人住房贷款中，对贷款的审查不包括（   ）。
   A. 审查贷前调查内容的完整性
   B. 审查开发商的债权债务和为其他债权人提供担保的情况
   C. 审查贷款调查人提交的《个人住房贷款调查审批表》和面谈记录
   D. 审查贷款申请人提交材料的合规性

3. 对于采取抵押担保方式的个人贷款业务，贷款人应调查以下内容，抵押物是否属于（   ）规定且银行认可的抵押财产范围。
   A.《物权法》   B.《合同法》   C.《民法通则》   D.《保险法》

4. 下列关于个人住房按揭贷款的说法中，正确的是（   ）。
   A. 可以用于生产经营活动
   B. 贷款利率下限放开，实行上限管理
   C. 最高贷款可以达到购房的 90%
   D. 借款人可以选择等额本息或等额本金的还款方式

5. 国家助学贷款的实行方式是（   ）。
   A. 一次申请、贷款银行多次审批、单户核算、分次发放
   B. 多次申请、贷款银行多次审批、多户核算、分次发放
   C. 一次申请、贷款银行一次审批、单户核算、分次发放
   D. 多次申请、贷款银行一次审批、单户核算、分次发放

二、多选题（每题 8 分，共 40 分）

1. 我国个人贷款业务包括（   ）。
   A. 个人助学贷款   B. 银团贷款
   C. 信用卡透支   D. 个人汽车贷款

E. 个人住房贷款
2. 个人消费类贷款包括( )。
   A. 个人住房贷款
   B. 个人教育贷款
   C. 个人医疗贷款
   D. 个人汽车贷款
   E. 个人商用房贷款
3. 下列关于个人信用贷款,说法正确的有( )。
   A. 银行对个人信用贷款的借款人一般有严格的规定
   B. 相对其他产品而言,个人信用贷款期限较短
   C. 与一般的抵质押贷款相比,个人信用贷款额度相对较小
   D. 无须提供抵质押品或第三方担保
   E. 信用等级越低,信用额度越大
4. 下列属于个人商用房贷款操作风险的有( )。
   A. 未对合同签署人及签字(盖章)进行核实
   B. 因办理一手商用房的预抵押登记手续时间较长,银行在不办理预抵押登记及其他担保的情况下发放贷款,待房屋具备办理正式抵押登记条件时再抵押至银行名下
   C. 将个人商用房贷款发放至借款人账户
   D. 向在某大型企业实习期的毕业大学生发放个人商用房贷款
   E. 银行将贷款资料收集、整理及录入的部分工作交由某中介公司代为办理
5. 个人贷款审批流程中,审查人必须进行审查的内容包括( )。
   A. 贷款用途
   B. 申请借款的金额、期限
   C. 借款人的资格和条件
   D. 借款人所购房产的结构
   E. 借款人的资信状况

三、判断题(每题 6 分,共 30 分)

1. 在个人住房贷款中,以房地产为抵押物的,应当办理抵押登记,在解除抵押权时也应办理注销登记手续。 ( )
2. 在个人住房贷款中,借款人归还借款采取的支付方式在贷款期内不得变更。 ( )
3. 银行为控制风险只可以为自用商品房客户提供个人贷款,而不得向购买或租赁经营类商用房的个人提供个人贷款。 ( )
4. 目前商业银行可以为以营利为目的的汽车提供贷款。 ( )
5. 借款人的信用越好,贷款风险越小,贷款价格也应越低。 ( )

项目实训

个人贷款业务处理

一、实训目的

1. 熟悉个人贷款业务的相关规定。
2. 熟悉个人贷款典型业务环节的处理流程及相应风险防范。
3. 培养团队合作精神、总结归纳能力和语言表达能力。

二、实训要求

分组进行：每3～5人一组，选出1名组长，模拟银行经办人员及客户身份进行相应业务处理。

三、实训内容

请模拟银行科技支行经办人员以及客户的身份进行相应业务处理，包括个人贷款业务申请、个人征信评估、贷前调查、贷款审查、贷款审批、合同签订、放款处理等业务关键环节处理。

（1）客户资料：客户杨力，未婚，自主创业，现担任某民营企业副总经理；拥有轿车，有60万元即将到期的定期存款；个人月收入为38 000元；无债务、无信用逾期记录、无公共处罚记录。

父母退休工资收入，杨先生的父亲工资收入为15 000元，母亲为家庭主妇，客户杨先生需要供养父母双亲。杨先生日常月支出为6 500元，其双亲共日常月支出为8 400元。现家庭无债务，无其他负债；与父母居住的房子是一套70平方米两房一厅的小居室。

（2）拟购房产：普通商品房，面积为120平方米，该房产位于＊＊＊街＊＊号。该套房售价为180万元。建成日期为2021年12月24日，交付日期为2022年3月6日。该套房产评估价值180万元，确认价值按照评估价值。

（3）贷款需求：申请办理个人住房抵押贷款，以购买的房产作为抵押物，贷款期限为20年，贷款基准利率为6%，贷款利率为基准利率上再上浮9%，贷款金额为该套房产首付款后剩余贷款金额，贷款首付60万元。

（4）贷款审批结果：贷款金额120万元，合同起期为2022年6月7日，合同止期为2030年6月6日，按照等额本息还款法还款，执行按基准利率6%，并在基准利率上再上浮9%的固定利率。

四、总结分析

汇报小组实训成果，小组互评，教师点评。